AUSTRIAN MANAGEMENT REVIEW

Volume 14 | 2024

AUSTRIAN MANAGEMENT REVIEW Volume 14 | 2024

Editorial Board

Anschrift der Redaktion

Austrian Academy of Management and Leadership
Univ.-Prof. Dr. Wolfgang H. Güttel
TU Wien / Forschungsgruppe Leadership & Strategy
Getreidemarkt 9
1060 Wien

Umschlaggestaltung: Claudia Christof
Layout und Satz: Christoph Doppelhofer, Stefan Konlechner

Wir danken allen Autorinnen und Autoren für ihre Beiträge, allen Begutachterinnen und Begutachtern, die durch ihre konstruktive Kritik die Qualität der Beiträge sichern halfen.

AUSTRIAN MANAGEMENT REVIEW 14

Nomos

The Deutsche Nationalbibliothek lists this publication in the Deutsche Nationalbibliografie; detailed bibliographic data are available on the Internet at http://dnb.d-nb.de

ISBN 978-3-7560-2334-9 (Print)
978-3-7489-4981-7 (ePDF)

Online Version
Nomos eLibrary

1st Edition 2024

Inhalt

Jens Schneider

Foto: © Matthias Heisler

Shaping the Future Together: Strategie- und Veränderungsprozesse an Universitäten gestalten

Universitäten haben seit jeher die zentrale Aufgabe, Wissen zu schaffen, zu vermitteln und kritisch zu reflektieren. In einer Welt, die zunehmend von globalen Herausforderungen und wachsender Komplexität geprägt ist, nimmt die Bedeutung von Universitäten stetig zu. Die umfassende und tiefgehende Vermittlung von Wissen in die Gesellschaft ist unerlässlich, um diesen Herausforderungen erfolgreich zu begegnen. Doch die rasante Vermehrung und Verbreitung von Wissen, Halbwissen und Fehlinformationen stellt Universitäten vor erhebliche Herausforderungen.

Universitäten müssen in Lehre und Forschung, insbesondere in Zeiten der Künstlichen Intelligenz, intensiv daran arbeiten, das Unterscheiden von Wissen, Halbwissen und Fehlinformationen zu erforschen und zu vermitteln. Darüber hinaus sollten sie eine zunehmend aktive Rolle dabei übernehmen, neu gewonnenes Wissen schneller in praktische Lösungen zu übersetzen und es effektiv mit Partnern aus Wirtschaft und Gesellschaft auszutauschen. Da Wissen am Entstehungsort am schnellsten umgesetzt werden kann und Talente die besten Chancen für Innovationen bieten, tragen Universitäten hier eine besondere Verantwortung. Um diese zusätzliche Mission neben Lehre und Forschung zu erfüllen, benötigen sie spezifische Strukturen, Prozesse und Ressourcen. Für Technische Universitäten bedeutet dies beispielsweise die Schaffung eines Innovations-Ökosystems für Tech- und Deep-Tech-Startups. Damit diese Innovationen nachhaltig wirken, ist eine enge Zusammenarbeit mit anderen Universitäten, Fachhochschulen, Wirtschaftspartnern und Kapitalgebern unerlässlich.

Die erweiterte Rolle der Universitäten erfordert eine klare und effektive Kommunikation, nicht nur in Bezug auf Forschungsergebnisse, sondern auch in der Lehre sowie über

Aufgaben, Verantwortlichkeiten und Strukturen – sowohl intern als auch extern. Trotz der zunehmenden Fragmentierung der Kommunikationskanäle durch die Digitalisierung müssen Universitäten in der Lage sein, ihre Botschaften sowohl innerhalb der Institution als auch in der Gesellschaft, insbesondere gegenüber ihrem Nachwuchs, erfolgreich zu vermitteln. Dabei dürfen sie weder ihre Neutralität noch die Qualität ihrer Lehre und Forschung gefährden, um das Vertrauen in die Institution nicht zu riskieren.

Kritisches Reflektieren bedeutet, sich bewusst zu sein, dass Wissen stets vorläufig ist und regelmäßig hinterfragt werden muss – auch wenn dies in der Gesellschaft und Politik oft als Widerspruch zum Vertrauen empfunden wird. Es ist zudem entscheidend, an Grundlagen und Methoden zu forschen, deren Anwendungsmöglichkeiten zur Lösung heutiger und zukünftiger Probleme heute noch ungewiss sind.

Durch die Verbindung von Wissenschaft und jungen Talenten besitzen Universitäten heute und in Zukunft den Schlüssel zur Veränderung und Verbesserung. Dabei müssen sie jedoch die aktuellen Rahmenbedingungen beachten. Technische Universitäten sollten sich auf die folgenden 'Sieben Ts' konzentrieren:

1. Technik: Technische Universitäten müssen sich klar zur Bedeutung der Technik für die Gesellschaft bekennen. Dabei gilt es, zeitgemäße Lösungen zu finden, die nachhaltige und resiliente Innovationen fördern, ohne die Herausforderungen, die Technik mit sich bringen kann, zu ignorieren.

2. Talent: Ein förderndes Umfeld für talentierte Menschen ist entscheidend. Universitäten müssen dazu ihre Prozesse optimieren, der Lehre einen höheren Stellenwert einräumen, offene und respektvolle Kommunikation fördern und sich ambitionierte Ziele setzen, um jungen Menschen Raum für Kreativität und Entfaltung zu bieten.

3. Toleranz: Ein Klima der Toleranz ist unerlässlich für wissenschaftliche Exzellenz. Dies umfasst den respektvollen Umgang mit kultureller Vielfalt und Sprachen sowie die Zusammenarbeit mit nationalen und internationalen Partnern, um Toleranz im Einklang mit europäischen Werten aktiv zu fördern.

4. Trust (Vertrauen): Vertrauen ist die Grundlage für Freiheit, Eigenverantwortung und Selbstbestimmung. Universitäten müssen ein Umfeld schaffen, das Vertrauen in die Institution, ihre Werte und die Fähigkeiten der Menschen stärkt – auch durch die Unterstützung risikoreicher Projekte und Rückhalt im Falle von Misserfolgen.

5. Transparenz: Transparenz ist notwendig für Vertrauen und wissenschaftliche Integrität. Die Universitäten müssen nach innen und außen transparente Prozesse pflegen, um Desinformation entgegenzuwirken und eine breite Wissensvermittlung zu fördern.

6. Team: Eine Kultur der Zusammenarbeit ist entscheidend zur Lösung komplexer Probleme. Universitäten sollten ein "collaborative mindset" fördern, das interdisziplinäres Arbeiten und internationale Vernetzung unterstützt, um gemeinsam innovative Lösungen zu entwickeln.

7. Truth (Wahrheit): Die ständige Suche nach Wahrheit ist zentral für die Wissenschaft. Die Universitäten müssen die Fähigkeit fördern, mit Ungewissheit umzugehen, da dies die Grundlage für kontinuierliche Innovation und Fortschritt ist. Wissenschaftliche Erkenntnisse sind nie endgültig, sondern führen zu neuen Einsichten, die die Gesellschaft voranbringen. Wie der österreichische Schriftsteller Robert Musil, der einige Jahre Bibliothekar der TU Wien war, in seinem Jahrhundertroman „Der Mann ohne Eigenschaften" schrieb: „....aber in der Wissenschaft kommt es alle paar Jahre vor, dass etwas, das bis dahin als Fehler galt, plötzlich alle Anschauungen umkehrt oder dass ein unscheinbarer und verachteter Gedanke zum Herrscher über ein neues Gedankenreich wird, und solche Vorkommnisse sind dort nicht bloß Umstürze, sondern führen wie eine Himmelsleiter in die Höhe. Es geht in der Wissenschaft so stark und unbekümmert und herrlich zu wie in einem Märchen."[1]

Ein solches Märchen, das für die TU Wien in Erfüllung ging, war die Verleihung des Nobelpreises für Physik 2023 an Ferenc Krausz. Ausgezeichnet wurde er für seine Arbeiten zur Attosekunden-Metrologie, mit der sich die Bewegungen von Elektronen quasi „filmen" lassen. Diese bahnbrechenden Forschungen führte Krausz als junger Wissenschaftler vor über zwanzig Jahren an der TU Wien durch. Der entscheidende Durchbruch auf dem Weg zum Nobelpreis gelang ihm in der Nacht des 8. September 2001 im Labor im Keller der Gußhausstraße.

Die erweiterte Rolle und die aktuellen Rahmenbedingungen erfordern eine intensive Reflexion über das Selbstverständnis und die Identität der Universität mit der gesamten Institution, bevor notwendige Anpassungen an Strukturen und Prozessen vorgenommen werden können. Insbesondere an Universitäten müssen die Vorstellungen der Führungsebene gemeinsam mit allen Beteiligten reflektiert, diskutiert und abgestimmt werden, um Veränderungsprozesse erfolgreich in Gang zu setzen. Dies ist notwendig, da die fachliche Diversität und die Heterogenität der Lebensrealitäten jedes Einzelnen an einer Universität sehr groß sind.

Entscheidend dafür sind die Menschen: von den Studentinnen und Studenten über die Wissenschaftlerinnen und Wissenschaftler bis zu den Mitarbeiterinnen und Mitarbeitern in den Verwaltungs- und Serviceeinrichtungen. Nur wenn sie gemeinsam hinter der Strategie und dem anschließenden Veränderungsprozess stehen, kann dieser gelingen.

Die TU Wien verfolgt dieses Ziel mit der Initiative „fuTUre fit". Dabei handelt es sich um eine umfassende Strategieentwicklung, die in Zusammenarbeit mit der gesamten TU Wien vorangetrieben wird. Die Initiative zielt darauf ab, das Selbstverständnis der TU Wien zu klären und ihre zukünftige Ausrichtung festzulegen, um langfristig eine nachhaltige und erfolgreiche Entwicklung sicherzustellen. Es handelt sich um einen offenen und partizipativen Prozess, bei dem kontinuierlich informiert und gemeinsam gearbeitet wird. Dazu wurden neue Formate und Ideen entwickelt, bei denen die gesamte Universitätsgemeinschaft zur aktiven Beteiligung aufgerufen ist. Konkret wird in einem

[1] Robert Musil: Der Mann ohne Eigenschaften. Band 1, Kapitel 4, erschienen 1930. Hier zitiert aus: Rowohlt Taschenbuch Verlag GmbH, Reinbek bei Hamburg, 26. - 45. Tausend, August 1988, S. 40-41.

mehrstufigen Prozess gearbeitet, der nach einer Phase des Zuhörens eine Phase der Gruppenarbeit zu spezifischen Zukunftsthemen sowie eine Convention Week im November 2024 umfasst. Durch diesen Prozess kann die Strategie für alle Bereiche der Universität gezielt entwickelt, reflektiert und in konkrete Ziele gefasst werden. Nach einem Wettbewerb zu den besten Ideen zur Umsetzung folgen ab Frühjahr 2025 die entsprechenden Maßnahmen.

Universitäten müssen sich kontinuierlich neu positionieren, um den gesellschaftlichen Rahmenbedingungen gerecht zu werden. Dabei gilt es, ihre Identität zu bewahren und gleichzeitig weiterzuentwickeln – etwas, das vielen schon seit Jahrhunderten erfolgreich gelingt. Universitäten waren schon immer eine faszinierende Mischung aus Tradition und Erneuerung.

Moderne Managementmethoden, wie sie auch in diesem Heft vorgestellt werden, können maßgeblich dazu beitragen. Lassen Sie uns diese Methoden auf die Universitäten selbst anwenden. Und: können wir nicht die Veränderungsprozesse an Universitäten dabei selbst zum Gegenstand der Forschung machen?

Prof. Dr.-Ing. Jens Schneider
Rektor der TU Wien

Wien, September 2024

Wolfgang H. Güttel, Stefan Konlechner

Die Revolution von Führung und Strategie durch Künstliche Intelligenz

Eine kurze Vorbemerkung zur vierzehnten Ausgabe

Die Einführung neuer Technologien, insbesondere die Fortschritte in der Künstlichen Intelligenz (KI), revolutioniert die Art und Weise, wie Führungskräfte ihre Organisationen leiten und strategische Entscheidungen treffen. Eine der beeindruckendsten Entwicklungen ist die Nutzung von AI-Tools wie ChatGPT, die das Potenzial haben, die Führungslandschaft grundlegend zu verändern. Diese Technologien bieten Führungskräften nicht nur die Möglichkeit, schneller auf komplexe Anfragen zu reagieren, sondern unterstützen sie auch bei der Analyse großer Datenmengen und der Vorhersage von Markttrends. Dadurch werden strategische Entscheidungen fundierter und besser informiert, was einen erheblichen Wettbewerbsvorteil darstellen kann.

Die Auswirkungen von KI auf Organisationen gehen weit über Effizienzsteigerungen hinaus. ChatGPT und ähnliche Systeme ermöglichen eine personalisierte und kontinuierliche Kommunikation innerhalb des Unternehmens, was die Zusammenarbeit und das Wissensmanagement erheblich verbessert. Teams können durch sofortigen Zugang zu relevanten Informationen schneller und zielgerichteter arbeiten. Darüber hinaus unterstützen diese Technologien die Entwicklung von innovativen Lösungen, indem sie kreative Denkanstöße geben und neue Perspektiven aufzeigen. Die Rolle der Führungskraft verschiebt sich dadurch von einer operativen Steuerung hin zu einer strategischen Leitung, die auf Vertrauen in die Technologie und die Förderung einer offenen Innovationskultur setzt.

Die strategische Entwicklung innerhalb von Unternehmen wird durch den Einsatz von KI-Tools ebenfalls neu definiert. Traditionelle Methoden der Strategieentwicklung, die oft auf statischen Analysen basieren, werden durch dynamische, datengetriebene Ansätze ergänzt. ChatGPT kann zum Beispiel Szenario-Analysen und Risikoabschätzungen durchführen, die es Führungskräften ermöglichen, proaktiv auf Veränderungen zu reagieren. Dies führt zu einer agilen und flexiblen Strategiegestaltung, die Unternehmen in die Lage versetzt, schnell auf Marktveränderungen zu reagieren und sich kontinuierlich anzupassen. Insgesamt eröffnen AI-Technologien neue Horizonte für Leadership und Organisationen, indem sie die Art und Weise, wie Entscheidungen getroffen und Strategien entwickelt werden, transformieren.

Die erfolgreiche Einführung neuer Technologien, wie beispielsweise AI-Tools, erfordert eine sorgfältig geplante und durchgeführte Veränderungsstrategie innerhalb der Organisation. Change-Management-Prozesse sind dabei entscheidend, um die Akzeptanz und Integration dieser Technologien zu gewährleisten. Führungskräfte spielen eine zentrale Rolle in diesem Prozess, da sie nicht nur die strategische Vision vermitteln, sondern auch als Vorbilder und Change Agents fungieren. Sie müssen die Mitarbeiter durch transparente Kommunikation und kontinuierliche Schulungen auf die Veränderungen vorbereiten und unterstützen, um Ängste abzubauen und die Bereitschaft zur Anpassung zu fördern. Die Art und Weise, wie Führungskräfte diesen Wandel gestalten und begleiten, bestimmt maßgeblich den Erfolg der Implementierung neuer Technologien. Eine empathische und motivierende Führung kann dabei die Widerstände verringern und eine Kultur des Lernens und der Innovation etablieren, die für die nachhaltige Integration von AI und anderen technologischen Fortschritten notwendig ist.

Die in diesem Band versammelten Artikel greifen vielfach Herausforderungen des Wandels, oft in Verbindung mit neuen Technologien auf und diskutieren nicht zuletzt auch die Herausforderungen für Führungskräfte in solchen Situationen Richtung zu geben. Den Start in die Ausgabe macht ein Beitrag von Rupert Hasenzagl, der unter dem Stichwort „Much Ado About Nothing" unterschiedliche Wandelkonzepte und das dahinterliegende Verständnis vergleicht. Dabei geht er der Frage auf den Grund, was es benötigt, um im Change Management mehr als heiße Luft zu erzeugen. Patrick Sailer, Stephan Kaiser und Georg Loscher greifen in ihrem Beitrag die Diskussion zur Dynamik organisationaler Routinen auf und untersuchen den paradoxen Zusammenhang zwischen Routinenflexibilität und Projektagilität. Michael W. Busch und Gina Falkner entwerfen in ihrem essayistisch gehaltenen Beitrag eine Typologie von Organisationen und halten dabei ein Plädoyer für „die wahrhaftige Organisation". Gordon Müller-Seitz und Michael Weiss beschäftigen sich explizit mit der Rolle künstlicher Intelligenz im Management. Unter dem Akronym „AIDEA" entwickeln und diskutieren sie dabei einen Bezugsrahmen zur Rolle generativer künstlicher Intelligenz mit Blick auf Kreativität und Innovation in Unternehmen. Auch Thomas Lehner und Almina Bešić setzen sich mit künstlicher Intelligenz auseinander. Sie berichten empirische Befunde einer Studie über Internationalisierungsaktivitäten österreichischer Startups. Brigitta Nöbauer und Daniela Wetzelhütter präsentieren in ihrem Artikel danach Ideen zur Entwicklung eines Anforderungsprofils für Führungskräfte in der Sozialwirtschaft. Dem Nachhaltigkeitsgedanken verpflichtet zeigt sich der Beitrag von Josef Baumüller und Walter S.A. Schwaiger, in dem ein Entwurf zur Integration der CSRD-Treibhausgas-Rechnung in die Standard-Kostenrechnung präsentiert wird. Ann-Christine Schulz und Patrick Rupprecht berichten in der Folge von Ergebnissen einer empirischen Studie zum Stand der Entwicklung digitaler Kompetenzen österreichischer Klein- und Mittelbetriebe. Den Abschluss dieser Ausgabe macht ein Beitrag von Wolfgang H. Güttel und Astrid Kleinhanns-Rollé. Der präsentierte

Beitrag gibt einen Überblick über das Konzept der Leadership Value Chains und zeigt, wie durch Führungsverhalten in Form der Leadership Value Chains die Teamperformance verbessert werden kann.

Wie jedes Jahr bedanken wir uns ganz herzlich bei allen Beteiligten, die das Erscheinen dieses Heftes ermöglicht haben. Vielen Dank an alle AutorInnen, GutachterInnen, Verlagspartner und Sponsoren. Ihnen liebe Leserin und lieber Leser wünschen wie eine inspirierende Lektüre dieser vierzehnten Ausgabe der Austrian Management Review und hoffen, dass Sie wertvolle Erkenntnisse gewinnen, die Ihnen in Ihrer täglichen Arbeit von Nutzen sind.

Wolfgang H. Güttel

Stefan Konlechner

Für den Moment,
wenn Technologie nicht
nur bewährt sein muss –
sondern wegweisend.
Der AT.
Innovative Entwicklung. Vertrautes Handling. Durchdachte und fortschrittlichste Aufbauten zeichnen den AT aus: vom optimalen Beladungskonzept über höchste Sicherheit für die Mannschaft bis zur idealen Gewichtsverteilung. Gemacht für Momente, in denen kompromisslose Technik im Einsatz gefragt ist.
Erfahren Sie mehr!
www.rosenbauer.com
Follow us on
rosenbauer

Rupert Hasenzagl
Professor, Wirtschaftsforscher
und Unternehmensberater,
JKU Linz, TU Wien
HAZ@aon.at

Much Ado About Nothing?

Veränderungsmanagement – notwendige Kompetenzen des Managements, um nicht nur Lärm zu erzeugen

Neben dem Tagesgeschäft werden organisationale Veränderungen in den meisten Organisationen zunehmend zu zentralen Handlungsfeldern. Gleichzeitig zeigen Stimmen in der Literatur als auch in der Praxis, dass viele Veränderungsvorhaben nicht den erwarteten Erfolg zeigen. Rezente Veränderungstheorien lassen vermuten, dass unterkomplexe Veränderungsansätze für viele Probleme verantwortlich sind. In der folgenden Arbeit werden einige häufig zu findende Veränderungsansätze hinsichtlich ihrer Anwendbarkeit mittels theoretischer Überlegungen, v.a. aber auf Basis von praktischen Erfahrungen analysiert. Dabei stellt sich heraus, dass für Ansätze, die aufgrund ihrer elaborierten theoretischen Basis auch für komplexe Veränderungsvorhaben geeignet sind, keine standardisierten Methoden möglich sind. Es braucht zu ihrer Anwendung umfassende Kompetenzen der Organisation, insbesondere aber des Managements. Wie im letzten Abschnitt gezeigt wird, ist jedoch zu vermuten, dass aufgrund der Management Aus- und Weiterbildung im Zusammenhang mit Organisationsveränderungen *„Much Ado About Nothing"* zu erwarten ist.

Veränderungen in Organisationen

Die Sicht in der Unternehmensführungs-Praxis auf organisationale Veränderungen zeigt sich deutlich bei Abfragen in mehreren Jahrgängen einer akademischen Managementweiterbildung. In den letzten 10 Jahren stimmen bis zu 80% der TeilnehmerInnen pro Jahrgang zu, dass in ihren Unternehmen das Thema „Veränderung der Organisation" eine große Rolle spielt und noch an Bedeutung zu gewinnen scheint. Auch in der Literatur finden sich deutliche Hinweise, dass der Veränderungsdruck auf Organisationen in den letzten Jahrzehnten als (stark) steigend beobachtet wird.[1]

Gleichzeitig stimmen sowohl ManagerInnen und UnternehmensberaterInnen der Praxis, als auch AutorInnen populärwissenschaftlicher Publikationen darin überein, dass viele der Veränderungsvorhaben scheitern.[2] Ähnlich sieht es die wissenschaftliche Literatur: auch wenn die oft zitierten hohen Scheiterquoten von etwa 70% als zu vereinfacht und kaum haltbar gesehen werden[3], scheint sich doch ein Gegensatz aufzutun zwischen der angenommenen zunehmenden Bedeutung von organisationaler Veränderung und den Erfolgsaussichten. Im Wesentlichen zeigen sowohl theoriebasierte Überlegungen als auch Analysen von Projekten in der Praxis, dass die meisten verwendeten Veränderungsansätze nicht mit der hohen Komplexität, die vielen Veränderungsprojekten inhärent ist, umgehen können.

Der Frage, was dies für die Veränderungsvorhaben der Praxis bedeutet und wie das Erfolgspotenzial derartiger Organisationsveränderungen erhöht werden kann, wird in der folgenden Arbeit nachgegangen. Beispielsweise wird gezeigt, warum die häufig in der Praxis und der wissenschaftlichen „Mainstreamliteratur“[4] zu findenden, sachlich orientierten und von Experten getriebenen Veränderungsansätze eine hohe Scheiterwahrscheinlichkeit haben. In letzter Konsequenz stellen sich hohe Kompetenzanforderungen an das Management als ein wesentlicher Erfolgsfaktor für komplexe Veränderungsvorhaben heraus.

Kerninhalte von Theorien organisationalen Wandels

Veränderungstheorien sollten v.a. Grundlagen für die Frage liefern, wie das Erfolgspotenzial in Veränderungsprozessen in der Praxis erhöht werden kann.[5] Dies zeigt aber bereits ziemliche Komplexität: Einerseits ist der Erfolg von Veränderungsprozessen schwer feststellbar, andererseits sind sowohl der Kontext der Veränderung, als auch die organisationale Veränderung selbst von vielen Variablen abhängen.[6] Pauschale Aussagen hinsichtlich der Scheiterwahrscheinlichkeit sind aufgrund dieser komplexen Ausgangslage nicht möglich. Die umgekehrte Sichtweise, die Suche nach Erfolgsfaktoren die leicht verständlich und zuverlässig für einen weiten Anwendungsbereich Erfolg voraussagen, ist aus wissenschaftlicher Sicht schon seit einigen Jahrzehnten massiver Kritik ausgesetzt.[7]

Trotzdem gibt es viele Anzeichen, dass v.a. durch die wahrgenommene (massive) Komplexitätssteigerung in Organisationen und ihrer relevanten Umwelt die Suche nach einfachen zentralen Erfolgsfaktoren sogar zunimmt. Verpackt sind diese Erfolgsfaktoren oft in Managementmoden, die v.a. durch massive Komplexitätsreduktion eine Bewältigung des zunehmend nicht mehr steuerbar erlebten Unternehmensalltag versprechen.[8] Das Problem dabei wird sichtbar, wenn in Betracht gezogen wird, dass es mittlerweile zu den weitgehend akzeptierten Grundannahmen des wissenschaftlich orientierten Managements von Komplexität gehört, dass eine zunehmende Umweltkomplexität auch steigende Systemkomplexität braucht[9]. Damit wird in der rezenten Wissenschaft genau der gegenteilige Weg als der in der Praxis übliche gefordert.

Eine wissenschaftlich orientierte Annäherung an das Thema Veränderungstheorien führt zuerst einmal zu einer Vielzahl an angebotenen Richtungen. Einen Überblick über die schier unüberblickbare Vielzahl der verschiedenen Arbeiten über Change Management, deren Heterogenität ein „[...] confusing and disintegrated picture of the field [...]"[10] bietet, kann durch die Einführung einer Gruppierung auf Basis paradigmatischer Annahmen gewonnen werden (siehe Abbildung 1). Damit wird auch das mögliche Ausmaß an Komplexitätsverarbeitung durch die Theoriegruppen ersichtlich und es kann die Fähigkeit der dazugehörigen Ansätze, komplexe Veränderungsvorhaben bearbeiten zu können, abgeschätzt werden.

Die in Tabelle 1 verwendete Gruppierung[11] basiert auf zwei, für Managementtheorien besonders relevanten, *wissenschaftstheoretischen Positionen*. Dies ist einerseits die *positivistische*, die der naturwissenschaftlichen Position entspricht und der *interpretativen* Position, die insbesondere in der Soziologie weite Verbreitung gefunden hat. Mittlerweile auch in der Praxis bekannte Ausprägungen der interpretativen Position sind die verschiedenen Formen des Konstruktivismus. Über der Ebene der wissenschaftstheoretischen Position findet sich die Ebene der *Rahmentheorien*, im Kontext von Veränderungsansätzen sind dies Organisationstheorien. Diese beschreiben einerseits grundsätzliche Sichtweisen auf Aspekte, die für ein Verständnis von Organisationen besonders wichtig erscheinen – bspw. wie die Letztelemente einer Organisation gedacht werden (Menschen, Handlungen, ...), was charakterisiert Organisationen (Strukturen, wie sind diese zu verstehen), wie ist die Koppelung von Organisation und Umwelt (eventuell auch Personen) konzeptualisiert etc.

Veränderungsansätze und ihre Paradigmen

Gegenständliche Theorien (Ansätze)	Reformen (konzeptdeterminiert)	Reformen (motivationsdeterminiert)	Wandel (organisationsfokussiert)
Rahmentheorien	mechanistisch	humanistisch	soziologisch
Wissenschaftstheorien	positivistisch	positivistisch	interpretativ

Tabelle 1: Paradigmen für Veränderungsansätze

Beide Ebenen (Wissenschaftstheorie und Rahmentheorie) ergeben in dem hier verwendeten Modell zusammen ein *Paradigma*, bspw. das positivistisch mechanistische. Auf Basis der verschiedenen Paradigmen lassen sich gegenständliche Theorien formulieren, die Aussagen über einen konkreten Gegenstand der Realität beinhalten – bspw. in unserem Fall Veränderungstheorien. In Anlehnung an den deutschen Soziologen Niklas Luhmann[12] werden gegenständliche Veränderungstheorien, die den ersten beiden Paradigmen (positivistisch mechanistisch und positivistisch humanistisch) zugeordnet sind, als „Reformen" bezeichnet, die auf dem dritten, soziologisch interpretativen (konstruktivistischen) Paradigma aufbauende gegenständliche Theorie mit „Wandel".

Veränderungsansätze

Unter Ansätzen werden Typen von Veränderungsmethoden[13] der Praxis verstanden, die mehr oder weniger stark mit den jeweiligen gegenständlichen Theorien und damit mit den Paradigmen verbunden sind. So gibt es einerseits theorieaffine Ansätze, die stark an die gegenständlichen Theorien angelehnt und damit kohärent zu den Kernaussagen der zugrundeliegenden Paradigmen formuliert sind. Andererseits arbeitet die Praxis sehr häufig mit Ansätzen, die kaum theoretisch fundierte und reflektierte Annahmen in Form von Paradigmen beinhalten, sondern stark auf selbstverständliche (und damit unhinterfragte) Glaubenssätze bauen – wir nennen ein Bündel von zusammenhängenden Glaubenssätzen in dem Modell „Ideologien". Diese ideologiebasierten Formen der Ansätze werden in vielen Fällen als die oben erwähnten, stark vereinfachenden Managementmoden, aggressiv vermarktet.

Obwohl die Grenze zwischen Ideologien und Paradigmen v.a. in der „Mainstreamforschung" schwer zu ziehen ist, gehen wir vorerst von theoriefundierten Ansätzen aus.

Diese unterscheiden sich in paradigmatischen grundlegenden Annahmen, wie den bearbeiteten *Dimensionen* (sachlich, zeitlich, sozial), in den zentralen *Kernannahmen* sowie im Vorgehen (bspw. dem *Prozess*)[14], siehe Abbildung 2. Diese Unterschiede weisen auf das Ausmaß der Eigenkomplexität der Ansätze und damit auf die Eignung für unterschiedlich komplexe Change Probleme hin.

Greift man dominante Merkmale der jeweiligen Ansätze heraus, können daraus die Bezeichnung für die drei in Tabelle 2 beschriebenen Ansätze verwendet werden:

- konzeptdeterminierte Ansätze
- motivationsdeterminierte Ansätze
- organisationsfokussierte Ansätze

Die ersten beiden Veränderungsansätze basieren auf massiven Vereinfachungen in den zugrundeliegenden Paradigmen. Diese verringern das Potenzial mit komplexen Veränderungssituationen umzugehen und werden im folgenden Abschnitt näher beschrieben. Ebenso wird der Unterschied dieser vereinfachenden Ansätze zu komplexen organisationsfokussierten Ansätzen herausgearbeitet und die Auswirkungen auf die Anwendbarkeit in der Praxis des Veränderungsmanagements dargestellt.

Konzeptdeterminierte Ansätze

Ausprägungen mechanistischer Organisationstheorien sind bspw. die „klassischen" Theorien wie der Bürokratismus, der Taylorismus oder das betriebswirtschaftliche Organisationsverständnis[15], aber auch deterministische situative Theorien. Ein wichtiges Beispiel für letztere Theorien ist der deterministische Kontingenzansatz[16], der als Grundlage für Prozessoptimierungsansätze oder für den strategischen „Market Based View" verwendet wird.

Grundlegende Annahmen: Der rationale Mensch wird als Letztelement der Organisation gesehen (als „Akteur"), die Verbindung der Menschen zur Organisation als „korporativer Akteur" erfolgt problemlos über eine rationale Ordnung, z. B. über Stellen und Regeln. Die Rationalitätsphantasie des „homo oeconomicus" ist bald scharfer Kritik ausgesetzt – was allerdings sowohl die meisten ManagerInnen der Praxis als auch viele „Mainstreamforschende" nicht daran hindert, in ideologischer Weise an dem Postulat festzuhalten – wenn auch der Rationalitätsbegriff (v.a. in der Wissenschaft) etwas aufgeweicht wird. Es erfolgt also die Einschränkung auf eine Dimension, die auf sachliche Zwecke ausgerichtete Sicht. Kolbeck schreibt diesen „inhaltsorientierten Managementkonzepten" aus wissenschaftstheoretischer Sicht „[...] v.a. eine mangelnde theoretische Fundierung [...]" zu.[17]

Merkmale von Veränderungsansätzen

Ansätze	Konzeptdeterminierte Ansätze	Motivationsdeterminierte Ansätze	Organisationsfokussierter Ansätze
Paradigma	positivistisch mechanistisch	positivistisch humanistisch	interpretativ soziologisch
Dimensionen	sachlich (Zweck-orientiert)	sachlich und sozial (eher sozial-psychologisch)	sachlich, sozial, zeitlich
Kernannahme	Rationalität (total)	Rationalität (beschränkt)	Autopoiesis
Prozess	plandeterminiert	Aktionsforschung, Survey-Feedback	Systemische Zyklen
Interne Komplexität	gering	gering	hoch
Problemtyp	einfach	einfach	komplex

Tabelle 2: Paradigmatische Merkmale der Ansätze

Aus den Grundannahmen ergibt sich auch das *Veränderungsverständnis* der konzeptdeterminierten Ansätze: Es wird die optimale Lösung von Problemen auf Mitarbeiterebene (die Qualifikation passt nicht zur Stelle) oder in zunehmender Anzahl in den gesetzmäßigen (deterministischen) Koppelungen der Stellen (insbesondere den Regeln der Ablauforganisation) gesucht.[18] Daher haben besonders die weiter unten noch genauer diskutierten Prozessoptimierungsansätze, in der Praxis massiv an Bedeutung gewonnen. Kaum ein Unternehmen kommt heute an prozessbasierten „Reengineering, Lean Management, Geschäftsprozessoptimierungsprojekten etc." vorbei.

Veränderungsprozess: Der dabei verfolgte und durch Zweckrationalität geleitete Prozess der Veränderung, um die organisationalen Prozesse zu optimieren, ist typisch für die konzeptdeterminierten Ansätze und besteht idealtypisch aus folgenden Schritten:

- *Zielsetzung* und *Problemdefinition*
- *Analyse* (warum wird die Zielsetzung heute nicht erreicht)
- *Konzeptformulierung* (was müssen wir bei den Prozessen tun, damit die Ziele erreicht werden)
- *Umsetzungsplanung* und *Umsetzung*

Anwendung in der Praxis: Durch das positivistisch mechanistische Paradigma, und die damit verbundenen weitgehenden Vereinfachungen, sind eine Reihe von Problemen vorprogrammiert. Beispielsweise wird die Komplexitätsbearbeitung auf Detailebene durchgeführt, nicht auf der Ebene von Mustern.[19] Diese Detailarbeit ist ein Grund dafür, dass in Prozessoptimierungsprojekten häufig die Neigung besteht, zwar den Begriff „Geschäftsprozess" zu verwenden, aber den funktionalen Organisationseinheiten entsprechende Aktivitätenbündel (einige Detailierungsebenen unterhalb der Geschäftsprozesse) als Veränderungsobjekt zu verwenden. Während „echte" Geschäftsprozesse ei *wertschöpfungsorientierte* Sichtweise auf den gesamten Prozess einnehmen, die sich a (externen) Kundenzielen orientiert und die Wertschöpfung daraus ableitet, führt die detailorientierte Input/Output getriebene Aktivitätensicht zu einem ganz anderen Prozessverständnis.[20] Die nicht am Prozessziel orientierte Aktivitätendefinition auf Detailebene führt eher zur Bildung einer Blackbox-Sicht, in der es darum geht, bei definiertem Input der vorhergehenden Box einen definierten Output der eigenen an die nachgelagerte Box zu liefern. Der Bezug zu den Prozesszielen ist dabei ziemlich schnell verloren, ein Prozess (in Form von Aktivitätenbündel) ist ein, durch genau definierte Schnittstellen verbundenes Sammelsurium von Blackboxes. Es geht in der Praxis eher darum, die Blackbox für die Außensicht intransparent zu halten und die „Schnittstellen" so zu kontrollieren, dass keine Verantwortung bei eventuellen Fehlleistungen der eigenen Box zugeschrieben werden kann.[21] Diese hauptsächlich nach Innen gerichtete Blackbox-Sichtweise ist typisch für bürokratische Organisationen.

Eine oben beschriebene *wertschöpfungsorientierte* Geschäftsprozess-Sicht macht zur Orientierung an Gesamtprozesszielen meist einen durchsetzungsstarken Gesamtprozessverantwortlichen notwendig. Damit aber kommt man sehr häufig in informale Machtstrukturen in Organisationen – und so zu einem Aspekt von Organisationen, den wir beim dritten Veränderungsansatz „Organisationskultur" nennen werden. Dafür sind aber die positivistischen Paradigmen, insbesondere das mechanistische, aber auch das meist sehr ideologisch eingefärbte humanistische, blind.[22] Die „Kulturrhetorik" in den ersten beiden Veränderungsansätzen in Abbildung 2 sollte nicht darüber hinwegtäuschen, dass keine hinreichend komplexe Abbildung von Organisationskultur durch die massive Komplexitätsreduktion in den zugrundeliegenden Paradigmen zur Verfügung steht.

Als eine weitere Auswirkung der Detailverliebtheit durch mechanistische Komplexitätsreduktion neigen derartige Projekte dazu, in den Konzepten alle Eventualitäten (also jedes denkbare Detail bspw. an Geschäftsfällen) abbilden zu wollen, was zu langen Planungszeiten und sehr detaillierten Konzepten führt. Aber dann können – so die (implizite) Annahme vieler verantwortlicher „Change ManagerInnen" – die rationalen "perfekten" *Konzepte* „problemlos" implementiert werden.[23] Die Praxis zeigt etwas anderes: meist sind die Ersteller des Konzeptes die Einzigen, die das Konzept für genial (zumindest rational) halten. Von den anderen MitarbeiterInnen wird es oft als unbrauchbar angesehen und bekämpft – meist verdeckt und nicht offen.

Interessant ist dabei, dass die eingangs zitierten Scheiterquoten von um die 70%, sich häufig auf Prozessoptimierungsprojekte beziehen.[24] Bei aller Kritik an den zugrundeliegenden Studien, es sind durchaus auch in der Praxis hohe Prozentsätze an massiven Implementierungsproblemen solcher Konzepte zu finden.[25]

Trotz dieser eher kritischen Betrachtung der Prozessoptimierungsversuche sollte die Bedeutung der konzeptdeterminierten Ansätze für die Praxis der Unternehmensführung nicht unterschätzt werden. Es gibt Lebensphasen von Organisationen, wie bspw. die Phase der stabilen und auf Effizienz ausgerichtete „Exploitationsphase" mit relativ stabilen Märkten, in der (u.a.) bei Beachtung der oben angeführten Kritikpunkte durchaus erfolgsversprechende Projekte möglich und aus strategischen Überlegungen[26] sinnvoll sind. Allerdings sollten die Verantwortlichen die Grenzen – insbesondere in kultureller Hinsicht – kennen und einen eventuellen Konflikt mit „organisationskulturellen" Aspekten (siehe die informalen Machtstrukturen oben) verstehen. Dazu sind aber hinreichende Kenntnisse anderer paradigmatischer Theorien notwendig – insbesondere interpretativ soziologische Theorien und nicht nur die auf dem Positivismus aufbauenden. Und diese Kenntnisse, genauer die Kompetenzen sollten in erster Linie im Management angesiedelt sein.

Motivationsdeterminierte Ansätze

In Teilen der Gesellschaft und der Wirtschaft entwickelte sich schon zu Beginn der Industrialisierung, verstärkt jedoch in den 1920er Jahren, eine Abkehr von der klaren sachlichen Zweckorientierung, die durch auf Rationalität basierende Regeln ohne Beachtung der MitarbeiterInnen erreicht werden sollte – der Basis des positivistisch-mechanistischen Paradigmas.

Grundlegende Annahmen: Die Folge war die zuerst durchaus „theorieaffine" Human Relations Bewegung.[27] In dieser findet sich ein bedeutender Unterschied zu den konzeptdeterminierten Ansätzen: In den motivationsdeterminierten treten anstelle nur der sachrationalen Kernannahme, auch als real gegeben angenommene „Persönlichkeitsmerkmale" (bspw. Motive), inklusive der aus sozialpsychologischer Sicht betrachteten Bedürfnisse nach funktionierenden sozialen Beziehungen auf. Damit wurde, in den theorienahen Ansätzen innerhalb des positivistisch humanistischen Paradigmas neben der sachlichen Dimension zumindest rudimentär (in einer sozialpsychologischen Ausrichtung) die soziale Dimension berücksichtigt.

Es wurde also der Frage nachgegangen, wie hohe Bedürfnisbefriedigung (und als Folge davon Motivation des Individuums) und effiziente zweckorientierte Strukturen gegenseitig funktional zusammenspielen können.[28] Im Laufe der Entwicklung entstand aber insbesondere in der Praxis eine starke „Psychologisierung" mit einem sehr apodiktisch vertretenen positiven Menschenbild. Es erfolgte also ein Fokus nur auf die (sozial-)psychologische Sicht der Motivation, die sachliche Dimension verlor an Bedeutung.

Trotzdem liegen im *wissenschaftlich orientierten* Strang des humanistischen Paradigmas die Wurzeln einiger für die Managementforschung sehr bedeutenden Entwicklungen. So haben in diesem paradigmatischen Strang neben der zunehmenden Bedeutung der zeitlichen Dimension (meist eingeschränkt auf die gleich noch zu besprechende Veränderungsprozess Sicht) bspw. die Organisationspsychologie (Micro Organizational Behavior), aber auch wissenschaftstheoretische Erkenntnisse die zu einem langsamen Hinterfragen der positivistischen Position führten, ihren Ursprung. Außerdem tauchten in späten Fassungen bei einigen WissenschaftlerInnen erste tragfähige Kulturmodelle auf.[29] Besonders hervorzuheben ist allerdings, dass im Rahmen des positivistisch-humanistischen Paradigmas zum ersten Mal eine systematische Beschäftigung mit der Veränderung von Organisationen erfolgte (s.o.). Die von Anfang an starke Forderung nach Partizipation der MitarbeiterInnen führte vor allem zu einer deutlichen Neugestaltung des Vorgehens.

Veränderungsprozess: Beginnend mit der Beschreibung des Verlaufs von Veränderungsprozessen durch Kurt Lewin (unfreezing – moving - refreezing), wurde die von ihm eingesetzte und weiterentwickelte, sehr stark auf Partizipation ausgelegte Aktionsforschung zum dominanten Vorgehen in Veränderungsprozessen. Ausgangspunkt ist die grundlegende Festlegung des Zieles und flexibler Teilpläne, wie dieses Ziel erreicht werden kann. Danach folgen mehrere Zyklen von *Informationssammlung*, *Aktionsplanung*, die gemeinsame Lern- (Veränderungs-) Prozesse) auslösen und *Informationssammlung zur Evaluierung* des Zyklus. Nach einiger Zeit folgt der nächste Zyklus, wiederum bestehend aus Informationssammlung, Aktion und Evaluierung.[30]

Hier ist deutlich die gänzlich andere Vorgehensweise als beim konzeptdeterminierten Vorgehen zu sehen. Ein Konzept wird nicht von speziellen Planern (ManagerInnen) entworfen, um in einem konzeptionellen Schritt die Zielerreichung möglichst in großer Detailierung zu erzielen, sondern in der Aktionsforschung sollen „Betroffene zu Beteiligten" gemacht werden und die Annäherung an den Sollzustand erfolgt in Zyklen. Weiterentwicklungen der Aktionsforschung (z.B. als Survey Feedback Prozess) spielen heute noch eine Rolle in Veränderungsvorhaben. Insbesondere das systemische Veränderungsmanagement nach dem dritten Paradigma spiegelt die Zyklen (oft als „Schleifen" bezeichnet) der Aktionsforschung wider und sie geistern, leicht angepasst unter dem Markennamen von BeraterInnen, durch den Markt.

Anwendung in der Praxis: Meist nur ansatzweise findet sich ein aktionsforschungsbasierter Prozess auch in der Praxis. Die typischen Anwendungen lassen sich in zwei Gruppen teilen:

In der ersten Gruppe wird auf der Ebene der ManagerInnen versucht, individuellen Widerstand gegen konzeptdeterminierte Ansätze durch eine *Vermischung* mit motivationsdeterminierten Ansätzen zu beseitigen. Es werden also beide Ansätze *kombiniert*, da die motivationsdeterminierten nicht mehr beide Dimensionen konsistent gleichzeitig abdecken. Aber der motivationsdeterminierte Teil bleibt häufig in bloßer Veränderungsrhetorik stecken. Es bleiben mit der Ausnahme von schönen Worten wie „Mitarbeiter im Mittelpunkt, partizipatives Vorgehen" wieder nur die konzeptdeterminierten Ansätze in der Praxis übrig. Der Schaden in Organisationen - bspw. durch den manipulativen Einsatz von „Sozialtechniken", der zu Kommunikationssperren und letztendlich zu einem alleinigen Machteinsatz zur Durchsetzung der Konzepte führt, der die Entwicklung zu bürokratischen Strukturen beschleunigt - ist groß.

Die zweite Gruppe ist gekennzeichnet durch ein ideologisches, extrem positives Menschenbild, das in Organisationen und in der Gesellschaft Einzug gefunden hat.[31] Typisch dafür ist die Annahme, *zufriedene MitarbeiterInnen erfüllen automatisch die Sachziele*. Es werden also keine Führungskräfte mehr gebraucht, die *auch* auf die Erreichung der sachlichen Zwecke achten. Dieser Ansatz wird in der Literatur als „heiliger Gral" des „modernen" Managements bezeichnet und firmiert auch – etwas spöttisch – unter „Glückliche Kühe geben mehr Milch" Hypothese.[32]

Die damit postulierte Auflösung des Konfliktes zwischen Organisations- und Mitarbeiterzielen durch Mitarbeitermotivation und/oder die manipulative Verwendung von „Sozialtechnik" sind die beiden häufigsten „Fehlentwicklungen" in der Praxis. Aber immerhin verkauft ein relativ großer Anteil von BeraterInnen und TrainerInnen Methoden aus diesen Ansätzen immer noch sehr aggressiv – oft verbunden mit „systemischer" (s.u.) Rhetorik.[33] Dabei sind sie durchaus erfolgreich, (zumindest) hinsichtlich verkaufen, insbesondere weil ein relativ großer Teil der europäischen Gesellschaft ideologisch Menschen in den Mittelpunkt sozialen Geschehens stellt und v.a. die Mitarbeiterebene in den Organisationen damit gut erreicht.

Organisationsfokussierte Ansätze

Organisationsfokussierte Ansätze sind häufig die elaboriertesten bezüglich des dahinterliegenden Paradigmas und zeichnen sich deshalb durch eine hohe Eigenkomplexität aus. Dies ist notwendig, sollen die Ansätze als Reflexionsgrundlage in komplexen Veränderungssituationen dienen. Daher kann die folgende Theorieskizze nur die Aussagen darstellen, die notwendig scheinen, um die Bedeutung dieser Theorierichtung bzw. die darauf basierenden Ansätze für Veränderungsmanagement erkennbar zu machen.[34]

Grundlegende Annahmen: Die organisationsfokussierten Ansätze basieren meist auf einer interpretativen (bspw. konstruktivistischen) wissenschaftstheoretischen Position. Darüber liegt eine Organisationstheorie, die sich von den ersten beiden Paradigmen dadurch unterscheidet, dass nicht mehr der rational denkende oder emotional-bedürfnisorientierte Mensch als Letztelemente der Organisation betrachtet wird. Vielmehr werden als Letztelemente von Organisationen bspw. Handlungsmuster oder, wie in der neueren Systemtheorie, Kommunikationen, herangezogen. Damit wird kohärent mit den wissenschaftstheoretischen Annahmen ein Verständnis von Organisationen vertreten, dass diesen als emergente soziale Einheit Eigenschaften zuschreibt, die sich nicht aus den Eigenschaften der Mitglieder erklären lassen. Damit ist auch die Ausschilderung als „organisationsfokussierte" Ansätze verständlich – eine Organisation ist eine soziale Einheit mit einem „eigenständigen (emergenten) Charakter". Nicht mehr die Personen als individuelle Akteure stehen im Vordergrund, sondern die soziale Einheit „Organisation".

Insbesondere Luhmann ist die Ausformulierung von sozialen Systemen als selbstreferenzielle und selbstorganisierende (autopoietische) Einheiten mit den Letztelementen „Kommunikationen" gelungen.[35] Das charakteristische Verhalten von Organisationen kann hauptsächlich durch ihre Strukturen erklärt werden. Nachdem Organisationen durch die Kommunikation von Entscheidungen ausgezeichnet sind, werden diese Strukturen „Entscheidungsprämissen" genannt. Mit diesen wird der Sinnhorizont eingegrenzt, d.h. welche Entscheidungen als Reaktion auf vorhergegangene von der Organisation als sinnvoll betrachtet werden.

Die Strukturen einer Organisation können in einer ersten Näherung in zwei Gruppen eingeteilt werden: in formale und in informale Strukturen.[36] Die formalen Strukturen beinhalten im Wesentlichen die Aufbau- und Ablauforganisation (Kommunikationswege und Programme, wobei letztere neben den Prozessen auch Strategien, Leitbilder etc. beinhalten). In der dritten Form dieser Strukturgruppe – Personen – sind als formale Entscheidungsprämissen v.a. die Regeln des Personalmanagements (Einstellung, Versetzung, Trennung, Personalentwicklung) gemeint, denn diese beeinflussen das nachfolgende (zugeschriebene) Entscheidungsverhalten der Person.

Eine Stärke rezenter soziologischer Theorierichtungen ist, dass sie angemessen mit dem Kulturbegriff umgehen können.[37] Auch wenn der Kulturbegriff bei Luhmann unerwartete Schwierigkeiten aufwirft – u.a. weil Luhmann den Begriff Kultur ob seiner modischen Vieldeutigkeit lange vermieden hat – hat er auf organisationaler Ebene mit den unentscheidbaren Entscheidungsprämissen ein Konzept entwickelt, das sich einem ethnologisch orientierten Kulturkonzept der Soziologie und v.a. der rezenten Organisationstheorie, als latente wertebasierte Normen annähert.[38] Bei Luhmann werden diese informalen Strukturen in Organisationen als nicht entscheidbare Entscheidungsprämissen konzeptualisiert. Eine wichtige Funktion, die einer Organisationskultur in dieser Sichtweise zugeschrieben wird, ist die Aufrechterhaltung der Operationen der Organisation, auch wenn formale Entscheidungsprämissen diese nicht mehr gewährleisten könnten.[39] Hinsichtlich Wandel ist die Erklärung von Trägheitseffekten bei organisationalen Veränderungen von großer Bedeutung.[40]

Ganz klar sollte im Auge behalten werden, dass diese informalen Strukturen nicht immer konform mit der zweckrationalen Ausrichtung der Organisation sind – wie es für formale Strukturen behauptet wird. So können bspw. in einer Organisation „kollektive" Werte, wie eine besondere Qualität des sozialen Zusammenlebens, oder die Überbetonung der Work-Life-Balance als wichtig für die Organisation beobachtet werden. Darauf können dann informelle Entscheidungsprämissen beobachtet werden, die sicherstellen sollen, dass diese gemeinsam getragenen Werte erreicht werden. Die sachlichen Ziele der Organisation – auch wenn diese noch so oft als sehr wichtig kommuniziert werden – finden sich in diesen Fall für einen externen Beobachter in den informellen Strukturen kaum.

Luhmann bezeichnet die Veränderungen als Reformen, die in erster Linie in Form eines geplanten Wandels bei den formalen Strukturen der Organisation ansetzen. Da formale Strukturen durch eine Entscheidung (hinter den formalen Strukturen stecken ja entscheidbare Entscheidungsprämissen) in Wirkung gesetzt werden, können sie auch durch eine Entscheidung geändert werden. „Nur in der Absicht, auf diesem Weg auf die Entscheidungspraxis durchgreifen zu können, [...] wird man Enttäuschungen erleben."[41] Luhmann sieht eher evolutionstheoretische Denkmuster auf Organisationsebene als geeignet, Wandel der Organisationsstrukturen zu verstehen. Die drei Schritte der Evolutionstheorie formuliert Luhmann auf Organisationsebene:

- Variation: eine nicht erwartbare Entscheidung tritt auf,
- Selektion: diese Variation wird von der Organisation für eine Änderung der Strukturen selektiert und
- Restabilisierung, die Organisation etabliert die Strukturänderung dauerhaft nach Überprüfung der Tauglichkeit der neuen Strukturen.

Es wird operative Geschlossenheit und Selbstreferenz vorausgesetzt, sowohl was als Variation aufgefasst wird, als auch wie durch Selektion Strukturen neu gebildet und durch Restabilisierung etabliert werden. Variation, Selektion und Restabilisierung können von außen nicht direkt gesteuert werden.[42] Für die Organisation selbst betrifft dieser Prozess oft kulturelle und damit nicht von ihr beobachtete Strukturen. Die Kunst des Veränderungsmanagements besteht in dieser paradigmatischen Sichtweise darin, diesen evolutionären Prozess über Rahmenbedingungen so zu irritieren (Variationen anzubieten) und aus der beobachteten Systemlogik Hypothesen hinsichtlich Erwartbarkeit von Selektions- und Restablisierungsprozessen zu bilden.

***Veränderungsprozess**:* Damit bietet sich der beim humanistischen Ansatz beschriebene Aktionsforschungsprozess als *eine* Möglichkeit der Gestaltung eines systemischen Veränderungsprozesses[43] an. Die einzelnen Zyklen bestehen dann in der (1) *Hypothesenbildung*, (2) *Intervention*[44] und einem (3) Vorher/Nachher-Vergleich, in der Systemtheorie als *Reflexivität* bezeichnet. Bei der Intervention (Anwendung eines Interventionswerkzeuges) erfolgt auf Basis einer Interventionsmethodik der Versuch, durch „gezielte" Variation eine Strukturänderung und damit Lernen der Organisation anzuregen. Im letzten Schritt – der Reflexivität – werden Hypothesen gebildet, welche Wirkung der Intervention zugeschrieben werden kann.[45] In dem nächsten Zyklus wird, hauptsächlich gestützt auf die Wirkungs-Hypothesen aus dem Schritt der Reflexivität (Vorher/Nachher-Vergleich) entweder anders interveniert, mehr vom Selben probiert oder auch der Sollzustand korrigiert.

Die „gelebten" Entscheidungsprämissen von Organisationen, können wie bereits erwähnt, nicht direkt beobachtet werden und müssen aus beobachteten Symbolen (auch diese sind beobachterabhängig!) interpretiert werden. Dazu können in der Praxis in vereinfachter Form Methoden der qualitativen Sozialforschung angewendet werden, um von den vorliegenden Symbolen (häufig aus Interviews oder Beobachtungen gewonnen) mittels eines hypothetischen (abduktiven) Schlusses Systemqualitäten der Organisation zu interpretieren, und so insbesondere auf die Strukturen zu schließen.[46] Damit sollte gelingen, auf die in einer Organisation wirksamen Entscheidungsprämissen hypothetisch zu schließen.

Werden diese meist partizipativ von Organisationsmitgliedern und Beratern gewonnenen Hypothesen an die Organisation rückgespielt und beispielsweise mit dem vorher festgelegten Sollzustand interpretiert, liegen wesentliche Teile einer *Schleife eines systemischen Veränderungsprozesses* vor. Abgeschlossen wird diese Schleife, wenn eventuelle Lernergebnisse aus der Diskussion der Hypothesen in der Organisation entstanden sind, durch einen Vorher/Nachher-Vergleich. Dieser ist wiederum Basis für neue Hypothesen. Der Lernerfolg der Organisation kann mit diesen neuen Hypothesen interpretiert werden.

Interventionen (in dem hier vorliegenden Verständnis die Interventionswerkzeuge) in den einzelnen Schleifen können vielfältig sein und werden aufgrund der vorhergehenden Hypothesenbildung ausgewählt. Obwohl es in dieser Sichtweise anders als bei positivistischen Ansätzen (eingeschränkt gültig auch für die humanistischen) nicht möglich ist, konkrete Interventionen für Wandelprozesse anzubieten, die den systemischen Ansatz charakterisieren und die standardisiert angewendet werden können, werden im abschließenden Abschnitt mögliche Typen von Interventionen angeboten.

Allein schon aus der Komplexität dieser Theorieskizze ist ersichtlich, dass ein Veränderungsmanagement bspw. unter Berücksichtigung von Kulturaspekten ohne entsprechende fundierte Theoriekenntnisse schwer möglich ist. Nur Theorien mit hinreichender Eigenkomplexität sind in der Lage, komplexe soziale (inkl. kulturelle) Veränderungen zu verstehen und auf Basis des Verstehens mit sinnvollem Erfolgspotenzial zu intervenieren.

Anwendung in der Praxis: In der Praxis ist die Frage nach konkreten standardisierten Veränderungsprozessen (zeitliche Dimension), Beteiligten (soziale Dimension) und v.a. Interventionen (als thematisch sachliche Dimension der Interventionsmethode) allgegenwärtig.[47] Die oben beschriebene Sichtweise, dass konkrete Interventionen und die dazu „stimmige" Interventionsmethode erst nach einer ausgiebigen Hypothesenbildung ausgewählt werden können, ist in Veranstaltungen für PraktikerInnen (auch auf akademischer Ebene) meist nur schwer durchzuhalten. Oft helfen dann einige grundsätzliche *Prinzipien* hinsichtlich Interventionsauswahl, die anhand von Beispielen konkretisiert werden. Wie bereits oben mehrmals erwähnt, wird hier unter Intervention der sachliche Aspekt (das Werkzeug) einer Methode bezeichnet.

Betrachtet man mögliche Interventionen, die eine Organisation (oder Subsysteme wie bspw. Teams[48]) zu Veränderungen anregen sollen, so kann für eine erste Annäherung ein Modell von Chin und Benne[49] verwendet werden, die „Veränderungsstrategien" formulieren. Diese Veränderungsstrategien sind nicht wie die oben beschriebenen Ansätze durch ihre paradigmatische Basis abgegrenzt, sondern durch ihren angenommenen „Wirkmechanismus". Das hat den Vorteil, dass diese Wirkmechanismen an in der Praxis angewendete Denkmuster anknüpfen, sodass der Zugang zu verschiedenen Ansätzen über diesen Weg meist leichter erfolgen kann, als direkt über paradigmatische Merkmale von Ansätzen. Chin und Benne unterscheiden dabei die empirisch-rationale

Strategie, die Macht-Zwang-Strategie und die normativ-reedukative Strategie.[50] Die normativ-reedukative Strategie zielt darauf ab, das Verhalten von Personen den sozialen Normen entsprechend und eventuell auch diese Werte und Normen zu verändern. Wird zu den „Veränderungsstrategien“ von Chin und Benne noch die angestrebte Wirkebene „individuell“ und „sozial“ betrachtet, ergibt sich die Matrix in Tabelle 3.

Unter *Intervention* werden die Werkzeuge, bspw. im Feld empirisch-rational – sozial einer Prozessoptimierung, verstanden. Diese konkreten Interventionen im empirisch-rationalen Feld werden in der Praxis mit dem erstgenannten konzeptdeterminierten Veränderungsansätzen verbunden, weil die Methode (also Interventionen, Prozess und Beteiligte) auf einem dem Ansatz entsprechenden Paradigma basieren. Es werden damit auch die typischen Ziele dieses Ansatzes verfolgt, also bspw. die Veränderung formaler Strukturen in der sozialen Ebene, auf Basis der Gültigkeit von *positivistisch verstandener Rationalität.*

Beispielhafte Interventionen und Ziele

Wirkebene **Wirkstrategie**	**individuell**	**sozial**
Empirisch-rational	Interventionen: Ziele aushandelnl, Motivation, Wissen ***Ziel: Veränderung des Individuums***	Interventionen: Prozess-optimierungswerkzeuge ***Ziel: Veränderung der formalen Strukturen***
Macht-Zwang	Interventionen: individuelle Zielvorgaben, Belohnung/Bestrafung ***Ziel: Veränderung des Individuums***	Interventionen: kollektive Zielvorgaben, kollektive Belohnung/Bestrafung ***Ziel: Veränderung der formalen Strukturen***
Normativ-reedukativ	***Ziel: Sozialisation des Individuums***	***Ziel: Veränderung der sozialen (formalen v.a. der informalen) Strukturen***

Tabelle 3: Systematik von Interventionen und Zielen zur Anregung von organisationalen Veränderungen

Folgt man der Logik, dass bspw. der organisationsfokussierte Ansatz nicht durch bestimmte Interventionen konstituiert wird, ist klar warum keine Interventionswerkzeuge in Tabelle 3 für die normativ-reedukative Strategie eingezeichnet sind. „Anything goes“ wird Hilse[51] folgend, für die Interventionen der organisationsfokussierten Ansätze postuliert, solange die vorhergehende Analyse und die Reflexion der Wirkung auf Basis eines interpretativ soziologischen (in unserem Fall systemtheoretischen) Paradigmas erfolgt.[52] Damit gibt es keine spezifischen Interventionen, die den organisationsfokussierten – insbesondere den hier betrachteten systemischen Ansatz – konstituieren.

Aber was heißt das nun genau für das Veränderungsmanagement?

Eine Hauptanwendung des Modells aus Tabelle 3 besteht darin, Werkzeuge (Interventionen) die ursprünglich hauptsächlich aus dem konzeptdeterminierten Ansatz stammen zu benutzen, um Ziele des organisationsfokussierten Ansatzes zu bearbeiten, also die Organisation zur Änderung insbesondere der normativen Strukturen anzuregen. Zu beachten ist allerdings, dass organisationsfokussierte Ansätze sehr offene *Methoden* benötigen, konzeptdeterminierte Ansätze aber meist einen hohen Grad an Standardisierung bei den Prozessen und auch bei den Beteiligten aufweisen. Es werden also *vergleichbare Werkzeuge* eingesetzt, die *Methoden* (und die damit erzielbaren Wirkungen, die erreichbaren *Ziele*) sind aber unterschiedlich.[53]

Diese Zusammenhänge werden im Folgenden in vier „idealtypischen" Praxisbeispielen näher erläutert.

Anwendungsbeispiel 1: Konzeptdeterminierte Geschäftsprozessoptimierung (GPO)

- *Interventionen: (Wirkstrategie) empirisch rational – (Wirkebene) sozial*
- *Ziele: Veränderung der formalen Strukturen*

Ein Beispiel für eine *Interventionsmethode* in dem Feld „empirisch rational und soziale Ebene", bei der die Wirkstrategie/Wirkebene der Interventionen mit den erreichbaren Zielen übereinstimmt, ist eine Geschäftsprozessoptimierung. Diese Methode ist eine typische Ausprägung für einen auf Rationalität bauenden konzeptdeterminierten Ansatz mit einem positivistisch mechanistischen Paradigma.[54] Damit beobachten die zuständigen ManagerInnen, wenn überhaupt eine systematische Evaluierung der Ergebnisse aufgrund der angenommenen „Problemlosigkeit" der Umsetzung erfolgt, Ergebnisse nur auf Basis des, dem Ansatz zugrundeliegenden positivistisch-mechanistischen Paradigmas. Oben wurde gezeigt, dass in der Praxis oft versucht wird, die Wirkung entschiedener Entscheidungsprämissen (formaler Strukturen) einerseits durch zumindest rhetorische Verknüpfung mit dem motivationsdeterminierten Ansatz, anderseits mit einer meist individuellen Machtstrategie als „Nebenstrategie" (Feld Macht-Zwang – individuell in Tabelle 3) zu erhöhen.

Dies geht so lange gut, solange die neu definierten formalen Entscheidungsprämissen auch tatsächlich zu den erwarteten Entscheidungen in der Organisation führen. Das dies eintritt wird von Luhmann eher als unwahrscheinlich bezeichnet, denn es lauert insbesondere der unbeobachtete Einfluss informaler Strukturen.

Dieses, in der Praxis wohl am häufigsten anzutreffende Beispiel zeigt durch die Verwendung des konzeptdeterminierten Ansatzes auch eine Hauptursache für ein Scheitern dieses Ansatzes. Kulturelle Aspekte sind häufig Ursache für massiven kollektiven Widerstand sollten auch bei rein auf formalen Strukturen abzielenden Zielsetzungen zumindest in Reflexionsschleifen beachtet werden (siehe die Zusammenfassung im letzten Abschnitt). Die Unfähigkeit der konzeptdeterminierten Ansätze (und damit der Praxis) zu derartigen Reflexionen ist der wesentliche Grund für die hohen Scheiterquoten bei derartigen Veränderungsvorhaben.

Anwendungsbeispiel 2: „Reedukative" Geschäftsprozessoptimierung

- *Interventionen: empirisch-rational – sozial*
- *Ziele: organisationsfokussiert (formale und v.a. informale Strukturen)*

Eine Abhilfe kann das Vorgehen im zweiten Beispiel aufzeigen. Hier wird davon ausgegangen, dass die Hypothesen bei der Auftragsklärung normative Probleme erwarten lassen, oder kollektiver Widerstand bei der Implementierung auftritt, der sich nicht rational erklären lässt. Beispielsweise können kollektive Werte und/oder Entwicklungen der Vergangenheit zu latenten normativen Mustern hinsichtlich Leistungsniveaus, Innovationsverhalten, latente Machtverteilung sowie beabsichtigte Außenwirkung etc. führen, die hinsichtlich Sollzustand als dysfunktional interpretiert werden. Der Veränderungsbedarf (und damit die Ziele) liegt dann bspw. im Feld „normativ-reedukativ und soziale Ebene", um die dysfunktionalen Normen bearbeiten zu können. Ein direktes Bearbeiten der Normen ist aufgrund der Latenzfunktion (diese soll gerade derartige Normen vor Veränderung schützen)[55] meist schwer möglich. Daher werden bspw. wieder Werkzeuge einer Prozessoptimierung als (vorrangige) Interventionen gewählt, *obwohl* bei der Hypothesenbildung bspw. dysfunktionale latente Machtstrukturen beobachtet werden.[56] Durch die funktionsübergreifende Prozessoptimierung wird vermutet, eine „anschlussfähige" Irritation der dysfunktionalen latenten Machtstrukturen zu erreichen. Außerdem kann versucht werden, durch zusätzliche Interventionen in formale Rahmenbedingungen[57] die Selektion und Restabilisierung von neuen Strukturen zu beeinflussen. Derartige Interventionen treten oft erst bei der Umsetzung im vollen Umfang auf und führen üblicherweise zu (massiven) sozialen Konflikten. Werden diese aus ideologisch fundierten humanistischen Gründen behindert (wie oft im motivationsdeterminierten Ansatz), liegen typischerweise schlechte Rahmenbedingungen für eine Anpassung der Normen durch die Organisation vor.

Das Beispiel zeigt deutlich, dass über die Interventionen in formale Strukturen (Interventionen stammen aus der Geschäftsprozessoptimierung) als Zielrichtung eine Irritation informaler Strukturen erreicht werden soll.[58]

Anwendungsbeispiel 3:„Teamentwicklung"

- *Interventionen: empirisch-rational – sozial, manchmal auch Wirkebene individuell*
- *Ziele: organisationsfokussiert (formale und informale Strukturen), manchmal auch auf individueller Wirkebene*

Ein sehr häufig zu findendes, aber trotzdem (oder deswegen?) oft problematisches Beispiel für die *Zielrichtung der Bildung einer Teamkultur* durch rationale Interventionen ist bspw. bei Teamentwicklungen zu finden.[59] Wenn die (normativen) Teamstrukturen noch nicht zu stark gefestigt vermutet werden, kann durch rationale Interventionen versucht werden, den Aufbau entsprechender normativer Strukturen zu fördern. Die Chancen sind erfahrungsgemäß nicht sehr groß, aber bei günstigen Rahmenbedingungen (bspw. noch keine „Stormingphase" im Team) kann versucht werden „durch Reden über die gewünschte Zusammenarbeit Wirklichkeit (hier hinsichtlich „Teamleitbild") zu schaffen". Außerdem finden derartige Teamentwicklungen oft in einer „Laborsituation" statt (Seminarhotel, losgelöst von der Arbeitssituation). Es besteht daher eine gute Chance, bei der Normenbildung zu erwartende Konflikte bei brauchbarem Konfliktmanagement nicht in die Arbeitssituation einzuschleppen.

Anwendungsbeispiel 4: Kulturentwicklung

- *Interventionen: Macht-Zwang – sozial*
- *Ziele: organisationsfokussiert (formale und v.a. informale Strukturen)*

Als letztes Beispiel soll ein Veränderungsversuch von normativen Strukturen bspw. in einem Team gezeigt werden. Werden stark wirksame dysfunktionale Normen in einem Team vermutet (also „Probleme mit der bestehenden Kultur"), kann versucht werden, durch ein neu gebildetes oder von außen eingebrachtes Sub-Team mit Normen, die hypothetisch zum Sollzustand passen, einen Normen-Neubildungsprozess des gesamten Teams zu initiieren. Die in dem Beispiel gezeigten Interventionen werden hier einer sozialen Machtstrategie zugeordnet um eine formale Veränderung der Aufbauorganisation zu erreichen, es werden Interventionen aus dem Feld „Macht-Zwang – sozial" für informale Ziele (Feld normativ-reedukativ – sozial) benutzt.

Es zeigt sich oft, dass derartige Sub-Kulturen – wenn sie gefestigt genug sind – massive Irritationen und Konflikte in dem fokalen Gesamtsystem auslösen, die durchaus bei funktionalem Konfliktmanagement über Rahmenbedingungen zu einer Beeinflussung von kulturellen Strukturen in Richtung Sollzustand führen können. Diese Methode durch formale Strukturen (hier bspw. schwerpunktmäßig die Aufbauorganisation) informale Prozesse in Gang zu bringen, kann sowohl auf Gruppen, als auch auf Organisationen angewendet werden.[60]

Zusammenfassung

Die kolportierten hohen Scheiterquoten von Veränderungsprojekten lassen – bei aller Vorsicht hinsichtlich Aussagefähigkeit – vermuten, dass Veränderungsvorhaben sich rasch zu hochkomplexen sozialen Vorgängen entwickeln. Diese Komplexität resultiert meist daraus, dass die latenten normativen Strukturen, die als unentscheidbare Entscheidungsprämissen auch als (Organisations-) Kultur bezeichnet werden können, involviert sind. Werden die Beeinflussungsversuche nicht auf Basis entsprechend komplexer Paradigmen reflektiert, ist tatsächlich die Gefahr von „viel Lärm um nichts" sehr groß.

Die dargestellte Interventionsmatrix in Abbildung 3 lässt sich auf unterschiedliche Weise theoretisch stützen.[61] Sie hat sich in der Praxis bewährt, weil sie die in der Literatur dargestellten theoretischen Zusammenhänge relativ einfach sowohl für die Problemanalyse (und damit für die Veränderungszielrichtung), als auch für die Auswahl der Interventionen darstellt und Orientierung geben kann. Eine checklistenartige Anwendung ist aber, wie bei allen Ansätzen für die Bewältigung komplexer (Veränderungs-)Probleme nicht zu haben.

Zusammenfassend kann ein abstraktes Vorgehen aus den Überlegungen formuliert werden:

- Analysiere in welchem Feld in Tabelle 3 das Problem der Organisation wahrscheinlich liegt

- Wähle Interventionen und ergänze, je nach Zielfeld die Interventionen mit einem passenden Prozess und mit einer sozialen Struktur zu einer Interventionsmethode
- Wiederhole die Analyseschleifen mehrmals – sowohl die Problemeinschätzung als auch die gewählte Interventionsmethode beruhen auf Hypothesen und diese können „falsch" sein (im Sinne von: sie bewähren sich nicht), oder sich durch Lernen der Organisation im Zuge des Prozesses ändern. Es kann also durchaus sein, dass ein ursprünglich wie im Beispiel 1 gezeigter, rein positivistisch-mechanistisch basierter konzeptdeterminierter Ansatz im Projektverlauf in einen organisationsfokussierten Ansatz konvergiert.

Dieses Vorgehen sollte im Hintergrund selbst dann ablaufen, wenn wie bspw. bei einer konzeptdeterminierten GPO das Ziel in der Änderung formaler Strukturen liegt und dabei eine hochstandardisierte Methode verwendet wird. Diese Punkte stellen allerdings eine hohe Anforderung an die „Generell Management" Kompetenzen, insbesondere aber organisationstheoretischen Fähigkeiten des Managements.

Damit ergeben sich folgende minimalen Kompetenzabgrenzungen, die von ManagerInnen der Praxis aufgrund der angebotenen (akademischen) Ausbildungen erwartet werden sollten:

- Das Managen konzeptdeterminierter Ansätze – eventuell durch „moderate" motivationsdeterminierte Ansätze unterstützt – sollte im Kompetenzbereich von ManagerInnen der Praxis gefordert werden. Wenn die Rahmenbedingungen dafür passen (Exploitationsphase, keine zu starken kulturellen Probleme) haben solche Vorhaben zumindest einiges Erfolgspotenzial.
- Hinsichtlich Arbeiten mit Organisationskulturen sollten ManagerInnen den *Bedarf* von Veränderungsarbeit in dem normativ-reedukativ sozialen Feld durch ihre Hypothesen erfassen können. Veränderungsansätze in dieser Ebene brauchen SpezialistInnen und überschreiten die üblichen Kenntnisse und Erfahrungen von ManagerInnen. Diese SpezialistInnen wären beispielsweise „professionalisierte" Unternehmensberater.

Allerdings lassen die Erfahrungen in der akademischen Ausbildung (dominiert durch positivistisch mechanistische Mainstreamforschung) sowie v.a. in der Praxis der Drang zur Anwendung simpler Managementmoden vermuten, dass die organisationstheoretischen Kenntnisse selbst für Hypothesen hinsichtlich notwendigen Veränderungsansatz meist nicht ausreichen, wenn kulturelle Aspekte betroffen sind. Daher ist die Gefahr von „Much Ado About Nothing" im Kontext von Veränderungsvorhaben sehr groß!

Literatur

[1] Schreyögg, G. & Koch, J. (2015): Grundlagen des Managements. Wiesbaden: Springer Gabler.

[2] Siehe bspw. Kotter, J. P. (2007): Leading Change: Why transformation efforts fail. In: Harvard Business Review, pp 92-107 (Reprint, first 1995). Kotter zeigt das typische beratungsorientierte Vorgehen: zuerst wird auf die

große Scheiterquote hingewiesen, um im nächsten Schritt eine „praxistaugliche" Lösung dafür anzubieten (bspw. Kotters Vorschlag für Veränderungsprozesse in acht Stufen).

3 Eine dieser wissenschaftlich orientierten Aufarbeitungen liefert Hughes, M. (2011): Do 70 Per Cent of All Organizational Change Initiatives Really Fail? In: Journal of Change Management, Vol. 11/4, pp. 451-464.

4 Unter „Mainstreamforschung" bezeichnen wir den Großteil der Managementforschung, die sehr stark auf dem positivistisch mechanistischen Paradigma (siehe Abb. 1) und damit verbunden auf quantitative Methodologie zurückgreift. Die Problematik, die daraus entsteht, wird in dieser Arbeit gezeigt.

5 Eine rezente Übersicht über Change Theorien und deren notwendige Komplexität liefert: Da Ros, A., Vainieri, M. & Belle, N. (2023): An Overview of Reviews: Organizational Change Management Architecture. In: Journal of Change Management, Vol. 23/1, pp. 113-142.

6 Beispielsweise Hughes (2011), insbesondere S. 461.

7 Pointiert dazu: Nicolai A. & Kieser, A. (2002): Trotz eklatanter Erfolglosigkeit: Die Erfolgsfaktorenforschung weiter auf Erfolgskurs. In: Die Betriebswirtschaft, Vol. 62/6, S. 579-596.

8 Zur Kritik dazu siehe zusammenfassend Hasenzagl, R. (2020): Management als Profession. Stuttgart: Schäffer-Poeschel.

9 Hasenzagl (2020).

10 Da Ros et al. (2023), S. 114.

11 Für einen ersten Überblick verbunden mit der Einordnung gängiger Veränderungsansätze siehe Hasenzagl, R. (2009): Corporate Entrepreneurship und Veränderungsmethoden. In: Frank, H. (Hrsg.): Corporate Entrepreneurship. 2. Aufl., Wien: Facultas, S. 305–366. Eine ausführliche Beschreibung der wissenschafts- und rahmentheoretischen Gruppierung für gegenständliche Theorien findet sich in Hasenzagl (2020).

12 Luhmann, N. (2000): Organisation und Entscheidung. Opladen/Wiesbaden: Westdeutscher Verlag. Luhmann hat die Begriffe nicht in erster Linie mit den Paradigmen verknüpft, die in Abb. 2 gezeigte Verwendung passt aber sinngemäß zu seiner Theorie.

13 Unter einer Methode werden hier inhaltliche Aspekte (Werkzeuge etc.), die zeitliche Dimension (u.a. die Prozesse) und die soziale Beteiligung verstanden. Im Folgenden wird für die Werkzeuge auch der Begriff „Intervention" verwendet, der dem Verständnis des sachlichen Aspekts der Methode entspricht. Hier finden sich die, in modernen, soziologischen Paradigmen oft verwendeten drei Dimensionen, in denen soziales Geschehen beschrieben wird, wieder: die *sachliche*, die *zeitliche* und die *soziale* Dimension.

14 In Abbildung 2 tritt die Breite der theoretischen Basis insbesondere innerhalb der motivationstheoretischen Ansätze ans Licht. Beispielsweise sollte der in Abbildung 2 erwähnte „Prozess" bereits der zeitlichen Dimension zugeordnet werden. Aus theoriegeschichtlichen, v.a. aber, weil dies nicht dem in der Praxis verbreiteten Verständnis entspricht, wird die zeitliche Dimension bei den motivationsdeterminierten Ansätzen vernachlässigt.

15 Der Betriebswirtschaftslehre in der üblichen „neoklassischen Ausprägung" wird zugeschrieben, die Organisation als eigenständiges Problem nicht zu kennen - „[...] Organisationslosigkeit der Neoklassik [...]" wird dies von Schreyögg & Geiger bezeichnet (Schreyögg, G. & Geiger, D. (2016): Organisation. Grundlagen moderner Organisationsgestaltung. 6. Aufl., Wiesbaden: Springer Gabler, S. 468. Schreyögg & Geiger kritisieren deutlich in ihrem Lehrbuch das trotzdem sehr selbstbewusste Auftreten der neoklassischen Mikroökonomen hinsichtlich Organisationstheorien.

16 Siehe bspw. Hasenzagl (2009).

17 Kolbeck, Ch. (2001): Zukunftsperspektiven des Beratermarktes. Wiesbaden: DUV, S. 37. Wegen dieser zugeschriebenen Theorielosigkeit wurde oben im Text das Festhalten an der Rationalitätsphantasie als „ideologisch" bezeichnet.

18 Da es in der vorliegenden Arbeit in erster Linie um organisationale Veränderung geht, wird, die im Rahmen der konzeptdeterminierten Ansätze ebenfalls als sehr problematisch gesehene Veränderung von Individuen, im Folgenden nicht vertieft.

19 Hier zeigt sich die mechanistische Grundhaltung deutlich. Wenn bei einem Auto eine Schraube bricht, muss auf der Detailebene der Schrauben das Problem gesucht und gelöst werden. Im Sozialen wird heute das gesetzmäßige Zusammenwirken von Details, ebenso wie die „realistische" Identifikation der Variablen auf Detailebene (den Schrauben beim Auto, die als real gegeben angenommen werden können) in Frage gestellt. Daher erfolgt die Komplexitätsbearbeitung im Sozialen meist auf der Ebene von Mustern und nicht auf Detailebene (siehe bspw. dazu Hasenzagl (2020), insbesondere Kapitel 5).

[20] Schmelzer, H. J. & Sesselmann, W. (2013): Geschäftsprozessmanagement in der Praxis. 8. Auflage, München: Hanser.

[21] Mit starkem Praxisbezug siehe zu dem Thema bspw. Feldbrügge, R. & Brecht-Hadraschek, B. (2008): Prozessmanagement leicht gemacht. 2. Auflage, München: Redline, insbesondere S. 42ff.

[22] Siehe dazu die Anmerkungen in der Beschreibung der humanistischen Ansätze im nächsten Abschnitt.

[23] Schreyögg & Geiger (2016). Deshalb werden hier diese Ansätze als „konzeptdeterminiert" bezeichnet.

[24] Hughes (2011), auch Kolbeck (2001).

[25] Kolbeck (2001).

[26] Derartige strategische Überlegungen zeigen bspw. das Potenzial, ein Geschäftsfeld durch Fokus auf die aktuellen Kundenanforderungen durch eine gelungene Geschäftsprozessoptimierung länger in der „Cash Cow Position" zu halten (siehe dazu Hasenzagl, R. (2015): Die Falle der besten Mausefalle. Strategische Positionierung von Produktionsunternehmen. In: Austrian Management Review, Vol. 5, S. 81-87).

[27] Siehe bspw. Schreyögg & Geiger (2016) sowie ausführlich Hasenzagl (2020).

[28] Hier wird in der Literatur auch die Geburtsstunde des Change Managements gesehen. Organisationale rational basierte Veränderung soll durch Bearbeitung von auftretendem Widerstand bearbeitbar gemacht werden (Schreyögg & Geiger (2016)). Die Wurzeln der Methoden zur Widerstandsbearbeitung liegen im positivistisch humanistischen Paradigma und hatten vorerst individualen Fokus. Erst später (und in der Praxis, außer durch starke rhetorische Beachtung, überhaupt nicht) wurde Widerstand im Rahmen dieses Ansatzes auf sozialer (organisatorischer, kultureller) Ebene ein Forschungsthema.

[29] Ein bedeutender und auch in der Praxis bekannter Vertreter ist bspw. Edgar Schein (vgl. „Eisbergemodell der Kultur"). Damit ist in weiteren Entwicklungen der humanistischen Richtung die Grenze zu den soziologischen Theorien überschritten (siehe dazu zusammenfassend Hasenzagl (2020), insbesondere S. 77ff. Der Kern der humanistischen Ansätze – insbesondere die in der Praxis benutzten – blieb jedoch im positivistisch humanistischen Paradigma.

[30] Siehe dazu: Lewin, K. (1946): Action Research and Minority Problems. In: Journal of Social Issues, Vol. 2/ 4, pp. 34–46, auf Organsiationsentwicklung angewendet: French, W. L. & Bell, C. H. jr (1990): Organisationsentwicklung. 4. Auflage, Bern et al.: Haupt.

[31] Siehe bspw. Schreyögg & Koch (2014). Diesen Entwicklungen wird wenig Chance gegeben, die Skepsis an diesen einseitigen und übertriebenen, wohl aber populären motivationsorientierten humanistischen Ansätzen ist vielfältig begründet (siehe dazu Hasenzagl (2020)). Kurz seien hier die in der Praxis zu findende ideologische Verzerrung in Richtung positives Menschenbild, der Mythos, dass zufriedene Mitarbeiter mehr leisten (Sachorientierung also gar nicht mehr notwendig ist, diese folgt automatisch durch Motivation), sowie Überlegungen auf Basis rezenter Organisationstheorien zur Rolle von Führungskräften v.a. in Veränderungsprojekten, genannt (zu letztem Punkt siehe Hasenzagl, R. & Müller-Christensen, B. (2023): Mythos Führung. Überschätzt und verteufelt. In: Austrian Management Review, Vol. 13, S. 72-85).

[32] Siehe dazu die Anmerkungen in der vorherigen Endnote und insbesondere Hasenzagl (2020).

[33] Titscher, S. (1997): Professionelle Beratung. Wien: Ueberreuter sowie Hilse, H. (2001): Alte Bilder – neue Herausforderungen: Ein Zwischenruf zur systemischen Organisationsberatung. In: Gruppendynamik und Organisationsberatung, Vol. 32/3, S. 323-338.

[34] Ein intensives Studium der hinter diesen Ansätzen liegenden komplexen Paradigmen kann, ebenso wenig wie die notwendigen praktischen Erfahrungen, nicht durch kurze Einführungen ersetzt werden – auch wenn viele BeraterInnen und ChangemanagerInnen dies versuchen, wie die populäre systemische Literatur zeigt. Beides (Studium und Erfahrungen) werden üblicherweise als Kernelemente einer Profession gesehen. Die Unternehmensberatung hat die Chance, sich zu professionalisieren und damit die Chance, sich als Hilfestellung bei komplexen Anforderungen in der Unternehmensführung stabil zu etablieren, nie wirklich wahrgenommen (Hasenzagl 2020)). Siehe dazu auch die geforderten Kompetenzen des Managements in der Zusammenfassung.

[35] Details hinsichtlich der neueren Systemtheorie angewendet auf Organisationen finden sich bei Luhmann (2000) oder anwendungsorientiert für ManagerInnen der Praxis bei Hasenzagl (2020).

[36] Für theorieaffine Leser ein paar Anmerkungen dazu: Obwohl in den rezenten Interpretationen von Luhmanns Werk die Unterscheidung formal/informal nicht mehr verwendet wird (Kühl, S. (2018a): Organisationskultur. Eine Konkretisierung aus systemtheoretischer Perspektive. In: Managementforschung, Vol. 28, S. 7–35),

benutzen wir diese Unterscheidung v.a. deshalb weiter, weil die Differenz in der Praxis der Unternehmensführung immer noch präsent ist, während die Begriffe entscheidbare/unentscheidbare Entscheidungsprämissen eher Unverständnis auslösen. Die Differenz formal/informal findet sich beim früheren Luhmann ebenso wie immer noch in rezenten *praxisorientierten* Einführungen (bspw. Kühl, S. (2018b): Organisationskulturen beeinflussen. Eine sehr kurze Einführung. Wiesbaden: Springer).
Die formalen Strukturen sind hier als entscheidbare Entscheidungsprämissen zu sehen, die analytisch in Kommunikationswege, Programme und Personal getrennt werden können.
Die Gültigkeit der formalen Strukturen bzw. der entscheidbaren Prämissen lässt sich auf eine Entscheidung zurückführen, sie wurden also durch eine Entscheidung in Kraft gesetzt. Die Organisation stabilisiert nun diese Entscheidungsprämissen, indem deren Einhaltung die Mitgliedschaftsentscheidung (die den Personalentscheidungen zugerechnet wird) geknüpft ist. Man kann nicht dauerhaft gegen vorgeschriebene Prozesse verstoßen, ohne dass erwartbar ist, dass die Organisation die Mitgliedschaft aufkündigt.
Alle anderen Entscheidungsstrukturen werden hier als informal bezeichnet. Sie geben Orientierung, wenn durch formale Entscheidungsprämissen Entscheidungen nicht geregelt sind. Zu den informalen Entscheidungsprämissen gehören hauptsächlich die unentscheidbaren Prämissen, die selbstverständlich wirksam sind, ohne das zu sagen wäre, wer sie wann durch eine Entscheidung in Kraft gesetzt hat. Es handelt sich systemtheoretisch um *eine* Form von normativen Strukturen, die noch dazu meist latent sind. Dies ist – wie oben erwähnt – nur eine Ausprägung normativer Strukturen bei Luhmann, ohne dass er v.a. in seinem Hauptwerk „Soziale Systeme" die unterschiedlichen Sichtweisen auf Normen explizit unterscheidet. (Luhmann, N. (1999): Soziale Systeme. 7. Aufl., Frankfurt am Main: Suhrkamp). Erst die Verletzung dieser Normen fällt auf und auf diese wird mit heftigen Gefühlsregungen, die zu schweren Konflikten führen können, reagiert. Zu den Ausführungen siehe v.a. Luhmann (2000), Luhmann (1999) und anwendungsorientiert Hasenzagl (2020).

37 Der Begriff Kultur ist seit 40 Jahren sogar in positivistisch mechanistischen gegenständlichen Theorien präsent. Allerdings werden hier unter Kultur direkt beeinflussbare, real gegebene Variablen gesehen (Pohlmann, M. & Markova, H. (2011): Soziologie der Organisation. Konstanz und München: UKV). Man könnte das Kulturverständnis der mechanistischen Richtung als nicht direkt beobachtete, aber der Rationalität zugängige Regeln sehen. In diesem Sinne wird hier angenommen, dass sie sichtbar gemacht werden können und mittels auf Rationalität basierten „Culture-Engineering" verändert werden können.

38 Hillmann, K.-H. (1994): Wörterbuch der Soziologie. 4. Auflage, Stuttgart: Alfred Körner Verlag und Pohlmann & Markova (2011). Natürlich lässt sich diese Annäherung nur an der Oberfläche einfach beobachten. Paradigmatische Unterschiede sind bspw. beim Normenbegriff, viel mehr noch bei der Frage der Veränderung von Normen zu beachten.

39 Allgemein zum oben beschriebenen Verständnis von Organisationskultur Schreyögg & Geiger (2016), S. 317ff, aus systemtheoretischer Sicht Pohlmann & Markova (2011), S. 150.

40 Luhmann (2000), S. 223 und S. 344.

41 Luhmann (2000), S. 342.

42 Damit ist gleichzeitig eine erste Interpretation der Begriffe „operative Geschlossenheit" und „Selbstreferenz" erfolgt: Nur die Organisation selbst kann ihre Strukturen verändern, kein Manager, der ja der Umwelt zugerechnet wird, kann eine organisationale Veränderung direkt steuern (siehe dazu bspw. Hasenzagl & Müller-Christensen (2023)).

43 Es handelt sich um einen möglichen Veränderungsprozess. Im interpretativ soziologischen Paradigma wird mit der qualitativen Methodologie gearbeitet. Dies impliziert Offenheit, nicht nur bei den Interventionswerkzeugen, sondern auch in prozessualer und sozialer Hinsicht. Offenheit widerspricht dem apodiktischen Standardisierungsdrang der Praxis.

44 Meist ist unter Interventionen der sachliche Teil einer Methode gemeint – also Werkzeuge. Dieser Sicht folgen wir hier. Dazu kommt noch das zeitliche Vorgehen (der Interventionsprozess) und die Beteiligten (soziale Dimension). Hilse (2001) sieht systemische Interventionen nicht konstitutiv für ein systemisches Vorgehen, sondern die dahinterliegende Theorie, die eine Beobachtung mit der Brille der Systemtheorie erlaubt. In diesem Sinne gilt für Interventionen „Anything goes", alles ist möglich, solange es auf Basis der Systemtheorie reflektiert wird. Wie sich weiter unten noch zeigt, gilt dies für Interventionen (also den sachlichen Aspekt). Die zeitliche Dimension (bspw. der Veränderungsprozess, v.a. aber die Zeitabhängigkeit der Variablen) und die sozialen Aspekte werden stark vom systemischen Paradigma dominiert.

[45] Zum komplexen Wirkungsverständnis systemischer Interventionen siehe Hasenzagl, R. (2007): Die Wirkung von Beratern. In: Gruppendynamik und Organisationsberatung, Vol. 38/4, S. 351-37.

[46] Derartige qualitative Methoden sind bspw. die Feinstrukturanalyse oder die Systemanalyse (Lueger, M. (2010): Interpretative Sozialforschung. Die Methoden. Wien: Facultas UTB).

[47] Eine Methode wäre bspw. die „Geschäftsprozessoptimierung (GPO)", diese Methode setzt sich aus einzelnen sachlichen Interventionen zusammen, die in Form einer Interventionsmethode angewendet werden. Eine Intervention bei der Methode GPO wäre bspw. der Einsatz eines inhaltlichen Werkzeugs (einer Intervention) bspw. ein Funktionsdiagramm (manchmal auch als Swimlane Diagramm bezeichnet). Zusammen mit den Beteiligten für die Erhebung und Diskussion des Funktionsdiagramms und den zeitlichen Einsatz (bspw. im dritten Analyseworkshop mit einer Erhebungsdauer von 2 Wochen) ergibt sich die Interventionsmethode. Für eine Geschäftsprozessoptimierung als Methode haben BeraterInnen neben diesen Interventionen auch meist standardisierte (also nicht fallspezifische) Prozesse und Prozessinstitutionen (also die Beteiligten) für jeden Interventionsschritt festgelegt. Diese Standardisierung in der zeitlichen und sozialen Dimension sowohl auf detaillierter Ebene (für Einzelinterventionen), noch viel mehr als Gesamtmethode *funktioniert im organisationsfokussierten Ansatz nicht*.

[48] Unter einem Team wird hier ein Subsystem einer Organisation mit relativ kleiner Mitgliederzahl bezeichnet, die sowohl typische (informale) Kleingruppenstrukturen ausbilden können, aber auch formale Vorgaben der Organisation erfüllen sollten. Beispiele dafür sind Projektteams, aber auch Formen der Zusammenarbeit, die als „Arbeitsteams" bezeichnet werden.

[49] French & Bell (1990) sowie Barnes, M. A. (2021): Robert Chin and Kenneth D. Benne: Change Management Biography. In: Szabla, D. B. (ed.): The Palgrave Handbook of Organizational Change Thinkers. O.O.: Springer Nature, pp. 383-393.

[50] Konsistent mit Abbildung 2 scheint dabei, dass der dort erwähnte motivationsdeterminierte Ansatz zu der rationalen Strategie gezählt wird - dies zeigt die Verwendung der Rationalität und des Positivismus als Kernannahmen im humanistischen Paradigma, aber auch den oben erwähnten ursprünglichen Doppelfokus auf sachliche und humanistische Ziele (Barnes (2021)).

[51] Hilse (2001).

[52] Die Zuordnung des organisationsfokussierten Ansatzes auf Basis eines interpretativ systemischen Paradigmas in das Feld normativ-reedukativ erfolgt, weil in dem Ansatz sowohl formale als auch informale Strukturen nach der gleichen Veränderungstheorie – und damit paradigmatischen Grundannahmen – betrachtet werden. Aus der Beschreibung der Macht-Zwang Strategie bei Chin und Benne (Barnes (2021)) kann eine, mit dem organisationsfokussierten Ansatz inkompatible, positivistisch mechanistische Grundhaltung in diesen Feldern (individuell und sozial) angenommen werden.

[53] Diesen Mechanismus, dass inhaltliche Werkzeuge auf Basis verschiedener Paradigmen angewendet werden und dabei ganz unterschiedliche Wirkungen erzielen können, zeigt deutlich eine Anwendung aus der Beratungspraxis. Aus der „systemischen Coachingpraxis" wissen wir, dass bestimmte, als originär systemisch ausgeschilderte Interventionen, wie bspw. „typische systemische" Fragen, ihre Wirkung hauptsächlich aus der „Haltung" (also dem gelebten Paradigma des Beraters) gewinnen, nicht aus der Intervention selbst. Erstaunlich viele analytisch arbeitende Coaches verwenden ähnliche Fragen, erzielen (und beabsichtigen) damit aber ganz andere Wirkungen als systemisch arbeitende Coaches.

[54] Die wissenschaftstheoretische Position ist positivistisch, die dazugehörige mechanistische Organisationstheorie firmiert manchmal unter der Bezeichnung „deterministischer Kontingenzansatz" (Hasenzagl (2009).

[55] Luhmann (1999).

[56] Derartige dysfunktionale Machtstrukturen liegen bspw. dann vor, wenn die Innendifferenzierung der Organisationen zu sehr abgegrenzten Bereichen mit ausgeprägten Werten und damit verbundenen Zielsetzungen führen. Wahrgenommen wird dies durch die Personenattribution oft als Machtspiel zwischen „Bereichsfürsten".

[57] Derartige Rahmenbedingungen können beispielsweise die Stärkung hinsichtlich Entscheidungskompetenzen von Betroffenen oder hierarchische Veränderungen sein. In diesem Beispiel ist eine mögliche aufbauorganisatorische Rahmenbedingung die Etablierung eines „starken" Prozessverantwortlichen.

[58] Angemerkt soll hier noch werden, dass Kühl (2018b) ebenfalls davon ausgeht, dass Interventionen in formale Strukturen zur Anregung von informalen Veränderungen genutzt werden müssen. Er bestätigt auf abstrakter Ebene damit den hier beschriebenen Mechanismus, ohne im Detail auf die Interventionspraxis einzugehen.

[59] Als problematisch stellen sich derartige Fälle deshalb heraus, weil meist nur auf der formalen Ebene (empirisch-rational – individuell oder empirisch-rational – sozial) gearbeitet wird. Anders ist kaum zu erklären, warum ohne ausreichender Hypothesenbildung hinsichtlich normativer Strukturen Kurzseminare oder Workshops unter dem Titel „Teamentwicklung" angeboten werden. Bei derartigen Veranstaltungen haben TeilnehmerInnen Erfolg so definiert, dass nichts Unangenehmes passiert ist.

[60] Zum theoretischen Hintergrund der Anwendung auf eine Organisation siehe Hasenzagl (2007). In dieser Arbeit wird dieses Vorgehen im Zusammenhang mit einem Beratungsprojekt diskutiert. Hier soll durch die „Bildung" bspw. eines gemischten Beraterstaff/Organisationsmitglieder Teams eine Irritation der Gesamtkultur erreicht werden.

[61] Bspw. Hilse (2002), Kühl (2018a).

Information zum Autor

Prof. Dr. Rupert Hasenzagl, bis 2017 Lehrtätigkeit als Management Professor an der AKAD-University in Stuttgart. Derzeit ist er neben der akademischen Lehrtätigkeit an der TU Wien, verstärkt in der Wirtschaftsforschung am Institute of Leadership & Change Management an der JKU Linz, sowie als Unternehmensberater tätig.

Der Autor bedankt sich bei Frau Assoz. Univ.-Prof. Dr. Barbara Müller-Christensen (Institute of Leadership & Change Management) für die Diskussionen und Anregungen.

eit Manufacturing
Co-funded by the European Union
Join us at Manufacturing Day 2025 during ViennaUP'25!
Connect with industry leaders, discover cutting-edge innovations, and shape the future of manufacturing.
Register now and be part of the change!
eitmanufacturing.eu
mitic.at

Ready to develop your manufacturing skillset?
Check out the current training offers on EIT Manufacturing Marketplace!
eitmanufacturing-east.eu

Patrick Sailer

Professor für Organisation, Management und Wirtschaftspsychologie, Hochschule Fresenius München

patrick.sailer@hs-fresenius.de

Stephan Kaiser

Universitätsprofessor am Institut für Organization, Strategy & People, Universität der Bundeswehr München

stephan.kaiser@unibw.de

Georg Loscher

Wissenschaftlicher Mitarbeiter am Institut für Organization, Strategy & People, Universität der Bundeswehr München

georg.loscher@unibw.de

Routinen in der agilen Projektarbeit

Paradoxe Erkenntnisse zur Dynamik von Routinen

Die Dynamik ineinandergreifender organisatorischer Routinen ist bislang wenig erforscht. In einer empirischen Studie zu agiler Projektarbeit zeigte sich, dass die Agilität eines Projekts nicht nur von Personen- und Kontextfaktoren abhängt, sondern vor allem davon, wie gut es gelingt, voneinander abhängige Routinen zu koordinieren.[1] Überraschenderweise führt die vermeintlich flexible Ausführung von Routinen zu starken Einschränkungen der Agilität des Projekts. Die Zusammenhänge zwischen der Ausführung einzelner Routinen und den Auswirkungen auf der Ebene des Gesamtprojekts sind komplex, sollten aber in der Praxis stärker berücksichtigt werden.

Einleitung

Die Forschung zur Dynamik organisationaler Routinen ist mittlerweile einige Jahrzehnte alt (siehe Kasten 1).[2] In der Anfangsphase konzentrierte sich die Forschung zu Routinendynamik auf die Dynamik innerhalb einzelner Routinen. In jüngster Zeit rückt jedoch die Dynamik zwischen mehreren Routinen in den Vordergrund. Dabei werden insbesondere die Wechselwirkungen und Abhängigkeiten zwischen den Routinen betrachtet. Frühere Studien haben diese Aspekte hauptsächlich in Kontexten untersucht, in denen Routinen nur lose miteinander verbunden sind. Organisatorische Aufgaben werden jedoch in der Regel durch eng vernetzte und stark voneinander abhängige Routinen erfüllt. Als Folge dieser Vernetzung bilden einzelne Routinen den Kontext für die Ausführung anderer Routinen.

Ein gutes Beispiel für solche eng vernetzten Routinen sind die Routinen agiler Projekte. Es gibt heute kaum eine Organisation, die nicht zumindest in Teilen mit agilen Projektmanagementmethoden arbeitet.[3] Routinen für agiles Arbeiten, wie sie z.B. Scrum vorsieht (siehe Kasten 2), gelten als ausgereift und fortschrittlich. Ein empirischer Blick auf agile Projekte zeigt jedoch, dass die tatsächlich erreichte Agilität von verschiedenen Faktoren abhängt. Versteht man unter Agilität des Projekts die Fähigkeit, sich im Projektverlauf flexibel an neue Projekt- und Kundenanforderungen anzupassen[4], so lassen sich zwei wichtige Ergebnisse unserer Forschung berichten. Zum einen sind es externe Faktoren wie spezifische Rollen, Akteure und der organisatorische Kontext, die die Agilität des Projekts beeinflussen. Zum anderen sind es komplexe interne Dynamiken, die zwischen voneinander abhängigen Routinen wirken und sich aus der Art und Weise ergeben, wie einzelne Routinen der Projektarbeit ausgeführt werden.[5]

Wechselwirkung und Koordination von Routinen

Routinen haben eine innere Dynamik, die sich aus dem Zusammenspiel von abstrakten Vorgaben und konkreten Handlungen ergibt. Beispielsweise einigt sich ein Projektteam darauf, den Prozess der Risikoabschätzung nur teilweise durchzuführen, da bestimmte Teilschritte für das konkrete Projekt nicht relevant erscheinen. Es passt also sein konkretes Handeln im Rahmen der Routine „Risikoabschätzung" an die Projektsituation an. Eine solche Veränderung des Handlungsmusters wird in der Routineforschung als flexibilitätsfördernde emergente Ausführung der Routine bezeichnet. Das bewusste Festhalten am Prozess der Risikoeinschätzung, unabhängig davon, ob es in der konkreten Situation auch andere sinnvoll erscheinende Möglichkeiten gäbe, wird dagegen als mühsame Ausführung der Routine bezeichnet. Solche Dynamiken in Bezug auf einzelne Routinen sind in der Organisationsforschung bereits intensiv diskutiert worden.[6]

Organisationale Routinen

Routinen werden in der Organisationsforschung als regelmäßige und vorherseh-bare Verhaltensmuster zwischen mehre-ren Akteuren verstanden und sind somit keine Gewohnheiten einzelner Akteure, sondern ein organisationales Phänomen. Sie bestehen aus dem Zusammenspiel von

- abstrakten Skripten, die Handlungen orientieren, z.B. eine Prozessbeschreibung (ostensiver Aspekt)
- konkreten Handlungen, die in Situationen eingebettet sind (performativer Aspekt).

Durch dieses Zusammenspiel können Routinen interessanterweise sowohl zu Wandel als auch zu Stabilität führen.

Im Organisationsalltag sind jedoch typischerweise mehrere Routinen miteinander verknüpft. Ein gutes Beispiel hierfür sind agile Projekte, in denen viele verschiedene Routinen regelmäßig durchgeführt und koordiniert werden müssen. Im agilen Projektmanagement mit Scrum (siehe Kasten 2) lassen sich mindestens fünf verschiedene Routinen unterscheiden, die sowohl im sogenannten „Scrum Guide“ für Praktiker (unter leicht anderem Namen) genannt werden als auch in unserer Fallstudie empirisch beobachtet wurden.[7] Diese sind stark voneinander abhängig (interdependent) und bilden daher ein Routinencluster. Weiterführend lässt sich festhalten: In einem Cluster von Routinen wirken die beteiligten Routinen wechselseitig aufeinander ein, z.B. indem der Output einer Routine den Input der nachfolgenden Routine bildet. Die Koordination der Routinen erfolgt häufig über Schnittstellen zwischen den Routinen, z.B. über Signale, die das Ende oder den Beginn einer Routine auslösen.

Scrum

In der agilen Projektmanagementmethode Scrum können mindestens fünf Routinen unterschieden werden:

- Zielroutine: Überprüfung und Anpassung der Projektziele
- Planungsroutine: Projektaufgaben planen
- Status-Routine: Informationen über den Status der Aufgaben mit dem Team austauschen
- Kunden-Feedback-Routine: Kunden-Feedback einholen
- Team-Feedback-Routine: Austausch von Team-Feedback

Darüber hinaus gibt es in Scrum drei verschiedene Rollen:

- Product Owner: Verantwortlich für die Produktvision und Priorisierung
- Scrum Master: Verantwortlich für die Durchführung der oben genannten Routinen
- Projektteam: Verantwortlich für die Erstellung der Funktionalität

Unsere empirische Fallstudie

Die noch junge Forschung zu Wechselwirkungen zwischen mehreren Routinen konzentrierte sich bisher auf eher lose miteinander verbundene Routinen, z.B. in einem Innovationsnetzwerk, und auf langfristige Dynamiken über Jahre hinweg. In unserer Studie haben wir dagegen eng miteinander verbundene Routinen in ihrer kurzfristigen Dynamik über Tage und Wochen untersucht. Dazu haben wir einen ethnographischen Zugang gewählt, um die Komplexität sozialer Handlungsabläufe zu untersuchen. Wir konzentrierten uns dabei auf ein Projekt, in dem Inhouse-Berater die Scrum-Methode für agile Projektarbeit einsetzten.

Unsere Datenerhebung umfasste umfangreiche Beobachtungen, Artefaktanalysen und Interviews. Insgesamt wurden 600 Stunden an Beobachtungsdaten gesammelt, die durch Fotografien von Artefakten wie dem Kanban-Board sowie formale und ethnografische Interviews mit Schlüsselinformanten und Projektbeteiligten ergänzt wurden. Da ein tiefes, qualitatives Verständnis der Einflüsse auf die Agilität in Projekten angestrebt wurde, stellten die teilnehmenden Beobachtungen die wichtigste Datenquelle dar. Feldnotizen, Interviewtranskripte und Dokumente wurden alle in MaxQDA, einer Software zur qualitativen Datenanalyse, gespeichert. Für alle Daten wurden den Teilnehmenden in einer Einverständniserklärung Anonymität, Datenschutz und Vertraulichkeit zugesichert. Die Datenanalyse erfolgte in mehreren Schritten, die dem Ansatz von Miles und Huberman zur Analyse qualitativer Daten folgen.[8]

Der Praxisfall

Zur Beantwortung der Forschungsfrage wurde eine explorative qualitative Fallstudie zu einem Projekt einer internen Beratungseinheit in einem deutschen DAX-Konzern durchgeführt. Die dortige interne Beratungseinheit deckte das gesamte Spektrum von der Strategieberatung bis hin zur operativen Beratung ab. Zur Beantwortung der Forschungsfrage wurde ein Beratungsprojekt ausgewählt, in dem Scrum als agile Methode eingesetzt wurde. Konkret handelte es sich um ein Verbesserungsprojekt für eine Geschäftseinheit, die die interne Unternehmensberatung um Beratungsunterstützung bat, da es wiederholt zu Terminüberschreitungen in ihren Engineering-Projekten gekommen war. Die Beratungsunterstützung umfasste die Bildung und Qualifizierung von Teams, die an Verbesserungsvorschlägen arbeiteten, sowie die Bildung von Managementteams, die diese Verbesserungen priorisieren und umsetzen sollten.

Der Einfluss von Rollen, Akteuren und Kontext

Unser empirischer Blick auf agile Projekte hat zunächst gezeigt, dass die tatsächlich erreichte Agilität nicht nur von Routinen, sondern auch von individuellen Rollen, handelnden Akteuren und dem organisationalen Kontext abhängt. Trotz des ausgefeilten Methodenarsenals von Scrum hängt die Agilität des Gesamtprojekts von verschiedenen Faktoren ab.

Rollen: Von den fünf beobachteten Routinen brachten vor allem die Zielroutine, die Planungsroutine und die Kundenfeedbackroutine Agilität in das Projekt. Dies ist nachvollziehbar darauf zurückzuführen, dass in diesen Routinen vermehrt Gelegenheiten bestanden, veränderte Kundenwünsche wahrzunehmen und darauf zu reagieren. Konkret gaben die Kunden z.B. bei der Zielüberprüfung Rückmeldungen, die wiederum die Projektaufgaben und die gewünschten Projektergebnisse veränderten. Dabei beeinflusste vor allem die Rolle des Scrum Masters die Agilität im Projekt, indem er auf die Einhaltung der Routinen achtete. So achtete der Scrum Master in der Statusroutine darauf, dass sich jeder Teilnehmer an die vorgegebenen Fragen hielt ("Was habe ich gestern erreicht?", "Was mache ich heute?" und "Wo brauche ich Unterstützung?"). Wenn Projektmitglieder begannen, die Routinen zu verändern, indem sie z.B. Aufgaben

Agilität

Unter Agilität in Projekten wird die Fähigkeit eines Projektteams verstanden, die Projektplanung schnell an Veränderungen im Umfeld anzupassen.

Konkret haben wir eine Anpassung dann festgestellt, wenn sich die Projektziele, die Projektaufgaben oder die gewünschten Projektergebnisse aufgrund veränderter Kundenanforderungen oder technologischer Veränderungen nachweislich geändert haben.

Fand keine Anpassung statt, haben wir dies als verminderte Agilität festgehalten.

detaillierter technisch diskutierten als im Zeitbudget vorgesehen, griff der Scrum Master ein und setzte die ursprüngliche Routine durch.

Akteure: Wir konnten auch feststellen, dass die bisherigen Erfahrungen der Akteure mit Projektmanagementmethoden einen Einfluss auf die Agilität im Projekt hatten. Ein wichtiger Unterschied zwischen traditionellem Projektmanagement und Scrum ist die Art und Weise, wie Aufgaben verteilt werden: Im traditionellen Projektmanagement weist der Projektmanager den Teammitgliedern Aufgaben zu, in Scrum wählen die Teammitglieder ihre Aufgaben selbst aus. Dies geschieht zu Beginn jeder neuen Woche, wenn die Teammitglieder ihre Aufgaben auswählen, in der Erwartung, dass in dieser Woche keine weiteren Aufgaben hinzukommen. Der berufliche Hintergrund des Scrum Masters bestand zu einem großen Teil aus Erfahrungen mit traditionellen Projektmanagementmethoden. In hektischen Zeiten, in denen das Team unter hohem Druck stand, führte dies zu überraschenden Veränderungen der Routinen. So teilte der Scrum Master plötzlich täglich Aufgaben zu, anstatt die Teammitglieder ihre Aufgaben für die Woche auswählen zu lassen. Diese veränderte Praxis behinderte jedoch eine schnelle Anpassung an Kundenwünsche, da der Kunde oft gar nicht einbezogen wurde.

Kontext: In Bezug auf den organisatorischen Kontext beobachteten wir, wie die Routinen von den bestehenden Geschäftsprozessen und der Geschichte der Organisation beeinflusst wurden. Beispielsweise wurde ein bestehender Controlling-Prozess auf das Beratungsprojekt angewendet, was dazu führte, dass das Projektteam in unregelmäßigen Abständen aufgefordert wurde, über den Projektstatus zu berichten. Wir stellten auch einen Einfluss der Organisations- und Führungskultur auf die Agilität fest. Zum Beispiel war es nicht ungewöhnlich, dass das Topmanagement des Kunden ein einzelnes Teammitglied direkt anrief und ihm eine Aufgabe übertrug, die den Ergebnissen der vorherigen Planungsroutine widersprach. Diese Änderungen waren oft nicht allen Teammitgliedern klar, und der Projektleiter des Kunden war oft nicht involviert.

Gelungene und fehlgeschlagenen Koordination von Routinen

Unsere Studie zeigt darüber hinaus, wie die gelungene bzw. misslungene Koordination voneinander abhängiger Routinen die Effektivität und Agilität eines Clusters eng miteinander verbundener Routinen beeinflusst. Konkret haben wir drei Muster gelungener bzw. misslungener Koordination identifiziert: Verkettung, Orchestrierung und Reflexion bzw. Stolpersteine, Irritationen und Fehlplanungen.

Beispielsweise musste der Projektleiter für eine erfolgreiche Koordination zwischen den Routinen an einem Abend die anderen Projektmitglieder gegen ihren Widerstand mühsam zusammenbringen, um die Projektziele auf einem Kanban-Board zu aktualisieren (Zielroutine). Dabei erinnerte er das Team daran, dass alle Projektaufgaben zur Erreichung dieser Ziele beitragen sollten und fragte zunächst die Kundenvertreterin, ob sie mit diesen Zielen noch einverstanden sei und ob das Team daraus Unterziele für den nächsten Sprint (die nächste Woche) ableiten könne. Nachdem ein weiteres Unterziel hinzugefügt wurde, leitete das Team daraus Arbeitsaufgaben für die nächste Woche ab (Planungsroutine).

Muster gelungener Koordination zwischen Routinen		Muster fehlgeschlagener Koordination zwischen Routinen	
Muster	Beschreibung	Muster	Beschreibung
Verkettungen	Vordefinierte Aktionen verketten den Output einer Routine mit anderen Routinen.	**Stolpersteine**	Fehlende Outputs einer Routine bringen andere Routinen, die diese Outputs benötigen, ins „Stolpern".
Orchestrierung	Routinen koordinieren sich über die gleichen materiellen, räumlichen oder zeitlichen Ressourcen.	**Irritationen**	Routinen stützen sich nicht auf die gleichen materiellen, räumlichen oder zeitlichen Ressourcen.
Reflexion	Routinen werden auf der Grundlage eines gemeinsamen Ziels, das einen gemeinsamen Kontext schafft, koordiniert.	**Fehlplanung**	Routinen sind nicht auf ein gemeinsames Ziel ausgerichtet.

Tabelle 1: Gelungene und fehlschlagende Koordination zwischen Routinen[9]

Ein Beispiel für eine fehlgeschlagene Koordination zwischen Routinen bezieht sich auf die Durchführung der Status- und Kunden-Feedback-Routine. Während der Routine kam es zu einer heftigen Diskussion zwischen einem Kundenmanager und dem Projektleiter über das Verhalten eines Projektteammitglieds an diesem Morgen. Dies führte dazu, dass die Besprechung viel mehr Zeit in Anspruch nahm als ursprünglich geplant. Dies hatte Auswirkungen auf die später geplante Kunden-Feedback-Routine, für die nicht mehr so viel Zeit zur Verfügung stand und für die der Kunde nur wenig Bereitschaft signalisierte. Anstatt den Kunden formal zu befragen, tauschten sich die unvollständig anwesenden Teammitglieder daher nur kurz informal über die einzelnen Arbeitsergebnisse aus. Angesichts der knappen Zeit und des hohen Arbeitsaufkommens gingen Kunde und Projektteam zufrieden auseinander. Das böse Erwachen kam jedoch am nächsten Morgen, als sich der Kunde über das Fehlen eines von einer anderen Abteilung angeforderten Arbeitsergebnisses beschwerte. Die Anpassung der Kundenrückmeldungsroutine, die am Vortag noch sinnvoll erschien, führte nun auf Projektebene zu einem Verlust an Anpassungsfähigkeit gegenüber Anfragen.

Die Muster gelungener und fehlgeschlagener Koordination ergeben sich aus den Wechselwirkungen zwischen den einzelnen Routinen und beeinflussen das Funktionieren des Clusters eng miteinander verbundener Routinen. Interessant ist hier das überraschende Ergebnis, dass gerade besonders exakte und regelgetreue ("mühsame") Routineausführungen einen vorhersehbaren Kontext für die Koordination mit anderen Routinen schaffen und zu Flexibilität auf Clusterebene bzw. Agilität des Gesamtprojekts führen. Dies ermöglicht es, auf unerwartete oder sich ändernde Bedingungen zu reagieren, ohne dass die Koordination zusammenbricht. Die exakte Ausführung einzelner Routinen ist daher entscheidend für die Förderung der Flexibilität auf Clusterebene bzw. der Agilität des Projekts. Umgekehrt sind abweichende, vermeintlich flexible Routineausführungen problematisch. Sie verhindern eine erfolgreiche Abstimmung mit anderen Routinen, führen zu Irritationen im Projekt und bringen Prozesse ins Stocken. Auf der Ebene des Gesamtprojekts ging dadurch Agilität verloren.

„Die strikt regelkonforme Ausführung von Routinen führt zu Flexibilität auf der Ebene des Gesamtprojekts. Vermeintlich flexible Abweichungen von der vorgesehenen Routine führen dagegen zum Kollaps."

Fazit

Unsere empirischen Untersuchungen zeigen, dass neben der Betrachtung einzelner Routinen vor allem die Dynamiken, die zwischen einzelnen voneinander abhängigen Routinen wirken, stärker in den Blick genommen werden sollten. Vermeintlich flexibles Handeln innerhalb einzelner Routinen hat das Potenzial, die Flexibilität und Effektivität auf der aggregierten Ebene der Organisation zu gefährden. Darüber hinaus lernen wir, dass selbst ausgefeilte Methoden wie Scrum nicht automatisch zu Agilität führen. Faktoren wie spezifische Rollen, Erfahrungen der Akteure oder Führungskulturen können Agilität beeinflussen.

! Managementimplikationen

- Führungskräfte sollten bedenken: Die Anwendung agiler Methoden und der in Scrum vorgesehenen Methoden allein reicht nicht aus, um insgesamt eine agile Projektarbeit zu gewährleisten. Besonders wichtig ist die Erfahrung mit agilen Methoden bei den Akteuren mit Schlüsselrollen.
- Projektmanager sollten auf die strikte Einhaltung von Routinen achten, auch wenn auf den ersten Blick gerade das Abweichen von den vorgesehenen Routinen als agil wahrgenommen wird. Denn auf der Ebene des Gesamtprojekts führt das Abweichen von Routinen zu Koordinationsproblemen und verhindert Agilität.
- Insgesamt sollte das Management stärker auf die Schnittstellen zwischen interdependenten Routinen und die damit verbundenen Dynamiken achten.

Literatur

[1] Einige Ergebnisse dieses Artikels sind zuerst als Sailer, P., Loscher, G. J., & Kaiser, S. (2023). Coordinated Interdependence: How Patterning Governs Flexibility in a Routine Cluster. Journal of Management Studies. https://doi.org/10.1111/joms.12960 veröffentlicht worden. Der vorliegende Artikel ist eine gekürzte

Zusammenfassung und Adaption für Praktiker und für den deutschsprachigen Raum und enthält darüber hinaus noch einige zusätzliche Aspekte.

2 z. B. Feldman, M. S. (2000). Organizational Routines as a Source of Continuous Change. Organization Science, 11(6), 611–629. https://doi.org/10.1287/orsc.11.6.611.12529; Kaiser, S., & Kozica, A. (2013). Organisationale Routinen. Ein Blick auf den Stand der Forschung. OrganisationsEntwicklung – Zeitschrift für Unternehmensentwicklung und Change Management, 1, 15-18.

3 Sailer, P., & Kaiser, S. (2022). Agile versus konventionelle Ansätze des Projektmanagements. Eine Analyse aus Sicht der Organisationsforschung. WiSt - Wirtschaftswissenschaftliches Studium, 51(1), 4–9. https://doi.org/10.15358/0340-1650-2022-1-4

4 Conforto, E. C., Amaral, D. C., da Silva, S. L., Di Felippo, A., & Kamikawachi, D. S. L. (2016). The agility construct on project management theory. International Journal of Project Management, 34(4), 660–674. https://doi.org/10.1016/j.ijproman.2016.01.007

5 Sailer, P., Loscher, G. J., & Kaiser, S. (2023). Coordinated Interdependence: How Patterning Governs Flexibility in a Routine Cluster. Journal of Management Studies. https://doi.org/10.1111/joms.12960

6 Feldman, M. S., Pentland, B. T., D'Adderio, L., & Lazaric, N. (2016). Beyond Routines as Things: Introduction to the Special Issue on Routine Dynamics. Organization Science, 27(3), 505–513. https://doi.org/10.1287/orsc.2016.1070

7 Schwaber, K., & Sutherland, J. (2020, November). The Scrum Guide. The Definitive Guide to Scrum: The Rules of the Game, Insbesondere S. 8-11. https://scrumguides.org/scrum-guide.html

8 Miles, M. B., Huberman, A. M., & Saldaña, J. (2014). Qualitative Data Analysis: A Methods Sourcebook (3. Aufl.). CA: Sage.

9 Sailer, P., Loscher, G. J., & Kaiser, S. (2023).

Informationen zu den Autoren

Prof. Dr. Patrick Sailer ist seit 2022 Professor für Organisation, Management und Wirtschaftspsychologie an der Hochschule Fresenius München. Er promovierte an der Universität der Bundeswehr München über agile Methoden in Projekten. Zuvor studierte er Betriebswirtschaftslehre an der Fachhochschule Würzburg, der Università degli Studi G. d'Annunzio in Pescara/Italien und der Universidad de Salamanca in Spanien sowie Psychologie an der Universität Würzburg. Seine Interessenschwerpunkte liegen in den Bereichen Beratungsforschung, Organisation und Strategie.

Prof. Dr. Stephan Kaiser ist seit 2009 Universitätsprofessor für Personalmanagement und Organisation an der Universität der Bundeswehr München. Seine Promotion und Habilitation erfolgten an der Kath. Universität Eichstätt-Ingolstadt. Zuvor studierte er Betriebswirtschaftslehre an der Universität Regensburg und der University of Wales in Swansea. Seine Arbeitsschwerpunkte liegen in den Bereichen Personalmanagement, Organisation und Unternehmensführung mit Fokus auf Phänomenen der digitalisierten Arbeit.

Dr. Georg Loscher ist seit 2012 Wissenschaftlicher Mitarbeiter an der Universität der Bundeswehr München. Dort hat er auch promoviert und dort arbeitet er aktuell an seiner Habilitation. In seiner Forschung untersucht er Innovationen im Personalmanagement aus einer organisationstheoretischen Perspektive. Zu seinen aktuellen Forschungsinteressen gehören HR-Analytics, agile Projektarbeit und Open Innovation Labs.

Michael W. Busch
Wissenschaftlicher Mitarbeiter
Institut für Management und Leadership Development,
Fachhochschule Wiener Neustadt
michael.busch@fhwn.ac.at

Gina Falkner
Wissenschaftliche Mitarbeiterin
Institut für Management und Leadership Development,
Fachhochschule Wiener Neustadt
gina.falkner@fhwn.ac.at

Die wahrhaftige Organisation

Zwischen toxisch-ausbeuterischen und überfürsorglichen Arbeitsbedingungen

Im vorliegenden konzeptionell-reflektierenden Beitrag soll nach einer idealtypischen Gegenüberstellung der beiden Extreme der toxisch-ausbeuterischen und der überfürsorglichen Organisation (mit der Sonderform der geheuchelten Organisation) ein „dritter Weg“ aufgezeigt werden, nämlich die wahrhaftige Organisation, die nichts unnötig beschönigt, aber auch nichts übertrieben negativ darstellt. In der Tradition der Organisationsentwicklung stehend versucht sie, Leistungsorientierung und Menschlichkeit unter einem Dach zu vereinen. Der Mensch und seine Verhaltensweisen werden dabei weder allein optimistisch noch allein pessimistisch betrachtet, wie dies in Theorie X und Y von McGregor nahegelegt wurde, sondern in einem realistischen Sinne als eine „Legierung von gut und böse“ (Viktor Frankl). Diese Sichtweise besitzt auch für die gesamtgesellschaftliche Ebene Relevanz, in die wir unseren eher essayistisch angelegten Beitrag einordnen. Die LeserInnen sollen zum Nach- und Weiterdenken über die organisationalen, aber auch gesellschaftlichen Verhältnisse, in denen sie sich aktuell bewegen, angeregt werden und aufbauend auf dieser Bestandsanalyse ins persönliche Handeln und Verändern gelangen, denn jede/r Einzelne kann in all seinen Lebensbereichen einen Unterschied machen, wie gut oder schlecht auch immer die jeweiligen Bedingungen sein mögen.

Historische Hinführung zum Thema und gesamtgesellschaftliche Einordnung

Wie reibungslos eine Gesellschaft funktioniert, hängt in hohem Maße davon ab, wie sehr sich ihre Organisationslandschaft entwickelt und ausdifferenziert hat, wie erfolgreich die einzelnen Organisationen arbeiten und wie harmonisch, besser gesagt: redlich, ökonomisch und kreativitätsorientiert sich das interorganisationale Zusammenspiel von Akteuren gestaltet. Ein effizientes staatliches wie wirtschaftliches institutionelles Gefüge liefert die Basis für Prosperität und Stabilität in einer Gesellschaft – „institutions matter“ (Douglass C. North).[1] Fehlendes Personal aufgrund einer überalternden Gesellschaft oder zu wenig qualifiziertes Personal zeigen sich schnell in Versorgungsengpässen speziell in systemrelevanten Bereichen (z.B. der Medizin). Der Aufstieg europäischer Gesellschaften nach dem 30-jährigen Krieg verdankt sich zunächst dem stehenden Heer, das die Ländergrenzen zu schützen half und dadurch die innere Stabilität gewährleistete, die für die weitere wirtschaftliche und kulturelle Entwicklung erforderlich war. Das Heer musste verwaltet werden und benötigte finanzielle wie materielle Ressourcen. Aus diesem Ressourcenbedarf entstand die Heeresverwaltung, später die Finanzverwaltung und allgemein die Ministerialbürokratie, die wiederum durch merkantilistische Politik das Wachstum der Wirtschaft förderte. Deren Steuerzahlungen und Abgaben lieferten die finanzielle Grundlage für die staatlichen Aktivitäten und überhaupt für die Entstehung des Nationalstaates, dessen emotionales und identitäres Fundament durch die napoleonischen Kriege erst richtig gelegt wurde. Zusammen mit der Erfindung von Schlüsseltechnologien wurde damit der Industrialisierung in den letzten 250 Jahren der Weg geebnet und ein in der westlichen Hemisphäre nach dem Zweiten Weltkrieg nie da gewesener gesamtgesellschaftlicher Wohlstand erreicht.[2]

Ein institutioneller Zusammenbruch durch Kriege, ein unzureichendes institutionelles Gefüge in Failed States oder in unterentwickelten Staaten lässt die dysfunktionalen Folgen ungeordneter und nicht am Gemeinwohl ausgerichteter Institutionen für eine Gesellschaft leicht erkennen. Auch in rechtsfreien Zonen tritt das Recht des Stärkeren, Brutaleren oder Listigeren, der darwinistische Dschungelkampf, das Schreckbild des „homo homini lupus“ an die Stelle rechtsstaatlicher Gewaltenteilung und -kontrolle, was der einseitigen Vorteilsnahme, Vetternwirtschaft, persönlichen Willkür, Gewalt und Korruption Tür und Tor öffnen. Warlords, Clan-Chefs oder Mafia-Bosse übernehmen das Kommando. Das Wohlergehen des Clans oder der „Familie“ wird unter solchen Bedingungen wichtiger als der gesamtgesellschaftliche Fortschritt. Es kommt zu einer Tribalisierung der Gesellschaft mit nur teilsolidarischen, einander bekämpfenden Handlungseinheiten – nach innen fürsorglich auftretend, nach außen rücksichtslos raffend.

So wie sich das größere organisationale Gefüge auf gesamtgesellschaftlicher Ebene im internationalen Vergleich nach seiner Reife, Effizienz und Effektivität unterscheidet (und innerstaatlich selbst bei hohem Entwicklungsgrad auch wieder regredieren kann), weisen auf spiegelbildliche Weise ebenso Einzelorganisationen im gegenseitigen Vergleich unterschiedlich erfolgreiche und solidarische Verhaltensmuster auf. Wie Organisationen intern funktionieren und wie sich dies auf die Zielerreichung auswirkt, damit hat sich die betriebswirtschaftliche, soziologische und psychologische Organisationstheorie seit gut hundert Jahren intensiv befasst. Im internen Management- und Produktionsprozess, in dem Inputfaktoren kombiniert und in höherwertige Outputs veredelt werden, stellt sich hierbei stets die Frage, wie sich ökonomische Anforderungen auf der einen und (zwischen)menschliche Bedürfnisse auf der anderen Seite in Einklang bringen lassen.

Wie genau das Management und die Organisation des Unternehmens, d.h. die Planung als Definition des Soll-Zustands, die Durchführung als Erreichung des Ist-Zustands und die Kontrolle als fortlaufender Abgleich zwischen Soll- und Ist-Zustand betrieblich umzusetzen ist, darüber ist in den letzten beiden Jahrzehnten wieder intensiv debattiert worden. Zu dem Schlagwort New Work, den Konzepten der Agilität, Team- und

Selbstorganisation, allgemein der digitalen Transformation, aber auch geänderten Ansprüchen der jüngeren Generationen an die Arbeit (z.B. Work-Life-Balance, sinnvolle Tätigkeit) und die Führungskultur (z.B. persönliche Förderung und Wertschätzung), denen bei Nichterfüllung mit Dienst nach Vorschrift (Quiet Quitting) oder realer Kündigung begegnet wird, ist in den vergangenen Jahren sehr viel veröffentlicht worden. Es stellt sich heute erneut und in dringlicherer Weise die Frage, wie Organisationen eine Kultur aufbauen, die weder toxisch-ausbeuterische Züge an den Tag legt, welche schlicht „zum Weglaufen" sind und MitarbeiterInnen in die Depression oder den Burnout treiben, noch zu überfürsorglich ausgestaltet ist und zu hohe Erwartungen schürt. Denn Arbeit bleibt Arbeit: eine mit Mühen verbundene Erbringung von Leistung. Auch kann das Budget einer Organisation nicht ausschließlich für Incentives – die Konzipierung individueller (im)materieller Anreize – eingesetzt werden (vom administrativen Aufwand gar nicht zu sprechen). Wodurch zeichnet sich eine Organisation aus, die Wertschöpfung und Wertschätzung, Wirtschaftlichkeit und Menschlichkeit umzusetzen versucht, dabei aber in ihrem Anspruch realistisch, bescheiden und ehrlich bleibt? Wir bezeichnen diese Organisation im Anschluss als wahrhaftige Organisation.

Die Bildung von Reintypen als Denkanregung

Dieses Problem soll von einem typologisierenden Standpunkt aus eingekreist werden. Es hat schon viele Typologisierungsversuche von Organisationen gegeben. Tabelle 1 gibt als inspirierenden Einstieg einen Überblick über bekannte Typologien.[3]

Jede Art der Typologisierung blendet aus, überspitzt und vereinfacht, dennoch bietet die Bildung von Typen, auf die besonders Max Weber zurückgegriffen hat, Anregungen, um über die „echte" Realität nachzudenken, Bestehendes zu überdenken, Neues zu erdenken und Verborgenes zu entdecken. Es sollte klar sein, dass reale Organisationen immer hochkomplexe, dynamische, ineinandergreifende Mehrebenen- und Personensysteme darstellen, als ein Bündel an Rationalität und Irrationalität, Berechenbarkeit und Unvorhersehbarkeit, Planung und Improvisation, Pragmatismus und Träumerei, Ordnung und Chaos zu begreifen sind. „Organisationen sind trotz ihrer scheinbaren Inanspruchnahme durch Fakten, Zahlen, Objektivität, Konkretheit und Verantwortlichkeit in Wahrheit voll von Subjektivität, Abstraktion, Rätseln, Schau, Erfindung und Willkür ... ganz wie wir alle. Vieles von dem, was Organisationen Schwierigkeiten bereitet, ist ihr eigenes Produkt[4]". Der Grund hierfür ist schlicht, dass in ihnen Menschen mit widersprüchlichen, voneinander verschiedenen Wesensarten arbeiten und Umweltbedingungen nie konstant sind. Als der kurzzeitige Nationalratsabgeordnete und Milliardär Frank Stronach in einem ORF-Gespräch im Jahr 2015 den Ausspruch tätigte „Frauen sind Menschen wie wir" sorgte er damit nicht nur für Amüsement, sondern auch für einen medialen Entrüstungssturm, obwohl das, was er meinte, eigentlich in eine ähnliche Richtung ging, wie das gerade von Karl E. Weick zitierte Argument: Frauen wie Männer sind Menschen – mit all ihren Vorzügen und Unzulänglichkeiten, Stärken und Schwächen. Und all dies spiegelt sich auch in Organisationen wider, in denen Menschen zweckorientiert zusammenarbeiten. Nach Stronach sei am Ende der Charakter der handelnden Personen entscheidend.

Grundlegende Organisationstypologien		
Größen- und altersabhängige Organisations- bzw. Entwicklungstypen nach Greiner (1972)		
Kreatives Start-up Informelle, dichte Beziehungen, unternehmerisch, innovativ (Wachstum durch Kreativität mit anschließender Führungsstilkrise)	**Funktional-zentralisierte Organisation** Effiziente Prozesse und Standards, direktive Führung (Wachstum durch straffe Führung mit anschließender Autonomiekrise)	**Divisionalisierte Struktur I** Expansiv, dezentralisiert, autonome Sparten mit Reportingpflichten, Profit Center (Wachstum durch Delegation mit anschließender Kontrollkrise)
Divisionalisierte Struktur II Höhere Autonomie der Sparten, Investment Center (Wachstum durch Koordination mit anschließender Bürokratiekrise)	**Kollaborative Organisation** Problemlösend, innovativ, partizipativ, ein Netzwerk von Teams (Wachstum durch mehr Teamgeist)	
Organisationstypen nach Filley & Aldag (1978)		
Handwerksbetrieb Konventionelles Vorgehen, risikoarme, günstige Umwelt	**Dynamischer Entrepreneur** Innovatives Vorgehen, in einem unsicheren Umfeld operierend	**Bürokratische Verwaltung** Klar strukturiertes Vorgehen, eher produktverbessernd denn -entwickelnd, formale Pläne und Budgets
Grundkonfigurationen (Archetypen) nach Mintzberg (1983)		
Einfachstruktur Handwerksbetrieb mit direkter Überwachung durch Geschäftsführung	**Maschinenbürokratie** Produktionsbetrieb mit hochstandardisierten Tätigkeiten und Prozessen	**Spezialistenbürokratie** Spital, Hochschule; Selbststeuerung durch hochqualifizierte ExpertInnen
Divisionalisierte Organisation Mischkonzern mit autonomen Sparten	**Adhokratie** Film- und Werbebranche; projektbasierte Zusammenarbeit mithilfe gegenseitiger Abstimmung	**Idealistische Organisation** Soziale, religiöse oder politische Organisation, in der die geteilte Ideologie normierend und koordinierend wirkt
Kulturtypen nach Kets de Vries & Miller (1984)		
Paranoider Betrieb Kalt, misstrauisch, versteckte Absichten unterstellend	**Zwanghafter Betrieb** Perfektionistisch, regelfetischistisch	**Histrionischer Betrieb** Einseitig auf charismatische Führungsfigur ausgerichtet, selbstinszenierend
Depressiver Betrieb Binnenfixiert auf Routinen und Programme, apathisch, wenig innovativ	**Schizoider Betrieb** Zurückhaltendes Top Management, Machtkämpfe im mittleren Management, Sprunghaftigkeit, Entfremdung	
Organisationsmodelle nach Laloux (2014)		
Das magische Paradigma (Magenta) Frühzeitliche Stämme und Großfamilien mit animistischem Weltbild	**Das tribale impulsive Paradigma (Rot)** Klare Befehlsautorität, Gehorsam und Angst, z.B. Mafia, Straßengang (Metapher: Wolfsrudel)	**Das traditionelle konformistische Paradigma (Bernstein)** Stark formalisiert und hierarchisch, z.B. Kirche, Ministerium (Metapher: Armee)
Das moderne leistungsorientierte Paradigma (Orange) Profitorientiert, expansiv, innovativ, durch Ziele führend, z.B. multinationaler Konzern (Metapher: Maschine)	**Das postmoderne pluralistische Paradigma (Grün)** Fokus auf wertebasierte Kultur und eigenverantwortliches Handeln, hochmotivierte MitarbeiterInnen, Stakeholderorientierung (Metapher: Familie)	**Das integrale evolutionäre Paradigma (Petrol)** Selbstverwirklichend, der eigenen Berufung folgend, tolerant und ganzheitlich in Beziehung zu anderen, natur- und lebensverbunden (aktuell im Entstehen)

Tabelle 1: Grundlegende Organisationstypologien

Die charakterliche Beschaffenheit der Organisationsmitglieder bestimme über (un)zuverlässiges, (un)ehrliches, wert-/geringschätzendes und leistungs(un)williges Verhalten in Organisationen und damit über deren Kultur. Den Unterschied zwischen Organisationen macht die in ihnen tatsächlich gelebte, nicht die öffentlich zur Schau gestellte, künstlich-virtuell inszenierte und geschönte Praxis. MitarbeiterInnen spüren im betrieblichen Alltag die im realen Verhalten zum Ausdruck kommende Beziehungsqualität, die weit entfernt von den gestellten Arbeitssituationen dauerlächelnder Menschen auf Hochglanzfotos in Unternehmensbroschüren sein kann. In ähnlicher Weise entfaltet Religion ihre positive Wirkung nicht dann, wenn sich Gläubige im Streit über dogmatische Spitzfindigkeiten verlieren oder sich als „Wahrheitsbesitzer" über vermeintlich Un- oder Andersgläubige erheben, sondern allein durch ihre praktische Anwendung im menschlichen Miteinander. Glaube ohne Werke ist tot. Auf Unternehmen gemünzt hat Peter Drucker diesen Gedanken in seinem zeitlosen Ausspruch „culture eats strategy for breakfast" festgehalten.

Der Idealtypus, besser gesagt: der Reintypus existiert nicht in der rauen, schmutzigen, widersprüchlichen und vielschichtigen Wirklichkeit. Er enthält demnach ein utopisches bzw. dystopisches Element, übertreibt Bestehendes, indem er die Dinge besser oder schlechter erscheinen lässt, als sie tatsächlich sind. In seiner Überzeichnung gleicht der Reintyp einer Karikatur, die bestimmte Charakterzüge oder äußere Merkmale einer Person herausstreicht, um dadurch grundlegende Wesensmerkmale klarer hervortreten zu lassen, um Phänomene deutlicher wahrnehmen und verstehen zu können. Wenn also nachfolgend von der toxischen, überfürsorglichen, geheuchelten und wahrhaftigen Organisation die Rede ist, sollte stets im Hinterkopf behalten werden, dass diese Reinformen in Wirklichkeit allenfalls ansatzweise, der vorherrschenden Tendenz nach existent sind. „Echte" Organisationen haben immer alles von allem in sich: In ausbeuterischen Organisationen kann es bisweilen auch menschlich zugehen, so wie in der überfürsorglichen Organisation Unmenschlichkeit auftreten kann. Manche Abteilungen in ein und derselben Organisation mögen einem Reintyp durchaus nahekommen. So kann es Abteilungen geben, in der die Führungskraft Mikromanagement betreibt, welches ein Klima der Angst und des gegenseitigen Misstrauens entstehen lässt, während in einer anderen Abteilung, womöglich auf derselben Etage, die Führungskraft ihr Team in einem Klima der Offenheit und gegenseitigen Hilfsbereitschaft dienend und potenzialentfaltend führt. Autoritäre können neben agilen Strukturen koexistieren. Zwang und Freiheit können Tür an Tür leben (im Übrigen auch innerhalb eines Menschen, in den verschiedenen Ideen und Bereichen seines Seins; in manchen Handlungsfeldern ist er ein Gefangener der Umstände oder seiner selbst, in anderen vollkommen frei). Trotz dieser berechtigten Einwände wird hier auf die Bildung von Idealtypen zurückgegriffen, um die organisationale Wirklichkeit dadurch besser zu begreifen, Defizite leichter zu erkennen und Gestaltungsmaßnahmen zielgerichteter ableiten zu können. Im Geiste der Kopfstandtechnik aus der Kreativitätsforschung bzw. der dialektischen Dreischritt-Methode (These – Antithese – Synthese) werden zunächst zwei gänzlich konträre Organisationstypen – die toxisch-ausbeuterische und die überfürsorgliche Organisation – gegenübergestellt, bevor abschließend in der wahrhaftigen Organisation der Versuch angetreten wird, eine „Auflösung" auf höherer Ebene zu erreichen. Als Sonderform wird die geheuchelte Organisation behandelt, die fürsorglich, selbstorganisiert und mitarbeiterorientiert zu sein vorgibt, hinter der äußeren Fassade aber weiterhin dem alten, hierarchisch-autokratischen Führungsmodell verpflichtet bleibt. Nur weil bestimmte Abteilungen z.B. agil „können", etwa Scrum oder einzelne Tools wie Daily Standups einführen, heißt das noch lange nicht, dass die Oragnisation als Ganzes agil ist oder das Management nun gleich agil „tickt". Oft genug sind strukturelle Änderungen nur kosmetischer Natur und dienen als Feigenblatt, um nach außen durch die Übernahme von Trends modern zu erscheinen.

Die toxisch-ausbeuterische Organisation

Die toxisch-ausbeuterische Organisation gründet auf einer streng hierarchisch-bürokratischen Struktur. Der Führungsstil ist autoritär-anweisend, lässt keine Mitbestimmung und auch keine Rückfragen zu.[5] Den Mitarbeitenden wird generell misstraut. Sie werden als unreife und arbeitsscheue Wesen betrachtet, denen alle W-Fragen im Hinblick auf die Leistungserbringung – was, wann, wo, wie schnell, in welcher Menge und Qualität – vorzugeben sind. Im Zentrum steht die Zielerreichung, nicht der Aufbau guter Beziehungen. Das Motto „Mögen sie mich hassen, solange sie mich fürchten" wirkt bei den Führungskräften handlungsleitend. Angsteinflößung, Einschüchterung (z.B. öffentliche Bloßstellung, Bestrafung, Bespitzelung, Exempelstatuierung) und Zwang, aber auch ein manipulatives Gegeneinanderausspielen zählen zu den üblichen Methoden der Beeinflussung, besser gesagt: der Dressur von MitarbeiterInnen. Schein & Schein bezeichnen diese Form der gefühlskalten „Zusammenarbeit" als Ebene Minus 1, um auf ihren unpersönlichen, ja entmenschlichten Charakter hinzuweisen.[6] Herrschsüchtige Personen bilden unter solchen Bedingungen die am besten geeignete Führungsriege. Zwar ist bekannt, dass machtorientierte Menschen in Führungspositionen allgemein bei der dunklen Tetrade, d.h. der narzisstischen, machiavellistischen, psychopathischen und sadistischen Verhaltenstendenz, leicht überdurchschnittliche Werte aufweisen[7], doch nur unter toxischen Bedingungen können sie diese Veranlagungen vollständig ausleben.

Man sollte meinen, das Phänomen des Cäsarenwahns gebe es nur in politischen Diktaturen bzw. totalitären Systemen, unter desaströsen Produktionsbedingungen in Billiglohnländern oder in sog. „totalen Institutionen" (Erving Goffman), aus denen für Mitglieder kein freiwilliges Entkommen möglich ist (z.B. Gefängnis, Sekte, Mafia), doch finden sich auch unter normalen betrieblichen Gegebenheiten immer wieder Führungskräfte mit gestörten Persönlichkeitszügen, die sich in der Rolle des allmächtig auftretenden Herrschers gefallen, ja geradezu eine diabolische Freude daran entwickeln, ihre Umgebung zu drangsalieren, abzuwerten, kleinzumachen und als inkompetent erscheinen zu lassen. So wurde in einer Befragung von MitarbeiterInnen, die unter einer narzisstisch veranlagten Führungskraft arbeiten mussten, von dem Fall eines Vorgesetzten berichtet, der auf seinem Schreibtisch einen Buzzer stehen hatte. Sobald ihn ein Mitarbeiter wegen eines Problems oder einer offenen Frage aufsuchte und er das Problem gelöst bzw. die Frage beantwortet hatte, betätigte er den Buzzer, der zweimal „that was easy" von sich gab. Damit wurde dem Mitarbeiter signalisiert, dass die Problemlösung sehr leicht war und die hilfesuchende Person das Problem eigentlich eigenständig hätte lösen können, also im Grunde zu blöd zum Arbeiten sei.[8] Besäße dieses Beispiel keinen realen Hintergrund, könnte man fast meinen, es handle sich hierbei um Satire. Für die Mitarbeitenden war diese „Satire" jedoch bitterer Ernst und führte zu psychosomatischen Leiden wie Schlafstörungen, Frustration und Antriebsschwäche selbst im Privatleben. In der vorliegenden Studie waren es oft sehr junge und unerfahrenen MitarbeiterInnen, denen es an Vergleichsmöglichkeiten fehlte, um auf Anhieb das Abnorme an der Situation zu erkennen. Sie wollten in ihrem ersten Job auch nicht gleich „das Handtuch werfen", um nicht als arbeitsunwillig, inkonsequent oder ambitionslos zu erscheinen. Der Spruch „Lehrjahre sind keine Herrenjahre" geistert leider immer noch in so manchem Kopf herum.[9] Die Lösung des Problems ist intern oft nicht möglich, da der Vorgesetzte gegenüber seinen Vorgesetzten natürlich mit anderem Gesicht auftritt, auf seine äußeren Erfolge verweisen kann und allgemein besser vernetzt ist.[10] Es bräuchte wirklich unabhängige Beschwerdestellen für geschädigte MitarbeiterInnen, aber daran mangelt es zumeist. Der schlussendlich unausweichlichen Kündigung durch den Mitarbeitenden geht zumeist eine lange Phase des Selbstzweifels und des stummen Leidens voraus.

Das schon erwähnte Mikromanagement ist eine weitere Facette ausbeuterischen Führungsverhaltens, bei dem MitarbeiterInnen kleinteilig überwacht werden und sich für jede noch so geringfügige Verhaltensabweichung oder Regelverletzung zu rechtfertigen haben, von der Handhabung auftretender Fehler ganz zu schweigen. Eigeninitiative und Potenzialentfaltung sind unter Bedingungen ständiger Kontrolle kaum möglich. Überstunden, übermäßiger Stress, Ungleichbehandlung, intransparente Kommunikation, Aggression, Mobbing und Rivalität selbst unter KollegInnen, ebenso wie schlechte Bezahlung zählen bei toxischen Arbeitsbedingungen zu den normalen Begleiterscheinungen. Der Mangel an Alternativen und prekäre Lebenssituationen von ArbeiternehmerInnen werden von seiten des Unternehmens weidlich ausgenutzt. Der Mensch ist dabei immer nur Mittel zum Zweck und gilt als Kostenfaktor. Es geht allein um Gewinnmaximierung, um Leistungsauspressung bei den MitarbeiterInnen zu Lasten ihrer Gesundheit. Humor tritt in dieser Organisation nur hinter vorgehaltener Hand, in schwarzer oder sarkastischer Form auf. Insgesamt herrscht ein Klima der allgemeinen Gereiztheit, des wechselseitigen Misstrauens, Schimpfens und Verächtlichmachens.

Die überfürsorgliche Organisation

In der überfürsorglichen Organisation hingegen steht die Menschlichkeit, die Betreuung und die Gesundheit von MitarbeiterInnen über allem anderen. Der Betrieb wird zu einem Helikopter-Unternehmen, das ständig um die Bedürfnisse der ihm Anvertrauten kreist. An die Stelle von Eigenvorsorge und Selbstständigkeit tritt Fremdvorsorge und Hilfsbedürftigkeit, allgemein die Erwartungshaltung, dass sich das Umfeld um eigene Probleme zu kümmern hat. Der Hang zur „Überservicierung" zeigt sich bereits im Studium. Während man etwa bis in die 1990er-Jahre sein Diplomarbeitsthema selbst entwickeln musste, dieses in einer fünfminütigen Besprechung gegenüber dem Professor, der es lediglich abnickte, zu präsentieren und sich im Anschluss um alles für die weitere Erstellung Erforderliche selbst zu kümmern hatte, bekommen Studierende heute bereits im Vorfeld mögliche Themen vorgeschlagen und werden während des gesamten Bearbeitungsprozesses engmaschig inhaltlich wie methodisch, ja sogar psychologisch betreut. Natürlich bleibt auch hier noch genügend Raum für Eigenständigkeit, schließlich kann einem der Schreibprozess von niemandem abgenommen werden (es sei denn, es wird plagiiert oder mit Hilfe von KI getäuscht), dennoch verlangten die früheren Ausgangsbedingungen viel mehr Selbstständigkeit von den Beteiligten ab, die stärker auf sich allein gestellt waren, es lernen mussten, sich freizuschwimmen.[11] Es handelt sich um den vielzitierten Unterschied zwischen Hol- und Bringschuld, zwischen Push- und Pull-Prinzip (der Informationsbeschaffung). An englischen Universitäten geht das „Verwöhnprogramm" inzwischen bereits so weit, dass Dozenten Studierenden bei der Wohnungssuche, ja selbst bei der Möbelsuche in IKEA-Warenhäusern helfen und als Sightseeing-Animateur auftreten, um ausländische Studierende zu akquirieren und zu halten, schließlich zahlen diese ja hohe Studiengebühren, von denen die Dozenten bezahlt werden, und dafür können nicht nur gute Noten sowie eine Abschlussgarantie, sondern auch gute Dienste „drumherum" verlangt werden.[12] All das führt zu entsprechend übersteigerten Erwartungen und kann umgekehrt eine Art „erlernte Hilflosigkeit" (Martin Seligman) entstehen lassen, weil die Betreffenden es nur unzulänglich gelernt haben, anstehende Probleme zu erkennen, in Eigenregie anzugehen und zu meistern. Zwar spricht die Resilienzforschung von der Notwendigkeit sog. protektiver Faktoren, doch auch davon kann es ein Zuviel geben, denn Selbstbehauptung im Sinne eines inneren Kämpfens gegen äußere widrige Umstände und schwierige Menschen ist ebenfalls ein wesentliches Element der Persönlichkeitsentwicklung. Von Natur aus vorhandene innere Ressourcen werden durch „überbehütete" Verhältnisse nur unzureichend aktiviert und genutzt. Schlimmstenfalls endet die Anspruchshaltung in einer Opferhaltung[13], indem bei auftretenden Schwierigkeiten und Misserfolgen immer nur die vermeintlich „bösen" Rahmenbedingungen dafür verantwortlich gemacht werden, anstatt die Ursachen auch bei sich selbst, in mangelnder Eigeninitiative, Anstrengungs- und Problemlösungsbereitschaft zu suchen.[14]

> *„Widrige Umstände und schwierige Menschen bilden ein wesentliches Element der Persönlichkeitsentwicklung"*

In Unternehmen spiegelt sich dies exemplarisch im Onboarding-Prozess. Während etwa bei Apple das Muster noch dem der traditionellen Diplomarbeitsbetreuung folgt, indem neu eingestellte MitarbeiterInnen lediglich einen Laptop bekommen und sich dann vollkommen eigenständig um alle notwendigen Informationen und Ansprechpartner zu bemühen haben, läuft Onboarding in vielen Unternehmen heute als Rundumversorgung und Feel good-Programm ab, um MitarbeiterInnen nicht nur fachlich zu integrieren, sondern auch emotional und sozial abzuholen. Natürlich erwarten MitarbeiterInnen dann auch im Anschluss von ihren Vorgesetzten eine entsprechende Behandlung: Hilfsbereitschaft auf Knopfdruck, Coaching und Zuwendung auf Augenhöhe. Der alte Spruch: Man sollte nur mit Lösungen, nicht mit Problemen zu seiner Führungskraft kommen, wird hierbei umgedreht. Es ist die Führungskraft, die bei auftretenden Problemen kompetente Antworten zu liefern hat und allein sie trifft die Schuld, wenn sie diese zu geben nicht in der Lage ist. Am Ende des „New Onboarding" wird den MitarbeiterInnen heutzutage auch nicht mitgeteilt, ob sie die Erwartungen des Unternehmens durch ihre Leistungen erfüllt haben, sondern es wird umgekehrt danach gefragt, ob das Unternehmen seinerseits die gemachten Versprechungen eingehalten hat und was es für den Mitarbeitenden weiter tun kann, um seine Persönlichkeitsentwicklung und Selbstverwirklichung voranzutreiben. So wie es eine Customer Journey im Kaufprozess des Kunden gibt, gibt es inzwischen auch die Employee Journey, die sämtliche Berührungspunkte (touch points) umfasst, die die Angestellten im Verlauf ihres Arbeitsverhältnisses mit dem Unternehmen haben: vom Plan, Teil der Organisation zu werden über den Bewerbungsprozess (candidate journey), das systematische Onboarding mit regelmäßigen Besprechungen und Buddys an der Seite, unterstützende Begleitung, Coaching und regelmäßigem Feedback im Arbeitsprozess bis hin zur gelebten Trennungskultur, zum wertschätzenden Offboarding – der Mitarbeiter könnte es sich ja eines Tages überlegen, erneut Teil der Organisation zu werden (boomerang employee). Im Übrigen gilt es, die Gründe seines Ausscheidens möglichst exakt zu erfassen, schließlich können daraus Verbesserungshinweise für bestehende Programme abgeleitet werden.

Zugegeben, in einer Zeit des Fachkräftemangels, in der sich der lange dominante Arbeitgeber- in einen Arbeitnehmer-Markt gewandelt hat, erscheinen all diese Employer Branding-Maßnahmen, die darauf abzielen, das eigene Unternehmen zu einem „great place to work[15]“ zu machen, und bei denen nicht nur die Kunden, sondern auch die Angestellten auf eine „Erlebnisreise“ geschickt werden, einsichtig. Prinzipiell spricht auch nichts gegen individuelle Mitarbeiterförderung (z.B. Job Crafting, Coaching, Personalentwicklung, Cafeteria-System), wertschätzende und partizipative Führung und allgemein ein Klima der psychologischen Sicherheit und des Wohlfühlens (z.B. durch eine Betriebliche Gesundheitsförderung, Meditationen, Yoga, Achtsamkeits- oder Resilienztrainings). Ebenso erscheint die Umsetzung des PERMA-Modells im Rahmen des Positive Leadership sinnvoll, d.h. die Ermöglichung *P*ositiver Emotionen, die Erhöhung des *E*ngagements durch Stärkeneinsatz und Potenzialentfaltung, der Aufbau guter Beziehungen (*R*elationships), die Förderung von Sinn (*M*eaning) und Zielerreichung (*A*chievement).[16]

Doch ist hier vor übertriebener Schönfärberei zu warnen. Inzwischen wird bereits von „toxischer Positivität“ gesprochen, wenn alles nur noch durch die rosarote Brille gesehen wird und negative Erscheinungen geleugnet werden bzw. nur anders „gerahmt“ werden müssen (re-framing) – nach dem Motto: Niemals das Schlechte sehen und sich darüber beklagen, sondern immer nur das Beste daraus machen! Manchmal ist es aber notwendig, schlechte Umstände als schlecht zu erkennen und zu benennen und sich dafür stark zu machen, etwas Besseres an ihre Stelle zu setzen.[17] Nicht nur im Hinblick auf partnerschaftliche Beziehungen gibt es – die Romantik und Hollywood haben hierfür die Grundlage geliefert – völlig überhöhte Idealvorstellungen, sondern zunehmend auch im Hinblick auf Arbeitsbeziehungen, die zur zentralen Sinnquelle und Ersatzfamilie moralisch hochstilisiert werden[18], obwohl es hier im Grunde immer noch nur um Leistung für Geld, um Pflichten und Pflichterfüllung geht. Der Lebensphilosoph Alain de Botton rät dazu, eher pessimistisch auf den Menschen und die Realität zu blicken, d.h. von romantizistischer Verklärung und überbordenden Erwartungen Abstand zu nehmen. Ein übertriebener Optimismus mache nur unglücklich. Der Verkehrsstau in der Früh sei normal, nicht die vollkommen freie Straße. Ebenso das Auf und Ab in einer Partnerschaft. Der Mensch als solches sei ein schwieriges Wesen, auch wenn der einzelne Mensch von sich selbst jeweils glaube, unkompliziert und einfach im Umgang zu sein, so die These seines 2016 in der New York Times veröffentlichten Essays »Why you will marry the wrong person«, der für viel Aufsehen gesorgt hat.[19]

All die betrieblich gebotenen Leistungen können zudem mit der Zeit selbstverständlich werden und abstumpfen. Bei den Beteiligten greift eine Art „Erwartungsinflation" um sich, so dass sich trotz objektiv gleichbleibender Bedingungen die subjektive Bewertung der Leistungen verschlechtert – eine aus der Erforschung der Dienstleistungsqualität im Servicesektor bekannte Beobachtung.[20] Und schließlich ist auch kritisch zu fragen, ob sich überhaupt je organisationale Verhältnisse herstellen lassen, die von allen in gleicher Weise als gerecht und angemessen empfunden werden, denn Gerechtigkeit ist ein höchst subjektives Phänomen (so wie auch in der Kindeserziehung die Gleichbehandlung aus individueller Sicht nicht unbedingt die für die eigene Persönlichkeitsentfaltung förderlichste Behandlung darstellt). Es ist eher ein Ideal, dem sich angenähert werden kann. Ungleichgewichte und einseitig erscheinende Bevorzugungen sind selbst bei größtmöglichem Gerechtigkeitsstreben nicht zu vermeiden.

Sonderform: Die geheuchelte Organisation

Dem gegenüber steht die geheuchelte Organisation, die nur vorgibt, alles erdenklich Gute für MitarbeiterInnen zu leisten. In offiziellen Verlautbarungen wird MitarbeiterInnen Vertrauen und Wertschätzung entgegengebracht. Eigeninitiative, Veränderungsbereitschaft, Experimentierfreudigkeit, Solidarität, transparente und ehrliche Kommunikation, Team- und Ergebnisorientierung erscheinen als wünschenswerte Verhaltensweisen. Die tatsächliche Managementpraxis spricht jedoch eine andere Sprache. Hier spüren MitarbeiterInnen ständig Misstrauen und Geringachtung, unterliegen strengen Leistungskontrollen und Prozessüberwachungen, haben nie das Gefühl, genug zu leisten, erleben feindselige Formen der Zusammenarbeit, ungerechte Einkommensverteilungen, Leistungsbewertungen und Beförderungsentscheidungen. Präsenz, Regelbefolgung und Verhaltenskonformität sind wichtiger als die rechtzeitig erbrachte Leistung. Auch Veränderungen in Organisationen laufen nach diesem Muster: Offiziell geht es etwa um die Verbesserung der Arbeitsstrukturen, der dahinterstehende, nicht offen zugegebene Plan (hidden agenda) zielt jedoch darauf ab, allein Kostensenkungen durchzuführen, Personal abzubauen oder bestimmte Zielgruppen loszuwerden. All das erzeugt Zynismus, Unmut und seinerseits wiederum Geringschätzung der Geschäftsführung vonseiten der Belegschaft, denn der Geringschätzende wird im Sinne des Resonanzgesetzes vom Geringgeschätzten im Gegenzug ebenso geringgeschätzt. Aus geheuchelter Achtung wird insgeheime, gegenseitige Verachtung – eine unheilvolle Entwicklung nimmt ihren Lauf, eine Misstrauensspirale wird in Gang gesetzt. Jeder lauert nur darauf, dass die andere Seite Fehler begeht, für die sie dann bezichtigt werden kann. Es findet ein nie endendes „blame game" statt.

Oft kommt es in der geheuchelten Organisation auch zur Schaffung scheinpartizipativer Strukturen, d.h. vorgetäuschter Formen der Mitbestimmung. Was genau ist damit gemeint? Die partizipative Einbindung von MitarbeiterInnen ist nicht nur eine Möglichkeit, diese von einem anstehenden organisationalen Wandel zu überzeugen (im Geiste von Kurt Lewins goldener Veränderungsregel „Betroffene zu Beteiligten machen"), sondern sie kann auch als ein subtiles Mittel der Machtausübung eingesetzt werden[21], um sich als Führungskreis vor eigenverantwortlichen Entscheidungen zu drücken und stattdessen ExpertInnen oder eben MitarbeiterInnen vorauszuschicken. Ihre Einbindung macht sie quasi zu „Mitschuldigen" riskanter Entscheidungen und exkulpiert damit teilweise das Management. In der Politik ist der Verweis auf die Entscheidungen von Expertengremien inzwischen zu einem gängigen Mittel geworden, um diese als Legitimation für anschließend getroffene Entscheidungen zu nutzen, die zu treffen man selbst nicht den Mut aufbrachte. Es soll an dieser Stelle nicht der prinzipielle Wert in Frage gestellt werden, der in der Nutzung der „Weisheit der Vielen" bei Entscheidungsbildungen liegt, vielmehr wird auf die instrumentelle Sicht abgestellt, diese aus strategischem Kalkül für eigennützige Zwecke zu missbrauchen. Zumeist steht die Entscheidung im Vorfeld nämlich bereits fest, nur wird davor zurückgescheut, diese als eigene Entscheidung auszugeben. Durch den partizipativen Umweg wird der Anschein erweckt, die Belegschaft stehe hinter der Entscheidung, obwohl dies womöglich gar nicht der Fall ist, weil die Mitwirkung nur unter Zwang erfolgte. In eine ähnliche Richtung geht ein Ausspruch Henry Fords. Sein T-Modell sei in jeder beliebigen Farbe zu haben, am Ende müsse es aber schwarz sein. Ein weitaus abschreckenderes Beispiel auf politischer Ebene lieferte Mao Zedong. Zwischen 1956 und 1957 forderte die Kommunistische Partei Chinas die Bevölkerung auf, sich kritisch über Entwicklungen des Staates zu äußern und offen Verbesserungsvorschläge vorzubringen. »Lasst hundert Blumen blühen, lasst hundert Schulen miteinander wetteifern« gab Mao als anspornende Devise aus. Als das Ganze jedoch von der Bevölkerung tatsächlich ernst genommen und emsig aufgegriffen wurde, ja aus Sicht des machthabenden Regimes aus dem Ruder zu laufen drohte, vollzog die Partei eine 180 Grad-Kehrtwende und es kam zu Massenverhaftungen von Intellektuellen und Lehrern, die – eben noch kreative Vordenker und Staatsverbesserer – im Handumdrehen zu Klassenfeinden, Dissidenten und Rechtsabweichlern erklärt wurden. Systemerhaltende Normkonformisten waren der herrschenden Kaste dann doch lieber als systemkritische Nonkonformisten.

In der geheuchelten Organisation werden neue Strukturen und Managementkonzepte durch die angestammte Hierarchie zwar häufig aufgegriffen, um nach außen modern und attraktiv zu erscheinen, an der faktisch geltenden Ordnung darf jedoch nicht gerüttelt werden. Die Letztentscheidung speziell in strategisch relevanten Fragen bleibt in der Hand des Managements. Es herrscht heutzutage geradezu ein umgekehrter Zusammenhang zwischen in Lehrbüchern diskutierten und in Führungskräfteseminaren vermittelten modernen Ansätzen und dem in Organisationen weiterhin gelebten, traditionsverhafteten Managementpraktiken. In Wahrheit liegen die Gründe hierfür jedoch nicht ausschließlich im Management, sondern sind auch struktureller, kultureller und personeller bzw. einstellungsbezogener Natur. Weder funktionieren überall Start-up-Bedingungen noch machen sie für alle Aufgabenfelder und Unternehmensgrößen Sinn. Auch das muss gesagt werden.[22] Bei der Umsetzung speziell selbstorganisationaler Strukturen sollte daher mehr Ehrlichkeit und Realismus an den Tag gelegt werden, um einerseits nicht falsche Hoffnungen in MitarbeiterInnen zu wecken, andererseits aber auch nicht eigenverantwortliche Handlungsweisen von ihnen zu erwarten, die sie aufgrund aufrecht gebliebener struktureller Zwänge gar nicht einzulösen imstande sind (und für die ihre Gehälter auch nicht entsprechend angepasst wurden). Die Übertragung von Entscheidungs- und Reflexionslast setzt Können, Wollen und Dürfen voraus. Dieser „Dreiklang" ist in den seltensten Fällen vollständig erfüllt.

Walt Disney war in dieser Hinsicht ganzheitlicher unterwegs. In seiner bis heute im Kreativitätsbereich genutzten Methode gibt es die drei Rollen des enthusiastischen Träumers, des nüchternen Realisten und des alles in Frage stellenden Kritikers. Organisationen tragen immer sämtliche dieser Kräfte in sich und sollten sie auch alle zu Wort kommen lassen. Die abschließend behandelte wahrhaftige Organisation akzeptiert diese Spannungsfelder und versucht, auf konstruktive Weise mit ihnen umzugehen. Organisationen sind nie nur negative, aber auch nie nur positive Kollektivphänomene. Sie sind nie nur zweckorientiert-sachliche, aber auch nie nur menschlich-sozial ausgerichtete Systeme.[23] Sie sollten nicht idealisiert, aber auch nicht dämonisiert werden. Sie entsprechen weder dem durch Public Relations medial weichgezeichneten und verklärten Kunstprodukt noch dem reinen Unterdrückungsapparat wie ihn sich so mancher Gewerkschaftsfunktionär ausmalt, vielmehr bieten sie einerseits individuelle Chancen und Entwicklungsräume (opportunities), beschränken und kanalisieren andererseits aber auch immer das subjektive Handeln (constraints). Organisationen sollten so ungeschminkt wie nur möglich betrachtet werden – mit unvoreingenommenem, evidenzbasiert-nüchternem Blick –, also so, wie sie wahrhaftig sind, nicht so, wie wir sie uns vorstellen oder gerne hätten.

Die wahrhaftige Organisation

Wahrhaftigkeit bezeichnet laut Duden einerseits das Streben nach Wahrheit und Gerechtigkeit, andererseits so viel wie Wirklichkeit, Echtheit, aber auch Tatsachenorientierung. In historischer Hinsicht hat Douglas McGregor mit seiner Unterscheidung in Theorie X und Theorie Y in der Managementlehre vermutlich mehr für Verwirrung als für Klarheit gesorgt, indem er, gewiss unbeabsichtigt, unseren Blick dadurch auf den ganzen, wahrhaftigen Alltagsmenschen versperrt hat. Auf der einen Seite steht der Drückeberger, der strikt angeleitet und scharf kontrolliert werden muss, damit er (überhaupt) seine Leistung bringt, die sowieso nur für Geld erbracht wird. Auf der anderen Seite der Selbstverwirklicher, der von sich aus Leistung bringt, für seine Arbeit brennt und eigenständig nach Verbesserungen sucht. Auf der einen Seite herrscht abgründiges Misstrauen, auf der anderen Seite übertriebenes Vertrauen. Durch dieses dualistische Menschenbild wurde die Entwicklung eines realistischen Menschenbildes erschwert. Der Mensch ist aber nie entweder das Eine oder das Andere, sondern immer gleichzeitig beides bzw. er wechselt situativ in seinem Verhalten, mal eine schönere, mal eine unschönere Seite von sich zeigend (und wurde von Edgar Schein daher als „complex man" bezeichnet). Viktor Frankl nennt das Menschliche eine „Legierung von gut und böse", wobei dieser Riss durch alle Menschen hindurchgehe – durch dich und mich – und sich am deutlichsten unter widrigen Bedingungen und Ressourcenknappheit offenbare, in der sich die „Rasse“ der anständigen von den unanständigen Menschen scheide.[24] Der Mensch trägt zwar das Gute in sich, doch auch immer die Neigung zum Bösen und „Unmäßigen“. Er ist prinzipiell korrumpierbar und käuflich, wobei es im Einzelfall auf den Preis ankommt und sich zudem die Dauer des Zögerns, einer sich bietenden Versuchung nachzugeben, von Mensch zu Mensch unterscheidet. Nur ganz wenige bleiben standhaft (z.B. unter Androhung ernsthafter Konsequenzen). Man denke etwa historisch an den Fall Franz Jägerstätter.

! Die wahrhaftige Organisation

- Das Denken in Reintypen und extremen Ausrichtungen kann für Organisationen Hinweise liefern, um den eigenen Standpunkt zu klären, sich besser einzuschätzen und das rechte Maß stets neu auszuloten. Dadurch können Fehlentwicklungen rechtzeitig erkannt werden und ein gezieltes Gegensteuern wird ermöglicht.
- Organisationen sollten sich der in ihnen stets präsenten Spannungs- und Konfliktlinien bewusst sein. Auftretende Paradoxien sind völlig normal und unvermeidlich. Sie zu reflektieren und im Sinne eines situativ passenden Umgangs zu lösen, stellt eine Daueraufgabe dar.
- Es geht nicht um ein entweder fürsorglich oder leistungsorientiert, fördernd oder fordernd, formell oder informell, sondern um ein auf lange Sicht auszutarierendes Sowohl-als-auch.
- Das Menschenbild sollte realistisch sein, d.h. weder übertrieben optimistisch noch übertrieben pessimistisch. Das eine ist zu soft und vertrauensselig, kann zu Trägheit und erlernter Hilflosigkeit führen; das andere ist übertrieben misstrauisch und hart, macht Menschen krank und antriebslos. Beide Extreme hemmen die Leistung und die Entwicklung von MitarbeiterInnen.
- Es gibt, zumindest theoretisch, immer zwei Wege: Den menschlichen und den unmenschlichen und jede/r Einzelne kann sich in jedem Augenblick seines Lebens für einen der beiden Wege entscheiden.

Die wahrhaftige Organisation akzeptiert dies. Während die toxische Organisation unmenschlich, übertrieben misstrauisch und hart ist und sich die überfürsorgliche Organisation als zu menschlich-positiv, zu soft und vertrauensselig erweist, wählt die wahrhaftige Organisation den Mittelweg. Sie zeichnet sich durch eine faktenbasierte, pragmatisch-nüchterne Sicht auf den Menschen aus, von dem prinzipiell das Gute (Eigenverantwortung, Ehrlichkeit, Uneigennützigkeit und Hilfsbereitschaft) erwartet wird, bei dem aber auch mit Opportunismus (Egoismus, Betrug, Täuschung) gerechnet wird – und zwar auf beiden Seiten: der Leitungs- und der Ausführungsebene. Neben der Leistungsorientierung wird in dieser Organisation der Eigeninitiative ein hoher Stellenwert beigemessen. Den MitarbeiterInnen wird viel Vertrauen entgegengebracht, doch nicht blind vertraut, d.h. es geht um Vertrauen und (fallweise) Kontrolle; die Selbstständigkeit von MitarbeiterInnen soll so weit es geht gefördert werden.[25] Es braucht auf der einen

Seite gute Rahmenbedingungen. Genauso braucht es auf der anderen Seite aber auch die proaktive individuelle Haltung, nicht darauf zu warten, dass etwas passiert und Lösungen von alleine zustande kommen, vielmehr ist eigenständig die Initiative zu ergreifen und nach Lösungen zu suchen. Die toxische und überfürsorgliche Organisation hemmen die Entwicklung einer solchen Haltung, wenn auch von einer anderen Richtung ausgehend – das eine Mal aus der Angst, etwas falsch zu machen, das andere Mal aus der Trägheit, die sich zu sehr auf die Hilfe aus der Umwelt verlässt. In diesem Punkt berühren sich die beiden Extreme. Man kann die Menschen also davon abbringen, Leistung zu erbringen, indem man es ihnen zu leicht oder zu schwer macht, sie zu sehr „bemuttert" oder zu streng behandelt, sie in der Komfortzone belässt oder in die Panikzone drängt.[26]

Grundsätzlich wird dabei von der Ehrlichkeit und Kooperationswilligkeit von Menschen ausgegangen. Bei einem bestimmten Prozentsatz von Menschen ist allerdings damit zu rechnen, dass sie gewisse kriminelle Energien in sich tragen, doch müssen wegen der wenigen korrupten Menschen gleich alle anderen unter den Generalverdacht der Unehrlichkeit gestellt und überkontrolliert, durch Regeln und Verbote in ihrer Arbeit unnötig behindert werden? Andreas Glemser, Vorstandsvorsitzender der Cocomin AG, einer Consultingfirma im Führungskräftecoaching aus dem Großraum Stuttgart, erzählt in dem Film „Musterbrecher" (Peter Dippel, D 2016) von einem Fall, der üblicherweise zu mehr Kontrolle und Misstrauen geführt hätte, von Glemser aber bewusst anders gelöst wurde. Dieses Beispiel kann für das zuvor geschilderte realistische Menschenbild als Anschauung dienen. Das Originalzitat lautet: „Einen Vertrag machst du ja nur, weil du Angst hast, dass dich einer bescheißt.[27] Ich hatte eine Sekretärin, die war von Anfang an dabei. Nach vierzehn Jahren (...) haben wir festgestellt, dass sie uns beklaut hat. Und jetzt bist du extrem enttäuscht und der normale Reflex wäre jetzt, zu sagen: So, jetzt führen wir Verträge ein, wir vertrauen unseren Mitarbeitern nicht mehr, wir misstrauen jetzt allen (...) Im Grunde genommen bin ich dankbar, dass es passiert ist, weil genau in dem Moment ist mir klar geworden: Ich würd's genauso wieder machen. Inzwischen nehme ich in Kauf, dass mich 10% der Menschen bescheißen, ich weiß nur nicht welche."

In der um Wahrhaftigkeit bemühten Organisation wird nicht vertuscht oder versucht, den schwarzen Peter weiterzureichen, sondern Fehler und Unzulänglichkeiten können offen benannt werden. Es findet kontinuierliche Arbeit in und an der Organisation, im und am Team und auch in und an sich selbst statt. Sie geht vom gesamten menschlichen Verhaltensspektrums, der vollständigen emotionalen „Klaviatur" beim Menschen aus. Es kann auch in dieser Organisation Phasen geben, in denen „klare Ansagen" erforderlich sind und es zu Auseinandersetzungen kommt, doch geschieht dies in einem generell dialogisch-wertschätzenden, nach gemeinsamen Lösungen suchenden Geiste. Aufrichtigkeit ist dabei ein wesentliches Merkmal und diese ist nicht immer bequem. Wolf Lotter sieht in dieser „Echtheit" die Einzigartigkeit eines jeden Menschen, wie auch jeder wirklich authentischen Organisation, wobei für ihn echte Wertschätzung nicht in der Camouflage,

„Es geht um die Fähigkeit des qualitativ guten Streitens"

sondern der offenen Bekundung von Interessen besteht (interests don't lie); diese solle nicht für eine unehrliche Menschlichkeit und Scheinharmonie eingetauscht werden.[28] In der wahrhaftigen Organisation geht es demnach nicht um Konfliktvermeidung, sondern um die Entwicklung der Fähigkeit des qualitativ guten Streitens, bei der die Beteiligten allein am Voranbringen der Sache orientiert sind und Widerspruch nicht persönlich nehmen oder gar nachtragen. Es geht nicht um die rosarote Fixierung auf positive Gefühle, sondern es wird auch nach den Lernchancen gesucht, die in negativen Gefühlen und Widerständen stecken. Es geht nicht nur um die Erreichung ökonomischer, sondern auch um die Erreichung menschlich-sozialer Ziele. Es geht allgemein nicht um Einseitigkeit, sondern um die Austarierung von Polaritäten, die Akzeptanz von Spannungslinien und organisationalen Paradoxien mit situativ jeweils neu zu justierenden Schwerpunktsetzungen[29], z.B. zwischen eigen- und fremdverantwortlichem Handeln, Selbst- und Fremdkoordination, formellen und informellen, fördernden und fordernden, leistungsorientierten und fürsorglichen, harten und herzlichen, eindeutigen, doch fairen Erwartungen, allgemein zwischen Geld und Sinn, verhaltens- und verhältnisbezogenen Maßnahmen. Diese Sowohl-als-auch-Haltung heißt nicht, dass alles immer gleichzeitig erfüllt werden kann und die Win-Win-Situation den Standard bildet, aber es gibt zumindest das Bestreben, die jeweiligen Pole von Spannungsfeldern zur Kenntnis zu nehmen, die unterschiedlichen Anspruchsgruppen im Blick zu behalten und auf lange Sicht auf eine Erfüllung der teilweise konträren Zielgrößen und Bedürfnisse hinzuarbeiten. Erinnert sei hier an die klassische Empfehlung des amerikanischen Organisationstheoretikers Richard Beckhard an Entscheider: „Let it happen; [if not] help it happen; [if not] make it happen". Auch bei der wahrhaftigen, am Realitätssinn ausgerichteten Organisation, daran sei abschließend nochmals erinnert, handelt es sich um einen Idealtypus, einen letztlich nie erreichbaren Zielzustand, dem man sich allenfalls asymptotisch annähern kann.[30] In der „tatsächlichen" Organisationswirklichkeit können sich auch in diesen Typus toxische oder überfürsorgliche Elemente mischen (indem z.B. immer wieder einmal versucht wird, mikropolitische Macht- und Kontrollspielchen zu initiieren).

Fazit

Potenzialentfaltende oder -hemmende Mechanismen der Ordnungsbildung finden auf individueller, gruppenbezogener, organisationaler, gesamtgesellschaftlicher und globaler Ebene statt. Die Ebenen sollten im Grunde nicht getrennt voneinander, sondern integrativ betrachtet werden, weil sie miteinander zusammenhängen, ja einander bedingen. Ähnlichkeiten und Verbindungen zwischen ihnen sollten aufgedeckt werden, auch wenn dieser „große Wurf" im eher kleinteilig empirisch ausgerichteten heutigen Forschungsbetrieb nur noch selten gewagt wird (im Gegensatz etwa zur kritischen Theorie der 1970er-Jahre, in der noch viel intensiver über gesamtgesellschaftliche „Produktionsverhältnisse" und Abhängigkeiten diskutiert wurde). Wir erleben aktuell sicher nicht das Zeitenende, aber eine Zeitenwende, in der solche fundamentalen Fragen wieder stärker ins Interesse der Öffentlichkeit rücken, nicht zuletzt angesichts der aktuellen geostrategischen Veränderungen, die auch innergesellschaftliche Verwerfungen nach sich ziehen und negative Entwicklungen wie Versäumnisse der letzten Jahrzehnte deutlicher zu Tage treten lassen.

Von harmonischer, nach gemeinschaftlichen Lösungen suchender, interessensausgleichender Zusammenarbeit im Geiste des alten Korporatismus ist auf gesellschaftlicher Ebene gegenwärtig nicht mehr viel übrig geblieben – man denke an die Dauerstreiks in Deutschland und die zunehmend verhärteten Diskussionsfronten, den Rückzug einzelner Gruppen in geschützte und homogene Blasen in sozialen Medien, gegenseitige Diffamierungen und die generell immer geringer ausgeprägte Dialogbereitschaft und Zeit füreinander. Doch weder auf gesamtgesellschaftlich-interorganisationaler Ebene noch auf intraorganisationaler Ebene kann es auf Dauer gut gehen, wenn die Akteure nur auf einseitige Vorteilsnahme und Abschottung bedacht sind, sich also nicht von der Einsicht leiten lassen, zusammen in einem Boot zu sitzen, eine Schicksalsgemeinschaft zu bilden. Die Vorstellung so mancher Superreicher, sich der befürchteten globalen Katastrophe durch Flucht auf die künstlich geschaffene Insel oder in das unterirdisch angelegte Bunkersystem mit jahrelanger Selbstversorgung entziehen zu können, wird nicht aufgehen[31], denn das persönliche Wohlergehen lässt sich nicht unabhängig vom Wohlergehen anderer denken.[32] Speziell in gesellschaftlichen Krisenzeiten geht es auch um persönlichen Verzicht, um die zu entwickelnde Bereitschaft, für die Erhaltung des großen Ganzen gewisse Opfer zu bringen und schlechte Gewohnheiten abzulegen. Allein: „Alle wollen zurück zur Natur, aber keiner zu Fuß“ (Werner Mitsch).

So wie sich auf gesamtgesellschaftlicher Ebene die Frage stellt, wodurch unvermeidbare Spannungen und Konflikte offengelegt und auf möglichst einvernehmliche Weise gelöst werden können, stellt sich auch auf innerorganisationaler Ebene die Frage, wie Arbeitgeber-, Arbeitnehmer- und allgemein Stakeholder-Interessen zu einem Ausgleich gebracht werden können, der für alle Seiten zufriedenstellend, nicht einseitig ent- oder belastend, der maßvoll und realistisch, nicht maßlos und illusorisch ist. Den Schlüssel für einen echten Dialog liefern neben prinzipieller Offenheit gegenüber unserem Mitmenschen vor allem gute und belastbare, vertrauensbasierte Beziehungen, nicht hohle Phrasen wie Toleranz, Inklusion oder Diversität. Es sind am Ende Menschen, die die Organisation mit Leben füllen: mit ihrer Einstellung zur Arbeit, ihrer Ehrlichkeit, ihrem Willen zur Pflichterfüllung, ihrem wechselseitigen Dienst- und Unterstützungsstreben. Jede/r Einzelne macht hierbei einen Unterschied. In der Anekdote der zu Grabe getragenen Institution Kirche wird diese in einem Sarg in der Dorfkirche aufgebahrt. Es bildet sich eine lange Schlange vor dem Sarg, denn alle Gläubigen wollen noch einmal einen letzten, neugierigen Blick in den Sarg werfen: Wie schaut er wohl aus, der Leichnam der Kirche? Was ist von ihr noch übriggeblieben? Im Sarg befindet sich jedoch ein Spiegel, in dem sich alle nur selbst erblicken, d.h. die Gesundung oder Korrumpierung der Institution Kirche nimmt in jedem einzelnen Gläubigen seinen Ursprung. Er ist für den Zustand der Kirche (mit)verantwortlich, nicht allein der „stinkende Kopf“, der Klerus, wie so oft behauptet. Er bildet den Mörtel, der die Steine der Kathedrale zusammenhält oder eben brüchig werden lässt. Der Erkenntniswert dieser Anekdote ist verallgemeinerbar. Erkaltet und korrumpiert das Herz eines einzelnen Menschen, so wirkt sich dies auf sein gesamtes Umfeld, auf seine Familie genauso wie auf die Organisation, in der er sich bewegt, ja auf die gesamte Gesellschaft, in der er lebt, aus. Sich dem eigenen Verfallsprozess, dem Sich-Gehen-Lassen entgegenzustemmen, stellt eine fortwährende innere Herausforderung dar. Dies war auch Goethes abschließende und zeitlose Erkenntnis in seinem Faust II, an die immer wieder einmal erinnert werden sollte: „Das ist der Weisheit letzter Schluss: Nur der verdient sich Freiheit wie das Leben, der täglich sie erobern muss."

Literatur

1 Als ein System formeller und informeller Regeln strukturieren Institutionen zwischenmenschliches Verhalten in Gesellschaften. Sie richten individuelles Handeln aus, ermöglichen und begrenzen es. Sie wirken entlastend, indem sie Komplexität reduzieren und Chaos verhindern, andererseits normieren und disziplinieren sie aber auch. Institutionen sind weit mehr als nur Organisationen. Zu ihnen zählen das Recht, Rituale, Routinen, gute Sitten oder Konventionen, die in allen Handlungsfeldern existieren (z.B. Bildung, Politik, Kultur). Unterschieden wird zwischen Institutionalisierung als Prozess, bei dem es mit Hilfe von Sozialisationstechniken zur Herausbildung unhinterfragter, kollektiv als selbstverständlich erachteter sozialer Regeln und Praktiken kommt, und Institutionalisierung als Zustand, in dem die in einer Kultur existenten Vorstellungen im Hinblick auf die Sinnhaftigkeit und Richtigkeit bestimmter Handlungen festgelegt sind. Mit diesen Phänomenen beschäftigen sich im organisationstheoretischen Feld vor allem die neue Institutionenökonomik, der soziologische Neo-Institutionalismus und die Systemtheorie, vgl. Kieser, A. & Ebers, M. (2014). Organisationstheorien. 7. Aufl., Stuttgart: Kohlhammer, Kapitel 6, 8 und 11.

2 Wehler, H.-U. (2008). Deutsche Gesellschaftsgeschichte. Bd. 1: 1700-1815. München: C.H.Beck; Zamoyski, A. (2004). 1812. Napoleons Feldzug in Russland. München: C.H.Beck; Nefiodow, L.A. (2001). Der sechste Kondratieff. 5. Aufl. Bonn: Rhein-Sieg Verlag.

3 Greiner, L.E. (1998). Evolution and revolution as organizations grow. Harvard Business Review 76 (3): 55-68; Filley, A.C. & Aldag, R.J. (1978). Characteristics and measurement of an organizational typology. Academy of Management Journal 21 (4): 579 f.; Mintzberg, H. (1992). Die Mintzberg-Struktur. Landsberg/Lech: Verlag Moderne Industrie; Kets de Vries, M.F.R. & Miller, D. (1984). Neurotic style and organizational pathology. Strategic Management Journal 5: 39; Laloux, F. (2015). Reinventing Organizations. München: Vahlen: 14 ff.

4 Weick, K.E. (1995). Der Prozeß des Organisierens. Frankfurt am Main: Suhrkamp: 15.

5 Zu weiteren „dunklen" Führungsstilen und -eigenschaften vgl. Kuhn, T. & Weibler, J. (2022). Die dunkle Seite der Führung. In: Badura, B. et al. (Hrsg.). Fehlzeiten-Report 2022. Berlin: Springer: 225-236.

6 Schein, E.H. & Schein, P. (2019). Humble Leadership. Gevelsberg: EHP: 18 f.; Konlechner, S. (2016). Alles in Deckung. Austrian Management Review 6: 34 f. zum Teufelskreis der Angst.

7 Paulhus, D.L & Williams, K.M. (2002). The dark triad of personality: narcissism, machiavellianism, and psychopathy. Journal of Research in Personality 36 (6): 556-563.

8 Vgl. Breuer, K.N. (2023). Dark Leadership - Führungskräfte mit narzisstischer Persönlichkeitsstörung im organisationalen Kontext. Masterarbeit. FH Wiener Neustadt: 55.

9 Es gibt auch Fälle, bei denen junge MitarbeiterInnen ausbeuterisch-autoritäre Strukturen bewusst in Kauf nehmen, weil das bezahlte „Schmerzensgeld" sehr ansehnlich ist, die eigene Lernkurve steil verläuft und der Job mit Führungsverantwortung und Statussymbolen (z.B. Dienstwagen, eigenes Büro) lockt. Zumeist werden solche Positionen aber nur als „Durchlauferhitzer" und Sprungbrett für die weitere Karriere gesehen, als eine „Challenge", der man sich als junger Hochschulabsolvent ohne familiäre Verpflichtungen stellen kann und will, vgl. Souza Soares, P.A. de et al. (2014). Harte Hunde. manager magazin. 10/2014: 124-130.

10 Babiak, P. & Hare, R.D. (2007). Menschenschinder oder Manager. München: Carl Hanser; Schuler, H. & Schwarzinger, D. (2022). Die Masken der Psychopathen. München: C.H. Beck.

11 Als Beispiel für die Erschließung innerer Ressourcen sei auf Margret Rasfeld und ihr Projekt „Schule im Aufbruch" verwiesen. Die eigenständigen Projekte von SchülerInnen in der Evangelischen Schule Berlin-Zentrum (z.B. Planung einer Gruppenreise mit geringem Budget) werden im Film „Musterbrecher" (Peter Dippel, D 2016) geschildert. Rasfeld hat diese Schule von 2007-2016 geleitet.

[12] Jäger, K. (2023). Britische Hochschulen. Quellen der Wokeness. https://www.faz.net/aktuell/karriere-hochschule/britische-hochschulen-quellen-der-wokeness-19008319.html (Stand: 08.04.2024); Hinsliff, G. (2024). Britain's universities are in freefall – and saving them will take more than funding. https://www.theguardian.com/commentisfree/2024/mar/29/britain-universities-freefall-saving-them-funding-international-students?CMP=share_btn_url (Stand: 08.04.2024).

[13] Auf sehr pointierte Weise wird die Opferhaltung von Becker, F. (2024). Positive Psychologie. Berlin: Springer thematisiert. Von den „Linken" wird das Narrativ „Du kannst es schaffen, wenn du dich nur genügend anstrengst", also der Traum, es vom Tellerwäscher zum Millionär schaffen zu können, als Mythos entlarvt, als neoliberales Märchen abgetan, da am Ende Geld, Herkunft, das Bildungsniveau der Eltern, Habitus und (parteipolitische) Beziehungen über den eigenen Erfolg entscheiden würden, vgl. Busch, M.W. & Zach, L. (2022). Absolute Beginners: Potentialentfaltung als individuelle und gesellschaftliche Herausforderung. Universitas 77 (12): 19-48 zu den Hintergründen und theoretischen Erklärungen hierzu.

[14] Die jüngst verstorbene Wiener Psychologin Brigitte A. Rollett hat hierfür das Konzept der Anstrengungsvermeidung entwickelt, bei dem sich Akteure sehr aktiv verhalten, aber lediglich bei den eingesetzten Verhaltensstrategien, um der eigentlichen, unerwünschten Tätigkeit aus dem Weg zu gehen.

[15] Das Trust Index© Model des Beratungsunternehmens Great Place to Work® unterscheidet fünf Merkmale eines großartigen Arbeitsplatzes: Glaubwürdigkeit (die MitarbeiterInnen halten das Management für glaubwürdig); Respekt (die MitarbeiterInnen fühlen sich von der Unternehmensleitung respektiert); Fairness (die MitarbeiterInnen glauben, dass die Praktiken und Richtlinien des Managements fair sind); Stolz (misst, wie die MitarbeiterInnen den eigenen Einfluss durch ihre Arbeit einschätzen, wie stolz sie auf ihre Arbeit, ihr Team und ihr Unternehmen insgesamt sind); Teamgeist (misst, ob die MitarbeiterInnen glauben, dass ihr Unternehmen eine starke Gemeinschaft ist, in der KollegInnen einander unterstützen und alle an einem Strang ziehen), https://www.greatplacetowork.at/ueber-uns/was-ist-ein-great-place-to-work/ (Stand: 08.04.2024).

[16] Ebner, M. (2024). Positive Leadership. Wien: Facultas; Link, K. & Falkner, G. (2018). Führung. Was macht Sinn? Austrian Management Review 8: 62-70.

[17] Auch in der Resilienzforschung gibt es die Tendenz, die Umstände als gegeben hinzunehmen und die Entwicklung von Resilienz als eine Aufgabe zu betrachten, die allein im persönlichen Verantwortungsbereich liegt. Dieser eher neoliberale Denkansatz verkennt die Ganzheitlichkeit von Resilienz, bei der immer innere und äußere, verhaltens- und verhältnisbezogene Aspekte, die in einem dynamischen Wechselspiel stehen, zu berücksichtigen sind. Organisationale und gesellschaftliche Rahmenbedingungen auszuklammern, greift zu kurz und entbindet die (Führungs-) Verantwortlichen von ihrer Fürsorgepflicht, vgl. Thun-Hohenstein, L., Lampert, K. & Altendorfer-Kling, U. (2020). Resilienz – Geschichte, Modelle und Anwendung. Zeitschrift für Psychodrama und Soziometrie 19 (1): 17.

[18] Hochschild, A.R. 2006. Keine Zeit. Wenn die Firma zum Zuhause wird und zu Hause nur Arbeit wartet. 2. Aufl. Wiesbaden: VS.

[19] de Botton, A. 2017. Im Pessimismus liegt die Kraft. https://www.geo.de/magazine/geo-magazin/15589-rtkl-alain-de-botton-im-pessimismus-liegt-die-kraft (Stand: 04.04.2024); Goodman, W. (2023): Toxic Positivity. München: Knaur.

[20] Bruhn, M. (2010): Das Konzept des internen Servicebarometers – Bestandsaufnahme, Methodik und empirische Befunde. In: Bruhn, M./Stauss, B. (Hrsg.): Serviceorientierung im Unternehmen, Wiesbaden: Gabler: 314.

[21] Patchen, M. (1974). The locus and basis of influence on organizational decisions. Organizational Behavior and Human Performance 11 (2): 195-221.

[22] Busch, M.W. & Link, K. (2021). Selbstorganisierte Unternehmen – Warum es nur so wenige gibt. Universitas 76 (12): 87-93 zu den Funktionsbedingungen und Hindernissen selbstorganisierter Strukturen.

[23] Allgemein wird ein eher harter und ein eher softer Management- bzw. Kulturansatz unterschieden. Der harte Ansatz wird gemeinhin mit dem Taylorismus, der weiche mit dem Human Relations-Ansatz in Verbindung gebracht. Einander gegenüber stehen: Organisations- vs. interaktionsbezogen; formelle vs. informelle Beziehungen; funktionale vs. soziale Struktur; Primat der Arbeitszerlegung vs. Primat der Teamarbeit; autoritär-hierarchisch vs. demokratisch-partizipativ; instrumentell vs. integrativ; eher leistungs- bzw. outputorientiert vs. eher gruppen- bzw. beziehungsorientiert; affektiv-neutrale, sachliche vs. emotionale, persönliche Beziehungen; direkte vs. indirekte Kontrolle der Arbeitsprozesse; eher aufgaben- vs. eher kommunikationsbezogen, vgl. Buß, E. (2012). Managementsoziologie. 3. Aufl. München: Oldenbourg, 191 ff.

Auch wenn das tayloristische System heute oft verschrien ist oder gleich in Bausch und Bogen abgelehnt wird, sollte nicht vergessen werden, dass es Taylors Anspruch war, die Produktivität zu steigen, ohne die Menschen dabei mehr zu belasten, sondern sie ganz im Gegenteil zu entlasten (z.B. den operativen Bereich von unnötiger Reflexionsarbeit). Auch war ihm die Versöhnung von Kapital und Arbeit ein Anliegen. Hierarchische Klarheit, Berechenbarkeit, Regelgebundenheit und Effizienzstreben haben sicher auch ihre Vorteile.

24 Frankl, V.E. (2011): ... trotzdem Ja zum Leben sagen. Ein Psychologe erlebt das Konzentrationslager. 2. Aufl. München: Kösel: 130. Es gab Häftlinge, die ihr karges Brot mit anderen teilten, und solche, die ihr Brot horteten, ja selbst vor Kameradendiebstahl nicht zurückschreckten. Es gab unmenschlich handelnde Lagerälteste (Capos) und menschlich handelnde SS-Wachen, vgl. 18 ff.,128 f. So sehr dieses Buch innerlich aufwühlt, so sehr sollte es von jedem einmal gelesen worden sein. Es ist eine bittere, aber notwendige Medizin. Um die Inhalte richtig verstehen und einordnen zu können, sind ein gewisser innerer Reifegrad und Erfahrungshorizont erforderlich. Das echte Erleben von Frankl bleibt allerdings trotz seiner präzisen Schilderungen, Beobachtungen und Reflexionen im Text unvermittelbar und man wünscht auch niemandem, solche Erfahrungen je durchmachen zu müssen.

25 Vgl. Malik, F. (2006). Führen Leisten Leben. Frankfurt am Main: Campus: 153 ff.

26 Busch, M.W. & Gärtner, K. (2023). Die Komfortzone verlassen. Austrian Management Review 13: 13-28.

27 In Zeiten weitgehend abhanden gekommener Handschlagqualität, in denen das gesprochene Wort deutlich an Wert eingebüßt hat und auch die mündliche Zusage kaum noch etwas gilt, sind schriftlich festgehaltene Vereinbarungen und Verträge allerdings unentbehrlich geworden. Dieses allseitige Misstrauen sagt jedoch nicht nur etwas über den moralischen Gesamtzustand einer Gesellschaft aus, sondern erklärt teilweise auch die vielen heute umherschwirrenden Juristen, aber auch die wachsende Anzahl an Psychologen und Psychotherapeuten, die sich um die emotionalen Folgen praktizierter Unehrlichkeit bei den Opfern zu kümmern haben.

28 In einem Live-Gespräch zur Vorstellung seines aktuellen Buchs (Lotter, W. (2024). Echt: Der Wert der Einzigartigkeit in einer Welt der Kopien. Berlin: Econ) mit Oliver Haas am 21.03.2024 sagte Wolf Lotter, dass für ihn eine vorgetäuschte bzw. inszenierte Enthierarchisierung, z.B. Führung „auf Augenhöhe“, casual wear, per Du miteinander sein, bei der es weiterhin Hinterzimmer gebe und eine zweite, gar dritte Wahrheit existiere, noch schlimmer sei als der alte autoritäre Stil, der zumindest erkennbar negativ gewesen sei. Eine Kultur der Kollegialität und Solidarität, die nur nach außen bekundet würde, im Ernstfall aber kritische Kollegen fallen ließe, und überhaupt die Verwendung von Buzzwords, die eine nicht gelebte Wirklichkeit vorgaukelten, seien „schäbig“. Das gleiche einem „Diebstahl an Authentizität“. Das Falsche, Manipulative müsse aufgedeckt werden. Je nach Organisationskultur und gruppendynamischem Druck brauche man als Original in einer Welt der Kopien allerdings ein sehr dickes Fell. Dennoch sollten wir es uns nicht zu einfach machen, so Lotter.

29 Link, K. (2016). Paradoxe Führung. Zeitschrift Führung + Organisation 85 (5): 342-347.

30 Gewisse Parallelen gibt es zum Konzept der „gesunden Organisation“ nach Richard Beckhard (Organization development. Strategies and models. Reading, Mass. 1969), das Schreyögg, G. (2003). Organisation. 4. Aufl. Wiesbaden: Gabler: 519 mit folgenden, bis heute gültig gebliebenen zwölf Prinzipien zusammenfasst: 1. Starkes Vertrauen und hohe Wertschätzung unter den Organisationsmitgliedern. 2. Offenes, problemorientiertes Organisationsklima. 3. Zielerreichung und nicht Machterhalt stehen im Vordergrund. 4. Formale und funktionale (Experten-)Autorität decken sich weitgehend. 5. Organisationsmitglieder verfügen über Handlungsspielräume. 6. Entscheidungen werden dort getroffen, wo die besten Informationen zur Verfügung stehen. 7. Die Motivation zur Entwicklung neuer Ideen wird gefördert. 8. Das Entlohnungssystem ist sowohl leistungs- wie auch auf die persönliche Entwicklung der Mitglieder bezogen. 9. Organisationsmitglieder kontrollieren sich in großem Umfang selbst. 10. Organisationsmitglieder interessieren sich für ihre Arbeit und identifizieren sich mit der Organisation. 11. Konflikte entstehen aus sachlichen Kontroversen über Problemlösungen; sie zielen auf eine Verbesserung der Aufgabenvollzüge. 12. Die Organisation ist proaktiv, d.h. sie versucht, Probleme so früh als möglich zu antizipieren, um rechtzeitig Lösungsmöglichkeiten zu suchen und Maßnahmen in die Wege leiten zu können.

31 Rushkoff, D. (2022). Survival of the richest. New York: W.W. Norton.

32 In seiner 13. Generalaudienz des Jahres 2024 bringt Papst Franziskus dies mit der Tugend der Gerechtigkeit in Verbindung, die im allegorischen Bild der Waage auf den Ausgleich zwischen Menschen bei offenen „Rechnungen“ verweise und letztlich in der Würde jedes einzelnen Menschen gründe. Diese gelte es in Gesellschaften zu achten. Dem Nächsten sei das zu geben, was ihm gebühre (unicuique suum).

Halbwahrheiten, raffinierte Reden, die darauf abzielten, den Nächsten zu täuschen, Zurückhaltung, die die eigenen wahren Absichten verschleierten, seien keine Haltungen, die damit vereinbar wären. In einer geordneten Gesellschaft würden Menschen den Ämtern Glanz verleihen und nicht umgekehrt. Verantwortungsvolles Handeln und Legalität seien das beste Gegenmittel gegen Korruption, die in Gefälligkeiten, Verleumdung, Meineid, Betrug, Wucher, Spott und Unehrlichkeit zum Ausdruck komme. Der rechtschaffene Mensch gebe zurück, was er geliehen habe, bitte um Verzeihung, wenn er gefehlt habe und erkenne den Arbeitern einen angemessenen Lohn zu. Er sei nicht listig und verschlagen, sondern hege in seinem Herzen den Wunsch nach universaler Brüderlichkeit, er trage keine Maske, zeige sich so, wie er ist, und sage die Wahrheit. Er erliege nicht der Versuchung, nur an sich selbst zu denken und sich um seine eigenen Angelegenheiten zu kümmern, so legitim sie auch sein mögen, als wären sie das Einzige, was es auf der Welt gibt. Er sei sich darüber im Klaren, dass es für ihn kein wahres Wohl geben könne, wenn nicht auch an das Wohl aller gedacht werde. Solche Menschen glichen raren, kostbaren Perlen, https://www.vaticannews.va/de/papst/news/2024-04/wortlaut-generalaudienz-papst-franziskus-tugenden-gerechtigkeit.html (Stand: 04.04.2024). Als Vorbild für Gerechtigkeit und rechtschaffenes Handeln steht in der katholischen Kirche vor allem der heilige Josef, der die ihm anvertrauten Pflichten treusorglich und ohne Murren erfüllte.

Information zu den AutorInnen

Priv.-Doz. Dr. Michael W. Busch arbeitet seit 2014 als wissenschaftlicher Mitarbeiter am Institut für Management und Leadership Development an der FH Wiener Neustadt. Er hat Verwaltungswissenschaft an der Universität Konstanz studiert, 2008 an der TU Ilmenau bei Univ.-Prof. Dr. Dietrich von der Oelsnitz promoviert und sich 2015 im Fach Betriebswirtschaftslehre an der TU Braunschweig habilitiert. In seiner Forschung interessiert er sich für die Grundlagen erfolgreicher Teamarbeit, Persönlichkeitsentwicklung, moderne Leadership-Ansätze, agile Arbeitsformen und das Thema Macht in Organisationen.

Mag.[a] Gina Falkner ist wissenschaftliche Mitarbeiterin am Institut für Management und Leadership Development an der FH Wiener Neustadt. Davor war sie bei einem internationalen Konzern in der Personalabteilung tätig. Ihre Forschungsschwerpunkte sind Age Management, Sinn im Beruf und gesunde Organisation.

Gordon Müller-Seitz

Professor und Leiter des Fachgebiets für Strategie, Innovation und Kooperation, Rheinland-Pfälzische Technische Universität Kaiserslautern-Landau

gms@rptu.de

Werner Weiss

Geschäftsführer Insiders Technologies

w.weiss@insiders-technologies.de

AIDEA

Das Top Management von Ideen wirksam überzeugen

Der Einsatz künstlicher Intelligenz ist in Forschung, Praxis und in den Medien allgegenwärtig. In diesem Zusammenhang stellt sich die Frage, inwiefern generative künstliche Intelligenz (GKI), wie etwa ChatGPT-4, nicht nur zur Effizienzsteigerung oder im Marketing eingesetzt werden kann, sondern auch zur Steigerung der Kreativität und zur Unterstützung des Innovationsmanagements in Unternehmen. Diese Fragestellung ist bisher noch weitgehend unbeleuchtet. Zu diesem Zweck wird im Rahmen dieses Beitrags der AIDEA-Bezugsrahmen zu Einsatzmöglichkeiten von GKI entwickelt. Das Akronym AIDEA steht dabei für (A)nalyse von technologischen Trends, (I)deengenerierung und -auswahl, (D)esign und Produktentwicklung, (E)ffizienzsteigerung und (A)ugmentation. Der Beitrag schließt mit drei Thesen zum Umgang mit GKI in Unternehmen.

Einleitung

Generative künstliche Intelligenz (KI) revolutioniert die Landschaft der Unternehmenswelt, indem sie neue Horizonte für Kreativität und Innovation eröffnet. Diese fortschrittlichen Technologien, die darauf trainiert sind, Inhalte wie Texte, Bilder und Musik zu erzeugen, die denen des Menschen ähneln, bieten Unternehmen beispiellose Möglichkeiten, ihre kreativen Prozesse zu erweitern und zu verbessern. Von der Automatisierung routinemäßiger Aufgaben bis hin zur Generierung innovativer Ideen für Produkte und Dienstleistungen ermöglicht generative KI den Unternehmen, ihre Grenzen zu überschreiten und auf effiziente Weise neue Werte zu schaffen. Dieser Artikel untersucht, wie generative KI-Technologien die kreativen und innovativen Kapazitäten in Unternehmen transformieren und welche Auswirkungen dies für die Zukunft der Arbeit und des Wettbewerbs in verschiedenen Branchen hat.

Die Autoren hoffen, dass Ihnen dieser Einstieg zusagt und die Relevanz der Thematik aufzeigt. Ganz im Sinne des Anliegens des Beitrags und um Ihnen die Mächtigkeit generativer künstlicher Intelligenz aufzuzeigen, haben wir diesen ersten einleitenden Absatz nicht selbst formuliert. Vielmehr haben wir ChatGPT-4 dafür genutzt[1]. ChatGPT ist das am weitesten verbreitete Instrument generativer künstlicher Intelligenz (GKI). Diese Form künstlicher Intelligenz greift auf die jeweils zur Verfügung stehende Datengrundlage zurück und erzeugt – daher der Begriff generative künstliche Intelligenz – das durch eine Eingabeaufforderung (‚Prompt') erfragte Ergebnis. Forschung[2] und Praxis[3] dokumentieren die Relevanz und die nahezu universellen Einsatzmöglichkeiten von GKI auf eindrucksvolle Art und Weise.

Im Gegensatz zu anderen Bereichen, wie etwa dem Marketing oder der Produktion, ist die Rolle von GKI für Kreativität und Innovation in Unternehmen jedoch noch vergleichsweise weniger betrachtet worden. Diese Beobachtung nehmen wir zum Anlass, um uns damit auseinanderzusetzen, wie GKI Kreativität und Innovation fördern kann. Hierfür wird der AIDEA-Bezugsrahmen entwickelt, der auf verschiedene Aktivitäten zur Förderung von Kreativität und Innovation abstellt. Der Bezugsrahmen verdeutlicht, dass GKI sowohl die Bandbreite als auch die Anzahl an neuen Ideen drastisch steigern kann. Zudem werfen wir ein kritisches Licht auf GKI, indem wir die Grenzen deren Einsatzes für den vorliegenden Kontext aufzeigen und formulieren vor diesem Hintergrund abschließend drei Thesen zum Einsatz von GKI mit Blick auf das Hervorbringen von Innovationen in Unternehmen.

Eine kurze Einordnung zum Thema künstliche Intelligenz

Im Rahmen der digitalen Transformation von Unternehmen und Gesellschaft[4] stellt die künstliche Intelligenz ein sehr bedeutsames Phänomen dar. Allerdings blicken die diesbezügliche Forschung und Praxis auf eine bewegte Entwicklung zurück, die keinesfalls nur durch Erfolge gekennzeichnet ist und erst jüngst (wieder) an Popularität gewonnen hat.[5] Erste Entwicklungen im Bereich der KI durch Turing erfolgten ab den 1940er Jahren und der Begriff künstliche Intelligenz wurde im Jahre 1955 durch McCarthy und Kollegen im Rahmen einer Konferenz aufgebracht. Seit den 1990er Jahren erleben Forschung und Praxis im Bereich KI grundsätzlich einen Aufschwung. Dies ist einerseits in den für das breite Publikum sichtbaren Fortschritten begründet, wie etwa anhand des Sieges von IBMs Computer Deep Blue gegen den ehemaligen Schachweltmeister Garri Kasparow im Jahr 1996 oder des Sieges von Googles Alpha Go gegen den Weltmeister im wesentlich komplexeren Go-Spiel, Lee Sedol. Zudem hat der Einsatz von Suchmaschinen (z. B. Google) oder Sprachassistenzen (z. B. Siri) zur weiteren Popularität künstlicher Intelligenz beigetragen. Auch wenn in diesen Entwicklungen nicht immer von künstlicher Intelligenz die Rede ist, so ist sie dennoch der Treiber hinter vielen Innovationen.

Hier reiht sich nun ChatGPT – chat steht für plaudern, GPT für Generative Pre-trained Transformer – von der Open AI Initiative als am schnellsten unter Menschen verbreitete Innovation aller Zeiten ein.[6] ChatGPT erfasst Informationen in natürlicher Sprache und kann unterschiedliche Ergebnisse je nach Aufforderung produzieren. Hierzu zählt die schriftliche Beantwortung von Fragen und Aufforderungen, was wohl die populärste Anwendung darstellt. Allerdings sei angemerkt, dass ChatGPT weitaus leistungsfähiger ist. So ist ChatGPT u.a. auch in der Lage, Informationen je nach Erkenntnisinteresse zusammenzufassen (z. B. die Situation eines Unternehmens auf Basis der Analyse der Geschäftsberichte), Software zu kodieren, Reisepläne er erstellen, Bilder, Musikstücke und Videos anzufertigen. Zu erwähnen ist, dass ChatGPT keinesfalls die einzige leistungsfähige künstliche Intelligenz darstellt. Je nach Interessenslage existiert eine Vielzahl an vergleichbaren Instrumenten, etwa mit Blick auf das Erzeugen von Kunst die Anwendung Midjourney oder der speziell auf Unternehmen zugeschnittene Chatbot Luminous des Heidelberger Unternehmens Aleph Alpha.

Wie kann GKI nun konkret bei Kreativität und Innovation in Unternehmen unterstützen? Denn grundsätzlich wird künstlicher Intelligenz diesbezüglich ein hohes Potenzial zugesprochen, wie beispielsweise von Amabile, einer der renommiertesten Innovationsforscherinnen weltweit, die annimmt, dass „the production of highly novel, yet appropriate, ideas, problem solutions, or other outputs by autonomous machines“[7] möglich sei. Zur Beantwortung dieser Frage wollen wir uns an dem AIDEA-Bezugsrahmen orientieren, der im Folgenden näher erläutert wird und bereits im Namen auf künstliche Intelligenz durch das AIDEA anspielt.

Der AIDEA-Bezugsrahmen für Kreativität und Innovation in Unternehmen

Der Einsatz von GKI ist auf vielfältige Art und Weise möglich. Um Kreativität und Innovation in Unternehmen zu fördern, schlagen wir den AIDEA als Bezugsrahmen vor (siehe Abbildung 1 für einen Überblick). Die Abkürzung setzt sich dabei wie folgt zusammen: Analyse von technologischen Trends), Ideengenerierung und -auswahl, Design und Produktentwicklung, Effizienzsteigerung und Augmentation.

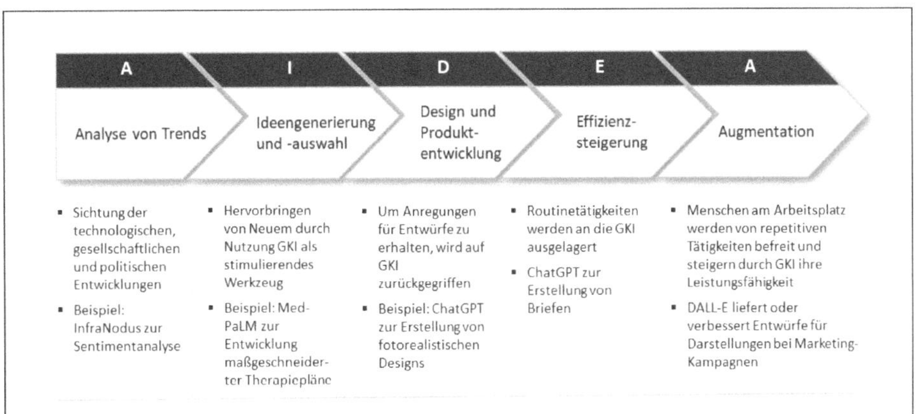

Abbildung 1: AIDEA-Bezugsrahmen.

A: Um technologische Trends aufzuspüren, müssen Unternehmen ihre Umwelt kontinuierlich *analysieren*.[8] Dabei spielen nicht nur technologische, sondern auch gesellschaftliche und politische Entwicklungen eine Rolle. Ein anschauliches Beispiel hierfür ist InfraNodus. Mit Hilfe dieses Tools können u.a. aktuelle Trends analysiert werden, etwa um Stimmungen und Einstellungen mittels einer so genannten Sentimentanalyse hinsichtlich der Produkte des Automobilherstellers Tesla zu erheben.[9]

Ähnlich ist der Kosmetikhersteller Beiersdorf vorgegangen, um knapp zwei Millionen Einträge in einem Online-Forum zu Zwecken der Produktentwicklung zu analysieren. Dieses Datenvolumen hätte gar nicht oder nur mit einem unverhältnismäßig hohen Aufwand mithilfe menschlicher Arbeitskraft analysiert werden können.[10]

Abbildung 2.: Fotorealistische Abbildung zur Inspiration (Quelle: ChatGPT-4)

Die vorangestellten Beispiele dokumentieren die grundlegende Stärke von GKI, nämlich die Möglichkeit große Datenvolumen im Sinne von Big Data schnell zu sichten. Dies gilt insbesondere für Datenbestände, die bereits gut strukturiert sind. Hierzu zählen etwa Datenvorkommen in der Biologie, Chemie, Materialwissenschaften und Medizin, da deren Forschung und Entwicklung hochgradig vorstrukturierte Daten bereithält.[11]

/ Hinsichtlich der *Ideengenerierung und -auswahl* kann direkt an die voranstehende Beobachtung bezüglich strukturierter Datenbestände, wie etwa in der Medizin, angeknüpft werden. So ist der Innovationsprozess in der Pharmaindustrie für Unternehmungen wie Bayer hochgradig langwierig, teuer und risikobehaftet. Entsprechend trainierte

GKI-Modelle sind dabei in der Lage, bereits in frühen Stadien auf mögliche Wechselwirkungen oder negative Nebenwirkungen zwischen Wirkstoffen hinzuweisen und ermöglichen es so, den Innovationsprozess vor allem im frühen Entwicklungsstadium der Ideenfindung zu beschleunigen.[12]

Aber natürlich kann GKI auch auf individueller Ebene als stimulierendes Werkzeug Impulse für das Hervorbringen von Kreativität liefern.[13] So ließe sich ChatGPT beispielsweise einsetzen, um zunächst den Lösungsraum für ein Problem aufzuspannen und anschließend Ideen im Team – gegebenenfalls weiterhin mit ChatGPT als zusätzlichem ‚Teammitglied' – weiterzuentwickeln. Ein konkretes Beispiel hierfür ist seenapse[14], ein GKI-Instrument für die Entwicklung möglichst vieler kreativ-radikaler Ideen innerhalb kürzester Zeit. Unter Verweis auf den Einstiegsabsatz zu diesem Beitrag ließe sich GKI auch nutzen, um Vorlagen für Texte zu generieren. Dabei ist es unerheblich, welches Sprachniveau oder welche Sprache die Texte aufweisen sollen, da die neueren GKI in der Lage sind, beide Dimensionen feinzujustieren.

Zudem ist GKI auch in der Lage, bei der Ideenauswahl zu unterstützen.[15] So wird GKI auch eingesetzt, um über die Ausgestaltung individuell maßgeschneiderter Therapiepläne zu entscheiden. Ein Instrument hierfür ist beispielsweise Googles Med-PaLM.[16]

D Mit Blick auf die *Design- und Produktentwicklung* verhält es sich wie mit der Ideengenerierung. Hier kann die GKI erste Impulse liefern und so kreative Prozesse in Unternehmen in Gang setzen oder auch als Sparringspartner herangezogen werden. Zur Illustration des möglichen Designs eines Fahrrads, das durch die Tierwelt inspiriert ist, sei auf voranstehende Abbildung 2 verwiesen. Diese wurde durch ChatGPT-4[17] mittels des Prompts „Erstelle verschiedene fotorealistische Abbildungen von Fahrrädern, die es ermöglichen, leichter und schneller zu fahren und mit Blick auf die Form durch die Tierwelt inspiriert sind." (Abruf am 04.03.2024) erzeugt.

Wie aus der Darstellung ersichtlich handelt es sich um inspirierende Darstellungen, wenngleich sie noch unausgereift sind. Als erster Impuls für ein mögliches innovatives Design erscheinen sie jedoch durchaus dienlich – und ließen sich mittels weiterer Prompts durchaus noch weiter in die jeweils konkret gewünschte Stoßrichtung hin entwickeln. Hier verschwimmen also nicht nur die Grenzen zwischen Kreativität und Wissenschaft[18], sondern auch menschlicher und künstlicher Intelligenz.

Ein weiteres prominentes Instrument nebst den bereits erwähnten Beispielen von ChatGPT und Midjourney ist Stable Diffusion. Die Besonderheit von Stable Diffusion besteht in der Möglichkeit, aus eigenen Skizzen fotorealistische Darstellungen entstehen zu lassen.

E Des Weiteren ist es denkbar, künstliche Intelligenz zur *Effizienzsteigerung* zu nutzen. Indem GKI eingesetzt wird, werden Mitarbeiterinnen und Mitarbeiter von Routinetätigkeiten entlastet und können sich so mehr kreativen Aufgaben zuwenden – die Arbeitszeit kann also effizienter genutzt werden. Die Entlastung kann dabei in banalen Tätigkeiten, wie dem Verfassen von Nachrichten (z. B. Einträgen bei LinkedIn oder Beiträgen auf X) oder Entwürfen für E-Mail-Korrespondenz bestehen.

Aber auch für anspruchsvollere Aufgaben im Innovationsmanagement kann GKI genutzt werden. So wäre es denkbar, Ideen nicht nur durch eine GKI entwerfen zu lassen, sondern auch eine Vielzahl an Ideen zu einem übergreifenden Konzept zu bündeln.[19] Zudem dokumentiert eine Studie der Unternehmensberatung McKinsey, dass GKI in der Automobilindustrie zu Produktdesign und Optimierungszwecken eingesetzt wird.[20]

„Hier verschwimmen also nicht nur die Grenzen zwischen Kreativität und Wissenschaft, sondern auch menschlicher und künstlicher Intelligenz"

A Schließlich sei noch auf die Möglichkeit zur *Augmentation*, also zur Anreicherung von Ideen und Erweiterung des Leistungsspektrums im Austausch zwischen Mensch und Maschine verwiesen. [21] Im Gegensatz zur Automation, die vorrangig auf Effizienzsteigerungen und letztlich oftmals auf den Ersatz menschlicher Arbeitskraft durch den Einsatz von Technologien wie GKI abzielt, steht bei der Augmentation der produktive Austausch und das wechselseitige (An-)Lernen von Mensch und Maschine – hier: (generativer) künstlicher Intelligenz – zur Steigerung der Leistungsfähigkeit von Mitarbeiterinnen und Mitarbeiter im Mittelpunkt.

So wäre es denkbar, dass zur Entwicklung einer neuen Marketingkampagne auf die Kreativität von GKI zurückgegriffen wird. Allerdings sind die kreativen Anregungen einer GKI naturgemäß auf die jeweilige zur Verfügung stehende Datenbasis beschränkt. Der menschliche Kreativitätsprozess einer Einzelperson oder eines Teams kann sich dabei immer wieder durch die GKI inspirieren lassen. Dies geschieht jedoch vorrangig auf kognitive Art und Weise. Die Verbindung unterschiedlicher Lebens- und Arbeitssphären sowie das Einfließen lassen von Emotionen in eine Marketingkampagne ist in dieser Kombination menschlicher Kreativität vorbehalten. Die GKI ist also – auch mit Blick auf den AIDEA-Bezugsrahmen Innovationsaktivitäten übergreifend – im Wesentlichen für Impulse hilfreich. Genuin innovative Anregungen, die nicht auf automatisierbaren Daten und Prozessen beruhen, bleiben daher (noch) außerhalb des Leistungsspektrums GKI.

Thesen zum Umgang mit generativer künstlicher Intelligenz

Der vorgestellte Bezugsrahmen hat anhand illustrativer Beispiele verdeutlicht, wie leistungsfähig GKI sein kann. Insofern verwundert es auch nicht, dass ChatGPT und andere GKI-Anwendungen so viel Resonanz erhalten haben. Wenngleich GKI vielfach Kreativität beschleunigt oder gar erst zu einem gewissen Grad ermöglicht, so stellt sich dennoch die Frage, wie überhaupt noch der menschliche Beitrag in kreativen Prozessen aussehen kann. Wird die menschliche Kreativität perspektivisch vollständig von GKI und deren Kreativität ersetzt werden?

Hier gilt es einige Zweifel anzumelden. So ist es fraglich, inwiefern künstliche Intelligenz wirklich selbst über die Absicht verfügen kann, kreativ zu sein.[22] Außerdem ließe sich bei aller Wertschätzung gegenüber dem technologischen Fortschritt kritisch hinterfragen, ob wirklich genuin Neues durch GKI ins Leben gerufen wird. Denn letztlich basieren die Ergebnisse von GKI – seien sie textbasiert, grafisch, akustisch oder audio-visuell – auf einer wie auch immer bereits vorhandenen Datenbasis. Es gilt zu konzedieren, dass auch menschliche Kreativität in der Regel auf Vorhandenes zurückgreift und durch geschickte Rekombination Neues erzeugt. Aber vollkommen neue Einfälle erscheinen eingedenk des Rückgriffs auf eine existierende Datenbasis fraglich.

Dies führt zu einem weiteren Kritikpunkt, der Frage nach der Heterogenität der Antworten. Zwar wird jede Frage – auch die exakt gleiche Frage – bei ChatGPT neu beantwortet so wie auch jede Suchanfrage im Detail bei der Suchmaschine Google anders beantwortet wird. Dennoch ähneln sich die Antworten oftmals stark, da sich der Algorithmus im Zeitablauf stetig, aber nur sehr langsam mit Blick auf die präsentierten Ergebnisse ändert. Denn es zeigt sich, dass das Antwortspektrum bei GKI letztlich vielfach recht homogen ist und nicht immer radikal innovative Lösungsansätze präsentiert werden.

Überdies ist die schwache oder enge künstliche Intelligenz bisher auch eben das – sehr eng in Bezug auf ihr Kompetenzspektrum. Wir Menschen verfügen im Gegensatz zu künstlicher Intelligenz weiterhin über mehr Sinne und können Kontexte weitaus besser aus unterschiedlichen Stoßrichtungen und mit unseren Sinnen beurteilen und einordnen. Und um es mit Finlay pointiert auf den Punkt zu bringen: „it's all just math at the end of the day“[23]. Daher stellen wir folgende Behauptung auf:

These 1: *Menschliche Kreativität wird durch auf künstlicher Intelligenz basierende Kreativität nicht ersetzt werden.*

Viele der vorangestellten Beispiele, wie etwa Midjourney oder allen voran ChatGPT, basieren auf sehr großen Datenmengen. Diese Voraussetzung schreckt viele Unternehmen davon ab, sich mit der Thematik auseinanderzusetzen. Dabei wird unterstellt, dass der Einsatz künstlicher Intelligenz ohne ‚Big Data' nicht erfolgen kann. Also gilt ‚No big data, no innovation'?

Diese Annahme ist falsch. Bereits eine Datengrundlage von 5.000 Datenpunkten mit Blick auf eine bestimmte Aufgabenstellung führt dazu, dass die Ergebnisse als akzeptabel gelten. Um mit der menschlichen Leistungsfähigkeit gleichzuziehen oder diese zu übertrumpfen, muss die Datenbasis hingegen ca. zehn Millionen oder mehr Eingaben umfassen. Letzteres mag zunächst abschreckend klingen, aber vielfach liegen die notwendigen Daten für den Einsatz (generativer) künstlicher Intelligenz bereits im Unternehmen bereit. Was jedoch oftmals fehlt, ist die Idee, diese auch zielführend zu verknüpfen und dann zu vermarkten. Ein gelungenes Beispiel liefert hierfür ein U.S.-Automobilhersteller, der die Daten der Scheibenwischernutzung seiner Kundschaft auswertet, um diese in aggregierter Form an Wetterdienste zu verkaufen. Ähnlich verhält es sich mit Maschinendaten im industriellen Kontext.[24] Hier verfügen vor allem kleine und mittlere Unternehmungen vielfach über weitaus wertvollere Datenbestände in Quantität und Qualität als es dem Top-Management bewusst ist. Durch diese Überlegungen ist folgende Behauptung motiviert:

These 2: *Es sind keine riesigen Datenvolumen für den KI-Einsatz notwendig, um Kreativität und Innovation in Organisationen zu unterstützen.*

Schließlich sei noch darauf verwiesen, dass derzeit insbesondere die Einführung von GKI innerhalb von Organisationen diskutiert wird. Dabei wird immer wieder auf die Möglichkeiten hingewiesen, die durch GKI eröffnet werden. So nutzt Mercedes-Benz beispielsweise in vielen Kontexten ChatGPT, um Mitarbeiterinnen und Mitarbeiter zu entlasten oder Produktionsprozesse zu überwachen.[25] In diesem Zusammenhang wird nahezu ausschließlich über die technologischen Details und Fähigkeiten der betreffenden Organisationen diskutiert. Auf den Punkt gebracht lässt sich festhalten, dass die technologischen Fragestellungen diesbezüglich den Diskurs zum Thema GKI dominieren.

Wir möchten dem jedoch entgegenhalten, dass die Umsetzung der Technologie letztlich durch Menschen geschieht und zudem der Einsatz von neuen Technologien keinen Selbstzweck darstellt. Die Mitarbeiterinnen und Mitarbeiter müssen zuvorderst den Einsatz von (generativer) künstlicher Intelligenz akzeptieren, um überhaupt den Wandel zu ermöglichen. In Forschung und Praxis wird wiederholt festgehalten, dass Initiativen zum Einsatz (generativer) künstlicher Intelligenz auch immer wieder spektakulär scheitern. Zu nennen wäre hier etwa das Verfallen in rassistischen Jargon bei Microsofts Chatbot Tay[26] oder das Generieren von Bildern von schwarzen Wehrmachtssoldaten durch Googles GKI, den Bild-Generator Gemini[27]. Daher stellen wir abschließend folgende Behauptung auf:

Drei Thesen zum Umgang mit GKI

These 1: Menschliche Kreativität wird durch auf künstlicher Intelligenz basierende Kreativität nicht ersetzt werden.

These 2: Es sind keine riesigen Datenvolumen für den KI-Einsatz notwendig, um Kreativität und Innovation in Organisationen zu unterstützen.

These 3: Der Einsatz künstlicher Intelligenz im Innovationsmanagement ist kritisch zu reflektieren und mehr eine Frage des organisatorischen Wandels denn des technologischen ‚Aufrüstens'.

These 3: *Der Einsatz künstlicher Intelligenz im Innovationsmanagement ist kritisch zu reflektieren und mehr eine Frage des organisatorischen Wandels denn des technologischen ‚Aufrüstens'.*

Fazit

Zielsetzung des Beitrags war es, sich dem bisher noch recht unerschlossenen Thema des Einsatzes GKI für die Unterstützung von Kreativität und Innovation in Unternehmen anzunehmen. Um mögliche Ansatzpunkte besser einordnen zu können, wurde der AIDEA-Bezugsrahmen präsentiert und anschließend wurden drei Thesen in Bezug auf den Einsatz (generativer) künstlicher Intelligenz in Organisationen abgeleitet.

Für künftige Forschung und Praxis erscheint es wünschenswert, sich näher mit dem konkreten Umgang mit GKI auseinanderzusetzen. Denn wie der Organisationsforscher Leonardi so treffend festhält: „If one universal law regarding the adoption of new technologies existed, it would be this: People will use digital tools in ways you can't fully anticipate or control". Und später fügt er noch hinzu: "In the age of AI good leaders are those who create the conditions that enable their employees to adapt in the face of changing technologies".[28] Es sind also noch die genauen Bedingungen weiter zu untersuchen, wie menschliche und auf GKI basierende Kreativität zusammenwirken. Denn vielfach ist eben, wie von Leonardi angedeutet, zu beobachten, dass Menschen auf zunächst völlig überraschende Art und Weise neue Technologien nutzen, vermeiden, sabotieren oder verbessern. Um dies zu erkunden, werden noch viele neue Erkenntnisse gewonnen werden müssen – ganz ohne (generative) künstliche Intelligenz, nur mit menschlichem Verstand und menschlicher Kreativität.

Literatur

[1] Der Prompt lautete: „Erstelle einen Einleitungsabsatz für einen managementorientierten Artikel zum Einfluss generativer künstlicher Intelligenz auf Kreativität und Innovation in Unternehmen".

[2] Bouschery, S. G., Blazevic, V., & Piller, F. T. (2023). Augmenting human innovation teams with artificial intelligence: Exploring transformer-based language models. Journal of Product Innovation Management, 40(2), 139-153.

[3] McKinsey (2023). The state of AI in 2023: Generative AI's breakout year. Elektronisch veröffentlicht unter der URL: https://www.mckinsey.com/capabilities/quantumblack/our-insights/the-state-of-ai-in-2023-generative-ais-breakout-year. Letzter Zugriff: 02.03.2024.

[4] Lingnau, V., Müller-Seitz, G., & Roth, S. (Hrsg. 2017). Management der digitalen Transformation: Interdisziplinäre theoretische Perspektiven und praktische Ansätze. München: Vahlen.
Müller-Seitz, G. & Weiss, W. (2019). Strategien zum Umgang mit der digitalen Transformation...aus der Sicht eines mittelständischen „Hidden Champions". München: Vahlen.

[5] Haenlein, M. & Kaplan, A. (2019). A brief history of artificial intelligence: On the past, present, and future of artificial intelligence. California Management Review, 61(4), 5-14.

[6] Jackson, A. (2023). ChatGPT turns one: How AI chatbot has changed the tech world. Elektronisch veröffentlicht unter der URL: https://technologymagazine.com/articles/chatgpt-turns-one-how-ai-chatbot-has-changed-the-tech-world. Letzter Zugriff: 01.03.2024.

[7] Amabile, T. M. (2020). Creativity, artificial intelligence, and a world of surprises. Academy of Management Discoveries, 6(3), 351-354, p.351.

[8] Heger, T. & Rohrbeck, R. (2012). Strategic foresight for collaborative exploration of new business fields. Technological Forecasting and Social Change, 79(5), 819-831.

[9] InfraNodus (2024). AI-Powered Text Analysis Tool for Innovation Research. Elektronisch veröffentlicht unter der URL: https://infranodus.com/use-case/innovation-consulting-trends. Letzter Zugriff: 02.03.2024.

[10] Kakatkar, C., Bilgram, V., & Füller, J. (2020). Innovation analytics: Leveraging artificial intelligence in the innovation process. Business Horizons, 63(2), 171-181.

[11] Smith, J. S., Roitberg, A. E., & Isayev, O. (2018). Transforming computational drug discovery with machine learning and AI. ACS Medicinal Chemistry Letters, 9(11), 1065-1069.

[12] Agrawal, A., McHale, J., & Oettl, A. (2023). Superhuman science: How artificial intelligence may impact innovation. Journal of Evolutionary Economics, 33(5), 1473-1517.

[13] Siehe erneut Bouschery et al. (2023).

[14] seenapse (2024). Meet your new creative partner!. Elektronisch veröffentlicht unter der URL: https://seenapse.ai/. Letzter Zugriff: 02.03.2024.

[15] Tekic, Z. & Füller, J. (im Erscheinen). Managing innovation in the era of AI. Technology in Society, 73.

[16] Board of Innovation (2024). 5 ways Generative AI is reshaping Healthcare decision making. Elektronisch veröffentlicht unter der URL: https://www.boardofinnovation.com/blog/5-ways-generative-ai-is-reshaping-healthcare-decision-making/. Letzter Zugriff: 02.03.2024.

[17] Streng genommen handelt es sich hierbei um DALL-E2. Dies ist eine GKI, die jedoch auch von der Open AI Initiative bereitgestellt wird und automatisch durch Prompts mit Blick auf erwünschte Darstellungen bei ChatGPT-4 aktiviert wird.

[18] Müller-Seitz, G. & Weiss, W. (2018). Kunst und Wissenschaft als Widerspruch? Auf den Spuren Leonardo da Vincis. Austrian Management Review 8, 23-32

[19] Eapen, T. T., Finkenstadt, D. J., Folk, J., & Venkataswamy, L. (2023). How generative AI can augment human creativity. Harvard Business Review, 101(4), 56-64.

[20] Cholewinski, P., Richter, W., Roggendorf, M., Venus, A., Kellner, M., & Tschiesner, A. (2024). Automotive R&D transformation: Optimizing gen AI's potential value. Elektronisch veröffentlicht unter der URL: https://www.mckinsey.com/industries/automotive-and-assembly/our-insights/automotive-r-and-d-transformation-optimizing-gen-ais-potential-value. Letzter Zugriff: 04.03.2024.

[21] Hier und im Folgenden sind die Ausführungen an Davenport und Kirby (2016) angelehnt oder weiterentwickelt: Davenport, T. H. & Kirby, J. (2016). Only humans need apply: Winners and losers in the age of smart machines. New York: Harper Business.

[22] Bridy, A. (2012). Coding Creativity: Copyright and the Artificially Intelligent Author. Stanford Technology Law Review, 5.

[23] Finlay (2017, S. 10) in Finlay, J. (2020). Artificial Intelligence and Machine Learning for Business. A No-Nonsense Guide to Data Driven Technologies. 4. Aufl. U.K.: Relativistic.

[24] Siehe erneut Müller-Seitz & Weiss (2019).

[25] Skogstad, P., Ellencweig, B., & Garibaldi, M. (2023). Gen AI in high gear: Mercedes-Benz leverages the power of ChatGPT. Elektronisch veröffentlicht unter der URL: https://www.mckinsey.com/features/mckinsey-center-for-future-mobility/our-insights/drivers-of-disruption/gen-ai-in-high-gear-mercedes-benz-leverages-the-power-of-chatgpt. Letzter Zugriff: 02.03.2024.

[26] Tennery, A. & Cherelus, G. (2016). Microsoft's AI Twitter bot goes dark after racist, sexist tweets. Elektronisch veröffentlicht unter der URL: https://seafile.rlp.net/f/3997fc239e734b07a3ed/?dl=1. Letzter Zugriff: 04.03.2024.

[27] Weidemann, A. (2024). Der schwarze Wehrmachtssoldat. https://www.faz.net/aktuell/feuilleton/medien/google-stoppt-ki-bildgenerator-gemini-nach-kritik-19541661.html. Letzter Zugriff: 04.03.2024.

[28] Leonardi, P. (2023). Helping Employees to Succeed with AI. Harvard Business Review, 101(6), 49-53.

Information zu den Autoren

Prof. Dr. Gordon Müller-Seitz ist Inhaber des Lehrstuhls für Strategie, Innovation und Kooperation an der Rheinland-Pfälzischen Technischen Universität Kaiserslautern-Landau und derzeit Gastprofessor am ATLAS Institute der University of Colorado Boulder.. Seine interdisziplinären Forschungsaktivitäten fokussieren vor allem die Schnittstelle zwischen Theorie und Praxis. Seine Forschungsarbeiten werden durch Kooperationen mit renommierten nationalen und internationalen Praxispartnern untermauert. Die Themenschwerpunkte sind: Technologie- und Innovationsmanagement, insbes. Open Innovation und Geschäftsmodellinnnovationen, digitale Transformation mit einem Fokus auf künstliche Intelligenz, Netzwerk und Kooperationsmanagement sowie Risikomanagement.

Werner Weiss ist geschäftsführender Gesellschafter und Mitgründer von Insiders Technologies, einem Spin-off des Deutschen Forschungszentrums für Künstliche Intelligenz (DFKI). Das in Kaiserslautern und Berlin ansässige Unternehmen wurde seit mehreren Jahren hintereinander als eines der innovativsten mittelständischen, angewandt forschenden Unternehmen Deutschlands ausgezeichnet. Im Jahr 2023 wurde Insiders Technologies als einer der „Wachstumstärksten Mittelständler 2023" durch das Handelsblatt und zugleich als „TOP Arbeitgeber Mittelstand" durch FOCUS ausgezeichnet.

Thomas Lehner
AI Project Manager bei XXXLutz
Lehner-Thomas@gmx.at

Almina Bešić
Assistenzprofessorin
am Institut für International
Management, Universität Linz
almina.besic@jku.at

Die Internationalisierung von österreichischen Startups im digitalen Umfeld und die Rolle von KI

Infolge des raschen technologischen Fortschritts in der künstlichen Intelligenz (KI) suchen Unternehmen zunehmend nach Wegen, um die potenziellen Vorteile dieser Technologie zu nutzen. Diese Studie untersucht wie österreichische Startups im digitalen Umfeld internationalisieren und welchen Einfluss KI auf diesen Prozess hat. Dazu wurden neben einer umfangreichen Literaturrecherche zehn Interviews mit österreichischen KI-Startups durchgeführt. Die Ergebnisse zeigen, dass österreichische Startups meist einen graduellen Internationalisierungsprozess verfolgen, der mit einer raschen Expansion nach Deutschland und in die Schweiz beginnt, gefolgt von einer Ausweitung in relevante europäische Schlüsselmärkte, und schließlich in die USA, da gerade dieses Land einen großen Markt und ein breites Netzwerk für High-Tech-Lösungen verspricht und dennoch einige kulturelle Ähnlichkeiten mit Österreich aufweist. Asiatische Märkte werden aufgrund ihrer Unterschiede zu Europa meist zuletzt erschlossen. KI beeinflusst die Internationalisierung eher indirekt und hauptsächlich positiv durch schnellere Expansion, birgt aber auch Herausforderungen wie erhöhte Produktkomplexität und zusätzliche rechtliche Anforderungen. Innovative österreichische Startups müssen somit einen ausgewogenen Weg finden, um mit KI kosteneffizient umzugehen.

Einleitung

Im Zeitalter beschleunigter technologischer Fortschritte ergibt sich eine faszinierende Dynamik zwischen Innovation, Unternehmertum und globalen Märkten. Insbesondere High-Tech-Startups im digitalen Bereich, unter anderen aus Österreich, spielen eine zunehmend wichtige Rolle auf globalen Märkten, wobei künstliche Intelligenz (KI) als treibende Kraft wirken kann[1]. Die vorliegende Studie analysiert diese wechselseitige

Beziehung, um zu verstehen, wie österreichische Startups, insbesondere im digitalen Umfeld, den Internationalisierungsprozess gestalten und welche Rolle KI dabei spielt. Die transformative Wirkung von KI fasziniert sowohl die Wissenschaft als auch Wirtschaft und hat in den letzten Jahren zu einer verstärkten Nutzung in Unternehmen geführt. Aktuell verwenden durchschnittlich 35% der Unternehmen weltweit bereits eine Form von künstlicher Intelligenz, während weitere 42% aktiv erforschen, wie sie KI in ihre Geschäftsmodelle integrieren können[2].

Obwohl Unternehmen bei ihrer Internationalisierungsstrategie üblicherweise etablierte Muster gemäß vorherrschenden Theorien folgen, bleibt die Rolle von KI als bedeutende technologische Kraft in organisatorischen Makro- und Mikroumgebungen weitgehend unerforscht. Diese Forschungslücke erstreckt sich über die Schnittstelle von internationalen Geschäften, Startups und künstlicher Intelligenz. Themennahe Forschungsarbeiten fokussieren sich auf die Internationalisierung von Startups ohne den spezifischen Einfluss von KI oder erforschen den Einfluss von künstlicher Intelligenz auf andere Unternehmensgrößen als Startups. Interdisziplinäre Forschungsarbeiten, welche die Forschungsgebiete Internationalisierung, Startups und künstliche Intelligenz gemeinsam behandeln sind derzeit kaum vorhanden. Zudem wird in der Literatur betont, dass wir noch wenig Forschung über die Rolle von KI in der Internationalisierung von Startups wissen[3]. Weiters wird die Relevanz von Forschung über KI und Unternehmertum hervorgehoben, beispielsweise wie KI in Startups in der Praxis tatsächlich genutzt wird und welche Auswirkungen KI auf die Art und Geschwindigkeit von Internationalisierung hat[4].

Die resultierende Forschungsfrage lautet: „*Wie internationalisieren österreichische Startups im digitalen Umfeld und welche Rolle spielt KI in diesem Prozess?*“ Diese Frage geht über bisherige Erkenntnisse hinaus und zielt darauf ab, sowohl theoretische Einblicke für die Forschung als auch praktische Erkenntnisse für österreichische Startups zu liefern. Dabei soll untersucht werden, wie der Einsatz von KI in den Softwarelösungen digitaler Startups, sowie die Anwendung verschiedener KI-Tools zur Prozessoptimierung und Effizienzsteigerung im operativen Geschäft den Internationalisierungsprozess österreichischer Startups beeinflussen.

Internationalisierung – Theoretischer Hintergrund

Um zu verstehen, wie Unternehmen ihre Aktivitäten im Ausland ausweiten, ist es unerlässlich, sich mit Theorien zur Internationalisierung auseinanderzusetzen. Diese bieten einen Rahmen zur Analyse und Bewertung des Verhaltens und der Leistung von Unternehmen auf internationalen Märkten, was für das Thema dieser Arbeit entscheidend ist. Einflussreiche Theorien wie das eklektische Paradigma und das Uppsala Model betonen eine graduelle Internationalisierung von Unternehmen. Diesen gegenüber stehen die „born global“ Ansätze, die meist mit Startups in Verbindung gebracht werden.

Das eklektische Paradigma betont, dass die Internationalisierung eines Unternehmens durch drei Faktoren vorangetrieben wird: Eigentum, Standort und Internationalisierung. Eine Lösung wie ausländische Direktinvestitionen sollte nur in Betracht gezogen werden, wenn das Unternehmen in allen drei Faktoren einen Vorteil hat. Das Modell zielt daher darauf ab, die Nachteile von Unternehmen in potenziellen Gastländern zu überwinden.

Die Netzwerkansicht betrachtet die Internationalisierung nicht als linearen und sequenziellen Prozess, sondern als dynamischen und interaktiven Prozess. Der Aufbau von Beziehungen mit verschiedenen voneinander abhängigen Akteuren bildet das Grundgerüst dieser Theorie. Durch diese Beziehungen können Unternehmen auf neue Ressourcen, Kenntnisse und Chancen zugreifen, Risiken mindern und komplexe Märkte navigieren[5].

Das Uppsala-Internationalisierungsmodell basiert auf einer stufenweisen Perspektive, die vier Phasen der Internationalisierung unterscheidet. Unternehmen steigern ihre Internationalisierung durch eine Zunahme ihres Markenengagements und ihrer geografischen Diversifizierung. Diese stufenweise Annäherung betont die Bedeutung von Lernen und Erfahrung im Internationalisierungsprozess[6]. Aktuelle Forschung zu Startups zeigt, dass gerade diese oft einer graduellen Internationalisierung folgen, wobei sie in frühen Phasen zunächst nahegelegene und kulturell ähnliche Märkte anvisieren, um schrittweise Erfahrungen zu sammeln und Risiken zu minimieren[7].

Im Gegensatz zur Uppsala-Theorie zeigt das Born-Global-Modell auf, dass Startups, die von Anfang an global agieren und sich schnell ohne langwierige lokale oder internationale Prozesse ausdehnen, dazu in der Lage sein können, sich schnell auf der globalen Bühne zu behaupten. Diese Unternehmen nutzen oft moderne Informations- und Kommunikationstechnologien, um Finanz-, Ressourcen- und geografische Hindernisse zu überwinden[8].

KI in Startups

Im Allgemeinen kann KI[9] in drei Konzepte unterteilt werden. Super-KI, mit übermenschlicher Intelligenz, bleibt vorerst futuristisch. Starke KI, die menschenähnliche Fähigkeiten aufweist, wird noch erforscht. Schwache KI hingegen ist bereits realisiert und für geschäftliche Anwendungen verfügbar. Sie beschränkt sich auf spezifische Aufgaben, doch durch die Kombination verschiedener Ansätze kann ihre Leistungsfähigkeit erheblich gesteigert werden.

In der heutigen Startup-Landschaft spielt KI eine entscheidende Rolle, insbesondere für Unternehmen, die digitale Produkte anbieten. Digitale Produkte im Portfolio zu haben kann erhebliche Auswirkungen auf die Internationalisierung von Unternehmen haben. Startups mit digitalen Produkten profitieren oft von einer digitalen Infrastruktur, die kosteneffiziente und vielseitige Ressourcen für Kommunikation, Verkauf sowie Verbesserungen in Export und Marketing bietet. Digitale Produkte ermöglichen es Startups, effizienter über Grenzen hinweg zu agieren, wodurch Wettbewerbsvorteile entstehen können. Die Integration von KI in diesem Kontext kann die Internationalisierung weiter stärken. Digitale Produkte bieten zudem die Möglichkeit zur schnellen Skalierung und Erreichung globaler Zielgruppen mit minimalem physischem Aufwand. Der Einfluss von KI auf die Internationalisierung von Startups ist jedoch komplex und facettenreich, abhängig von verschiedenen Faktoren, einschließlich des Geschäftsmodells und der spezifischen Kontexte jedes Startups.

Startups in Österreich

In Österreich gibt es einen Anstieg von durchschnittlich 360 neuen Startups pro Jahr, wobei die Hälfte in Wien gegründet wird. Die Diversität erstreckt sich über verschiedene Branchen, wobei Software und IT mit rund 29% führend sind, gefolgt von Konsumgütern und Gesundheitswissenschaften. Die Geschäftsmodelle konzentrieren sich zu 58% auf den B2B-Markt. Über 70% der Startups sind bereits international tätig, wobei die EU-Länder etwa 30% der Gesamtumsätze ausmachen. Die Demografie der Gründer zeigt, dass die Mehrheit unter 30 Jahre alt ist und 62% keine Erfahrung im Gründen von Startups haben[10]. Da KI Applikationen Software Anwendungen sind, die mit KI verstärkt sind, und die Software und IT-Branche in Österreich mit rund 29% die größte Branche ist, wird klar warum KI vor allem in österreichischen Startups vermehrt Einzug hält.

Bezüglich der Herangehensweise and die internationale Expansion zeigen Beispiele erfolgreich internationalisierter österreichischer Startups wie Runtastic, GoStudent und Refurbed unterschiedliche Ansätze. Runtastic begann mit einer schrittweisen Internationalisierung, während GoStudent trotz initialem schrittweisem Ansatz in kurzer Zeit global expandierte. Refurbed folgte dem schrittweisen Ansatz, expandierte jedoch nach Investitionen in andere europäische Länder [11].

Der theoretische Hintergrund sowie die Übersicht über österreichische Startups zeigen einerseits, dass für Startups verschiedene Ansätze der Internationalisierung zum Erfolg führen können, wobei eine graduelle Expansion bevorzugt wird. Weiters zeigt sich, dass KI einen signifikanten Einfluss auf die Internationalisierung von Startups haben könnte. Welche Rolle nun KI bei der Internationalisierung von österreichischen Startups spielt, haben wir mittels Interviews analysiert.

Empirische Erhebung

Tabelle 1 zeigt unsere Forschungsmethode, die 10 Interviews mit österreichischen KI-Startups beinhaltet[12]. In den Interviews haben wir fünf Themengebiete behandelt:

1. Vorstellung des Unternehmens und des Geschäftsmodells sowie der verwendeten Technologien und Lösungen.
2. Untersuchung der aktuellen und zukünftigen Rolle der künstlichen Intelligenz (KI) im Start-up.
3. Einblicke in den bisherigen Internationalisierungsprozess des Unternehmens sowie zukünftige Expansionspläne.
4. Untersuchung des Einflusses von KI auf die Internationalisierung von Start-ups unter Berücksichtigung von Vor- und Nachteilen.
5. Erkundung von Aspekten in der Internationalisierung von Startups, die nicht von KI beeinflusst werden.

	Firmen Kürzel	Pers. Kürzel	Qualifikation/Gebiet der Expertise	International
1	Startup A	Experte A	CEO eines österreichischen B2B Startups für Softwareentwicklung industrieller KI-Anwendungen	Ja
2	Startup B	Experte B	CEO eines österreichischen B2B2C Startups für KI unterstützte MedTech Dienstleistungen	Ja
3	Startup C	Experte C	CEO eines österreichischen B2B2C Startups für KI unterstützte FinTech Software	Ja
4	Startup D	Experte D	CEO eines österreichischen B2B Startups für KI getriebene Bildungsplattform	Ja
5	Startup E	Experte E	CEO eines österreichischen B2B Startups für KI unterstützte KI Governance Plattform	Ja
6	Startup F	Experte F	COO eines österreichischen B2B Startups für KI unterstützte Beratungsplattform	Ja
7	Startup G	Experte G	CEO eines österreichischen B2B Startups für KI unterstützte Drohnen Dienstleistungen	Nein
8	Startup H	Experte H	CEO eines österreichischen B2B Startups für KI unterstützte Kommunikationssoftware Entwicklung	Ja
9	Startup I	Experte I	CEO eines österreichischen B2B Startups für KI unterstützte Customer Intelligence Lösungen	Ja
10	Startup J	Experte J	CEO eines österreichischen B2B Startups für KI-Beratung, KI-Entwicklung und KI-Integration	Ja

Tabelle 1: Übersicht der ausgewählten Interview Partner sowie deren Qualifikation

Die Datenauswertung erfolgte mithilfe von MAXQDA und folgte einem thematischen Analyseansatz in drei Schritten. Hierbei wurden deskriptive Codes erstellt, in thematische Cluster gruppiert und schließlich übergeordnete Themen für die gesamten Daten abgeleitet. Die identifizierten Hauptthemen waren "Internationalisierung", "Künstliche Intelligenz" und "Die Rolle von KI in der Internationalisierung". Diese Methodik ermöglichte ein tiefes Verständnis für die Wechselwirkung zwischen KI und der Internationalisierung von Start-ups aus österreichischer Perspektive. Alle Interviews wurden aufgezeichnet und transkribiert. Dieser dreistufige Analyseprozess umfasste deskriptive Codierung, thematische Clusterbildung und Ableitung übergeordneter Themen. Die deskriptive Codierung betraf relevante Informationen in den Interviews, die dann in Themen gruppiert wurden und nachfolgend in Bezug auf die Wechselwirkung zwischen KI und der Internationalisierung von Startups dargestellt werden.

Resultate

Die Analyse zeigt, dass trotz der Relevanz des Themas die Ableitung allgemeingültiger Erkenntnisse für österreichische Startups im digitalen Bereich mit KI-Anwendungen eine Herausforderung darstellt. Es ist zudem entscheidend zu berücksichtigen, dass aufgrund unterschiedlicher Branchen, Geschäftsmodelle, Zielgruppen, Umgebungen und der spezifischen KI-Nutzung die Internationalisierungsszenarien zwischen den Startups erheblich variieren können. Im Weiteren werden die in den Interviews herausgearbeiteten Einflussfaktoren auf die Internationalisierung von Startups detaillierter erläutert.

Expansion österreichischer Startups in digitalen Umgebungen

Die Internationalisierung österreichischer Startups im digitalen Umfeld ist eher graduell. Abbildung 1 hebt Österreich als Startpunkt für die internationale Expansion in Schwarz hervor. Hellgraue Länder sind geplante Eintritte, Dunkelgraue bereits erschlossene. Diese repräsentieren nicht zwingend Zielmärkte, sondern wurden von den Start-ups betreten oder sind zukünftige Pläne. Weißgraue Länder sind potenzielle, nicht explizit genannte Märkte oder wurden nicht erwähnt. X-Markierungen zeigen physische Präsenz an, der weiße Pfeil markiert betretene Märkte.

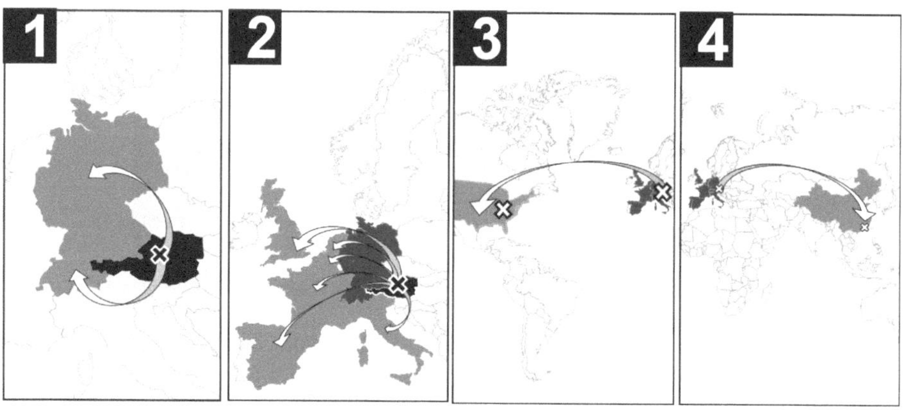

Abbildung 1: Beispiel Internationalisierung eines österreichischen Startups

Österreichische Startups verwenden meist direkten Export für den Markteintritt in europäische Märkte, behalten dabei aber ihren Hauptsitz in Österreich. Für den Erfolg außerhalb Europas wurde jedoch eine physische Präsenz (z.B. Standort) als entscheidend angesehen, um eine Chance im Wettbewerb gegen lokale Anbieter auf anderen Kontinenten zu haben. Zudem schien der Konsens zu sein, dass österreichische Startups innerhalb Europas den Ruf eines Qualitätsunternehmens genießen, diesen jedoch, im Gegensatz zu deutschen Unternehmen, außerhalb von Europa verlieren. Weiters wurde mehrfach erwähnt, dass im weltweiten Vergleich Unternehmensgründungen in Österreich oft steuerliche und rechtliche Nachteile mit sich ziehen können welche einer raschen Expansion im Weg stehen können sowie das Österreich im Allgemeinen weniger günstige Ausgangsbedingungen für High-Tech Startups bietet als andere Länder im Weltweiten Vergleich.

Der erste logische Schritt für viele österreichische Startups der Eintritt in die geografisch nahe DACH-Region (Deutschland, Österreich, Schweiz). Dieser erste Expansionsschritt erfordert aufgrund der hohen politischen, Umwelt-, soziokulturellen, technologischen, wirtschaftlichen und rechtlichen Ähnlichkeiten zwischen diesen drei Ländern in der DACH-Region kaum zusätzlichen Aufwand, bietet jedoch die Möglichkeit, viel mehr Kunden zu erreichen als in Österreich allein. Die InterviewpartnerInnen gaben keine

Präferenz dafür an, welches der DACH-Länder, Deutschland oder die Schweiz, zuerst betreten würde. Die meisten InterviewpartnerInnen internationalisierten jedoch praktisch entweder zuerst nach Deutschland oder traten gleichzeitig in Deutschland und der Schweiz ein.

Alle InterviewpartnerInnen gaben an, dass nach dem Eintritt in die DACH-Region weitere Länder in Europa betreten wurden, bevor eine Expansion auf andere Kontinente erfolgt. Für die genaue Länderauswahl innerhalb Europas wird oft das vorhandene Netzwerk herangezogen, das das Startup bisher aufbauen konnte. Zudem kann die Länderauswahl innerhalb Europas auch vom genauen Produkt oder Service abhängen kann, da einige Märkte und Branchen einfach eine höhere Nachfrage nach bestimmten Arten von Lösungen haben.

„Für ein österreichisches Startup, gerade in Märkten die schnell gesättigt sind, ist es wichtig möglichst bald die anderen DACH Länder zu erschließen."

Außerdem gaben alle InterviewpartnerInnen an, dass eine Expansion auf andere Kontinente der nächste Schritt nach dem Eintritt in die jeweiligen Schlüsselmärkte Märkte innerhalb Europas wäre. Es konnte nicht eingegrenzt werden, wie viele Märkte in Europa betreten werden, bevor auf andere Kontinente expandiert wird. Dennoch wurde erwähnt, dass nicht jedes Unternehmen international expandieren sollte und dass es für einige Geschäftsmodelle sogar wirtschaftlicher sein könnte, ausschließlich in europäischen Märkten tätig zu sein, da eine Expansion auf andere Kontinente in der Regel immense Ressourcen erfordert, insbesondere für ein Startup. Ein Interviewpartner erwähnte zusätzlich, dass die Internationalisierung innerhalb Europas ein Schritt ist, den die meisten österreichischen Startups in ihrer internationalen Expansion erleben. Die Internationalisierung auf andere Kontinente wie Amerika oder Asien ist jedoch für österreichische Startups eher ungewöhnlich.

Nach dem Erobern wichtiger Schlüsselmärkte in Europa wurde angegeben, dass digitale Startups aus Österreich als nächsten Schritt Märkte in Amerika, insbesondere den USA, betreten würden, da dieser besonders gute Chancen im digitalen Bereich bietet. Asiatische Märkte wurden ganz am Ende der geplanten Internationalisierungsprozesse genannt. Die Begründung für diese Abfolge liegt darin, dass Amerika kulturell und rechtlich mehr Gemeinsamkeiten mit Europa teilt als Europa mit Asien. Obwohl einige InterviewpartnerInnen betonten, dass Amerika leichter zu betreten sei als Asien, wurde jedoch darauf hingewiesen, dass der Markteintritt in den amerikanischen Markt eine der herausforderndsten Hürden für europäische Startups darstellt, mit erheblichen Hindernissen, die jedes Unternehmen vor große Schwierigkeiten stellen könnte.

"Die Expansion in die USA war für uns und andere digitale Gründer wichtig, stellte jedoch das Überleben unseres Unternehmens auf eine harte Probe."

Eine zentrale Unterscheidung besteht zwischen Business-to-Business (B2B) und Business-to-Consumer (B2C) Umgebungen. Diese Unterschiede beeinflussen, wie Startups komplexe Herausforderungen bewältigen, wenn es um die Internationalisierung geht.

Startups, die sich auf Geschäftskunden (B2B) konzentrieren, stehen vor der Herausforderung, komplexe Produkte und Dienstleistungen anzubieten, die auf die speziellen Bedürfnisse der Kunden zugeschnitten sind. Insbesondere die Vertrauensfrage spielt eine entscheidende Rolle, da Geschäftskunden für gewöhnlich dazu neigen ihre potenziellen Geschäftspartner weitaus kritischer zu prüfen, als Privatkunden ihre Kaufentscheidungen abwiegen würden. Neben Aspekten wie Garantie, Serviceleistungen, Ersatzteilverfügbarkeit, die im Allgemeinen in B2B Geschäften oft im Mittelpunkt stehen sind Produkte und Dienstleistungen meist komplex und teilweise maßgeschneidert, was den Beratungsaufwand erhöht. Für Startups kann zudem noch der erschwerende Aspekt hinzukommen, dass die Langlebigkeit und Überlebensfähigkeit des Startups vor einer Partnerschaft besonders in Frage gestellt wird, vor allem wenn es sich um ein Startup ohne etablierten Ruf handelt. InterviewpartnerInnen betonen, dass Vertrauen und Reputation im B2B-Bereich von entscheidender Bedeutung sind. B2B Kunden suchen meist nach Produkten oder Dienstleistungen, auf die sie sich langfristig verlassen können.

„Nicht jedes Startup muss global expandieren. Für manche Geschäftsmodelle und Industrien ist es ökonomischer stattdessen die Position am europäischen Markt auszubauen.“

Im Gegensatz dazu bieten B2C-Startups in der Regel weniger komplexe Produkte oder Dienstleistungen an, die weniger Beratungs- oder Vertriebsaufwand erfordern. Diese Produkte können standardisierter sein, was die Möglichkeit bietet, sie über E-Commerce-Plattformen zu verkaufen und somit schneller internationale Märkte zu erreichen. Allerdings gibt es auch hier Herausforderungen, insbesondere im Hinblick auf finanzielle Ressourcen. Da B2C-Märkte meist stark gesättigt und stark umkämpft sind, können erhebliche Investitionen im Marketing erforderlich sein, um einen signifikanten Marktanteil gewinnen zu können.

Es wurde daher betont, dass für eine internationale Expansion, hemmende Faktoren für B2B Startups oft die verfügbaren Vertriebsressourcen und für B2C Startups die verfügbaren finanziellen Ressourcen sind.

Die Rolle von KI bei der Internationalisierung von österreichischen Startups

Die empirische Untersuchung verdeutlicht, dass die Rolle von KI bei der Internationalisierung von österreichischen Startups vielschichtig ist, und sich sowohl in direkten als auch indirekten Auswirkungen manifestiert. Die InterviewpartnerInnen betonen allerdings die indirekten Auswirkungen von KI.

Die folgenden allgemeinen Implikationen für international tätige Startups im Bereich KI werden betont. Ein frühzeitiger Einsatz von KI, sowohl im eigenen Produkt als auch im operativen Geschäft, ermöglicht eine bessere Anpassung an die rasche Entwicklung der Technologie. Unternehmen, die KI ignorieren, könnten langsamer und weniger wettbewerbsfähig sein. Eine interessante Erkenntnis war auch, dass Startups gegenüber großen Unternehmen den Vorteil haben könnten, schneller mit KI zu arbeiten, da sie oft weniger mit regulatorischen Barrieren und Governance zu kämpfen haben. Es gibt Übereinstimmung darin, dass sowohl KI als Tool zu verwenden als auch das eigene Software Produkt für Kunden mit AI zu verstärken bald nicht mehr als Vorteil, sondern als Wettbewerbsvoraussetzung verstanden wird.

„Durch Governance, Richtlinien und Strukturen benötigen große Unternehmen oft lange für Veränderung. Dieses Problem haben Startups nicht.“

Abbildung 2 zeigt, den Einfluss von KI auf die Internationalisierung, die sich in einem direkten und indirekten Einfluss manifestiert.

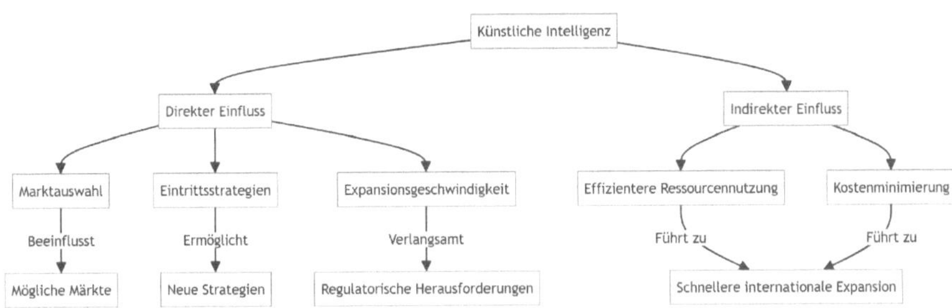

Abbildung 2: Der direkte und indirekte Einfluss von KI auf die Internationalisierung von österreichischen Startups

Ein direkter Einfluss von KI auf die Internationalisierung von Startups ist insbesondere in Bezug auf die Marktauswahl, Eintrittsstrategien und Expansionsgeschwindigkeit ersichtlich. Dieser wurde im speziellen bei Startups festgestellt, die im digitalen Umfeld tätig sind und KI in ihr Software Produkt integriert haben. In Hinblick auf die Marktauswahl beeinflusst KI diese negativ, indem sie mögliche Märkte für eine KI-Software Lösung vorgibt. Zudem erwähnten mehrere InterviewpartnerInnen, dass die Art der vorhandenen Daten auf denen die eigene KI-Software Lösung basiert ebenfalls den Markt vorgeben kann wenn

„KI im Produkt ermöglicht uns eigentlich keine schnellere Expansion, KI-tools in unseren Prozessen durchaus.“

diese Daten regionsspezifisch sind (z.B. demografische Daten von Menschen aus der DACH Region). Das liegt daran, dass das Erheben neuer Daten sehr ressourcenintensiv und zeitaufwendig sein kann, was für Startups mit typischerweise begrenzten Ressourcen eine Expansion in andere Märkte unwirtschaftlich gestalten kann. Als relativ neue Technologie am Markt spielt auch der Reifegrad des Marktes und der Industrie eine Rolle in der Branche für KI-Produkte darin welche Märkte erschlossen werden können.

Für KI-Startups wird die Wahl der Markteintrittsstrategie ebenfalls direkt davon beeinflusst, dass Ihre Lösung KI enthält. So sollen KI-Startups, deren Ressourcen begrenzt sind, zum Beispiel dazu neigen, externe Vertriebspartner für eine rasche internationale Expansion zu verwenden, um noch vom derzeitigen KI-Boom zu profitieren. KI-gestützte Produkte können auch als White-Label-Lösungen angeboten werden, was die Skalierbarkeit erleichtert. Bei der Expansion in verschiedene Zeitzonen können KI-gestützte Chatbot-Tools einen direkten Einfluss auf das Internationalisierungsverhalten haben, indem sie den Kundenservice effektiv übernehmen. Dies ermöglicht es Unternehmen, lokale Mitarbeiter erst dann einzustellen, wenn das Geschäft im jeweiligen Land ausgebaut ist, und bietet den Vorteil, den Markteintritt besser testen zu können.

Für Startups, die KI in Ihre Produktlösung integriert haben, kann die allgemeine Geschwindigkeit der internationalen Expansion kann durch verschiedene Faktoren beeinflusst werden. Datenschutzgesetze und der AI-Act können die Expansion verlangsamen, da strenge Vorschriften erfüllt werden müssen. Zudem kann der Prozess der Datensammlung für bestimmte KI-Lösungen, je nach Anwendungsfall, zeitaufwendig sein. Die Integration von KI in eine Software Produktlösung kann die Komplexität erhöhen, was sich negativ auf die Skalierbarkeit und den internationalen Erfolg auswirken kann. Die Notwendigkeit, sich mit rechtlichen und regulatorischen Aspekten von KI auseinanderzusetzen, kann ebenfalls die Expansion verlangsamen.

"Im Zuge des aktuellen KI-Trends möchten viele Unternehmen KI einsetzen, übersehen dabei aber, dass es sich dabei im Grunde auch nur um Softwarelösungen handelt."

Der indirekte Einfluss von KI auf die Internationalisierung von Startups zeigt sich vor allem darin, dass diese KI-Tools im Rahmen der Internationalisierung nutzen können. Diese Nutzung ermöglicht eine effizientere Ressourcennutzung und Kostenminimierung in verschiedensten Bereichen, wodurch Startups schlussendlich die eingesparten Ressourcen für internationale Expansion einsetzen können.

Der Einsatz von KI-Tools zur Unterstützung von Vertriebsaktivitäten beispielsweise kann erhebliche Zeiteinsparungen und weniger Bildschirmzeit bewirken. Dies kann dem Verkaufspersonal ermöglichen, mehr Zeit für den direkten Kundenkontakt zu nutzen, was eine schnellere internationale Expansion für Startups, die KI verwenden, begünstigt. Zudem kann die kosteneffiziente Ressourcennutzung durch Verwendung von KI-tools dazu führen, Mitarbeiterkosten erheblich reduzieren, indem KI-Tools die für viele Aufgaben benötigte Zeit erheblich verkürzen. Dies führt zu signifikanten Kosteneinsparungen, insbesondere in Aufgaben mit hohem Schreibaufwand wie E-Mails, Blog-Posts und Dokumentenerstellung.

Die Integration von KI-Tools in bestehende Geschäftsprozesse, beispielsweise durch die Nutzung von Sprachmodellen auf der Homepage, fördert die Effizienz und steigert die Wettbewerbsfähigkeit von Startups. Diese kosteneffektive Ressourcennutzung ermöglicht es Startups, früher und mit kleineren Teams international zu expandieren.

„In der Internationalisierung von B2B Startups wirkt KI als Booster, insbesondere im Vertrieb, wo die begrenzte Anzahl an Vertriebsmitarbeitern oft der limitierende Faktor in der Expansion ist."

Zusätzlich zu Kosteneinsparungen ermöglicht KI auch eine effektive Markterschließung. Die Automatisierung von Vertriebsaktivitäten, die Analyse von Kundendaten (z.B. zur Lead Generierung) und die Identifizierung potenzieller Kunden in neuen Märkten sind Beispiele dafür, wie KI die internationale Expansion unterstützen kann. Die Fähigkeit von KI, große Mengen von Kundendaten zu verarbeiten, erleichtert zudem das Testen neuer Märkte.

Insgesamt zeigt sich, dass KI die Internationalisierung von Startups sowohl positiv als auch negativ beeinflusst. Der indirekte Einfluss ist überwiegend positiv und ermöglicht Startups durch Ressourcen- und Kosteneinsparungen eine schnellere und effektivere Expansion. Der direkte Einfluss erwies sich als überwiegend negativ da Startups z.B. zusätzliche Einschränkungen (e.g. regulatorisch, Datenschutz, Gesetze) haben, wenn sie KI-Lösungen anbieten, was die Expansionsgeschwindigkeit drosseln kann.

Fazit

Die vorliegende Studie untersucht, wie österreichische Start-ups in digitalen Umgebungen internationalisieren und welche Rolle KI bei der Internationalisierung spielt.

Der vorherrschende Trend ist ein gradueller Internationalisierungsprozess, der sich mit der Uppsala Internationalisierungstheorie deckt. Faktoren wie begrenzte Ressourcen, das Fehlen etablierter Reputationen und die Natur der B2B-Märkte beeinflussen diesen Ansatz. Die empirische Untersuchung veranschaulicht einen stufenweisen Internationalisierungsprozess und betont die schrittweise Erschließung benachbarter Märkte in der DACH Region, bevor eine Ausdehnung innerhalb Europas und darüber hinaus (vorwiegend in die USA) erfolgt. Geringfügig bindende Markteintrittsformen (beispielsweise Export) werden innerhalb Europas bevorzugt, während außerhalb Europas hierarchische oder Intermediäre Formen in Betracht gezogen werden, um die „Nachteile der Fremdheit" (z.B. eklektisches Paradigma) zu überwinden. Der Einfluss der Netzwerkgröße auf die Marktauswahl betonte die Bedeutung des organischen Wachstums im Einklang mit bestehenden Netzwerkverbindungen.

Der zweite Teil der Forschungsfrage untersuchte die Rolle von KI im Internationalisierungsprozess. Unser Modell zeigt die Kernaspekte des KI-Einflusses auf die

Internationalisierung von Startups. Es verdeutlicht, dass KI sowohl direkte als auch indirekte Auswirkungen hat. Der direkte Einfluss ist vor allem bei der Auswahl der möglichen Märkte für KI-Software, bei Eintrittsstrategien und der Expansionsgeschwindigkeit ersichtlich. Direkte Auswirkungen umfassen die Unterstützung von Vertriebsaktivitäten, Leadgenerierung und die Automatisierung verschiedener Funktionen. Der direkte Einfluss bringt sowohl Möglichkeiten als auch Herausforderungen mit sich. In Bezug auf die Marktauswahl war der direkte Einfluss von KI in Überlegungen zur Branchen- und Marktbereitschaft für technische Lösungen, regionalen Datenanforderungen und Skalierbarkeit offensichtlich. Der Einfluss der "KI-Welle" auf Markteintrittsformen, mit einer Vorliebe für Vertriebspartner, war erkennbar. Darüber hinaus war der direkte Einfluss von KI auf die Expansionsgeschwindigkeit bemerkenswert, getrieben von Marktsättigung, regulatorischen Überlegungen und der Komplexität, die KI-Lösungen mit sich bringen.

i KI wird alle Wirtschaftsbereiche beeinflussen

Der Konsens unter allen InterviewpartnerInnen war, dass KI, wenn es nicht bereits geschehen ist, in naher Zukunft in allen Wirtschaftsbereichen zum Einsatz kommen wird. Auch wenn die Verwendung von KI derzeit oft noch zu einem Wettbewerbsvorteil führt, wird dies bereits in wenigen Jahren eine Voraussetzung sein, um weiterhin wettbewerbsfähig zu bleiben. Daher wird empfohlen KI ehestmöglich in verschiedenste Unternehmensbereiche zu integrieren. Laut der Mehrheit der InterviewpartnerInnen war der ideale Zeitpunkt mit der Integration von KI zu beginnen jedoch vor etwa 3 bis 5 Jahren.

Der Einfluss von Ruf in der Expansion von österreichischen Startups
Im Verlauf der Interviews wurde mehrmals darauf hingewiesen, dass österreichische Unternehmen innerhalb Europas als Qualitätsunternehmen angesehen werden. Jedoch scheint dieser Ruf auf globaler Ebene zu verblassen. Deutsche Unternehmen genießen weltweit diesen Ruf. Viele InterviewpartnerInnen haben daher festgestellt, dass es für österreichische Unternehmen in Märkten außerhalb Europas vorteilhafter ist, sich als "mitteleuropäisches Unternehmen" zu präsentieren, anstatt speziell Österreich zu erwähnen, um indirekt vom Ruf Deutschlands zu profitieren.

Die übereinstimmende Meinung der InterviewpartnerInnen legte nahe, dass KI hauptsächlich einen indirekten Einfluss ausübt, indem die operationelle Effizienz und Ressourcenallokation verbessert wird und so mehr Ressourcen internationalen Anstrengungen zugeführt werden können. Es erleichtert Kosteneinsparungen und kann als Wettbewerbsvorteil dienen. Die visuelle Darstellung eines beispielhaften Internationalisierungsprozesses (in Abbildung 1) unterstreicht die Vernetzung von Netzwerknutzung, schrittweiser Expansion und KI-Adoption.

Diese Arbeit bringt überwiegend praktische Erkenntnisse für österreichische KI-Startups hervor. Es wurden ebenfalls einige Interessante Zusammenhänge zum Thema KI sowie Implikationen, die eine Internationalisierungstendenzen für österreichische Startups im digitalen Umfeld nahelegen, entdeckt.

Die Arbeit hat gewisse Limitationen, die sich aus der kleineren Stichprobe ergeben. Dennoch liefert die Studie einen spannenden Blick auf die österreichische Startupszene (vor allem im B2B Bereich) und die Rolle von KI bei deren Internationalisierungsbemühungen.

Die schnelle Entwicklung von KI könnte dazu führen, dass Forschungen zu diesem Thema in 5-10 Jahren ganz anders aussehen. Es besteht auch Potenzial für zusätzliche Forschung, insbesondere für eine ähnliche Studie mit Fokus auf Originalgerätehersteller (OEMs), klein- und mittelständischen Unternehmen (KMUs) oder allgemein auf Business to Consumer (B2C) Unternehmen. Bei der Durchführung von Fokusgruppeninterviews können zudem unterschiedliche Ergebnisse erzielt werden. Zudem legt die weitreichende Auswirkung von KI auf nahezu jeden Unternehmensbereich nahe, dass die Erforschung von KI-Einflussbereichen in anderen Wirtschaftsbereichen ebenfalls sehr erstrebenswert ist.

Literatur

---

[1] Akerkar, R. (2019). Artificial intelligence for business. SpringerBriefs in business. Springer. https://doi.org/10.1007/978-3-319-97436-1, Cole, T. (2020). Erfolgsfaktor künstliche Intelligenz: KI in der Unternehmenspraxis: Potenziale erkennen - Entscheidungen treffen. Hanser.
Hollensen, S. (2017). Global marketing (Seventh edition). Always learning. Pearson. https://ebookcentral.proquest.com/lib/kxp/detail.action?docID=5138032

[2] IBM (2022). IBM Global AI Adoption Index 2022: New research commissioned by IBM in partnership with Morning Consult. https://www.ibm.com/downloads/cas/GVAGA3JP#

[3] Kaggwa, S., Akinoso, A., Dawodu, S. O., Uwaoma, P. U., Akindote, O. J., & Osawaru, S. E. (2023). Entrepreneurial strategies for AI startups: navigating market and investment challenges. International Journal of Management & Entrepreneurship Research, 5(12), 1085-1108; Siddiqui, D., Mumtaz, U., & Ahmad, N. (2024). Artificial intelligence in entrepreneurship: A bibliometric analysis of the literature. Journal of Global Entrepreneurship Research, 14(1), 1-13; Lehrer, M., & Almor, T. (2022). Startups internationalizing in quest of a business model: The global prospecting of process niche firms. Journal of International Management, 28(1), 100906.

[4] Denicolai, S., Zucchella, A., & Magnani, G. (2021). Internationalization, digitalization, and sustainability: Are SMEs ready? A survey on synergies and substituting effects among growth paths. Technological Forecasting and Social Change, 166, 120650. https://doi.org/10.1016/j.techfore.2021.120650; Goldfarb, A., & Trefler, D. (2018). AI and International Trade. National Bureau of Economic Research. Advance online publication. https://doi.org/10.3386/w24254

[5] Magni, D., Chierici, R., Fait, M., & Lefebvre, K. (2022). A network model approach to enhance knowledge sharing for internationalization readiness of SMEs. International Marketing Review, 39(3), 626-652. https://doi.org/10.1108/IMR-03-2021-0110

[6] Vahlne, J.-E., & Johanson, J. (2017). From internationalization to evolution: The Uppsala model at 40 years. Journal of International Business Studies, 48(9), 1087-1102. https://doi.org/10.1057/s41267-017-0107-7

[7] Paul, J., & Rosado-Serrano, A. (2019). Gradual Internationalization vs Born-Global/International new venture models. International Marketing Review, 36(6), 830-858. https://doi.org/10.1108/IMR-10-2018-0280; Lehrer, M., & Almor, T. (2022). Startups internationalizing in quest of a business model: The global prospecting of process niche firms. Journal of International Management, 28(1), 100906.

[8] Paul, J., & Rosado-Serrano, A. (2019). Gradual Internationalization vs Born-Global/International new venture models. International Marketing Review, 36(6), 830-858. https://doi.org/10.1108/IMR-10-2018-0280; Lehrer, M., & Almor, T. (2022). Startups internationalizing in quest of a business model: The global prospecting of process niche firms. Journal of International Management, 28(1), 100906.

[9] Buchanan, B. G. (2005). A (very) brief history of artificial intelligence. Ai Magazine, 26(4), 53

10 Austrianstartupmonitor.at (2023). Austrian Startup Monitor 2022(ISBN 978-3-200-08844-3). https://austrian-startupmonitor.at/#publikationen

11 Ergo.com. (2019). Refurbed – A stage 1 start-up in the Climate-KIC accelerator. Ergo.com. https://www.ergo.com/en/Microsites/tacklingclimatechange/Start/Climate/Refurbed
Paul, S. (2013, September 9). Runtastic setzt auf weltweite, offensive Expansion - Linz. MeinBezirk.At. https://www.meinbezirk.at/linz/c-wirtschaft/runtastic-setzt-auf-weltweite-offensive-expansion_a686182; Kellner, M. (2021, August 3). Online tutoring with GoStudent – It's a match! EdTech - ITG – Innovationsservice Für Salzburg. https://www.edtechaustria.at/en/online-nachhilfeunterricht-mit-gostudent-its-a-match/

12 Dieser Artikel basiert auf der gleichnamigen Masterarbeit „Impact of AI on the internationalization of Austrian Startups". Lehner, T. (2023). Impact of AI on the internationalization of Austrian startups. Master Thesis. https://epub.jku.at/obvulihs/content/titleinfo/9445520

Information zu den AutorInnen

Thomas Lehner, BA MSc, ist AI Project Manager bei XXXLutz. Er hat einen Master in Management mit Schwerpunkt auf strategisches und internationales Management von der Johannes Kepler Universität Linz und einen Bachelor in Global Sales und Marketing von der FH Steyr abgeschlossen. Vor seinem Studium sammelte er etwa sechs Jahre Berufserfahrung im Handel und schloss zeitgleich seine Matura ab.

Ass.-Prof.^{in} Dr.^{in} Almina Bešić ist Assistenzprofessorin am Institut für Internationales Management der Johannes Kepler Universität Linz. Sie ist ebenfalls als Beraterin für das European Migration Network (EMN), sowie als Lektorin an der UniForLife der Uni Graz tätig. In Ihrer Forschung, Lehre und Beratung fokussiert sich Frau Bešić auf Integration von MigrantInnen am Arbeitsmarkt im EU Kontext, Internationales Management, sowie Gender und Diversity.

Brigitta Nöbauer

FH-Professorin an der FH Oberösterreich, Fakultät für Medizintechnik und Angewandte Sozialwissenschaften

brigitta.noebauer@fh-linz.at

Daniela Wetzelhütter

FH-Professorin an der FH Oberösterreich, Fakultät für Medizintechnik und Angewandte Sozialwissenschaften

daniela.wetzelhuetter@fh-linz.at

Auf dem Weg zu einem Anforderungsprofil für Führungskräfte in der Sozialwirtschaft

Eine Studie in oberösterreichischen Sozialorganisationen

Mit dem Bemühen, die Spezifika sozialwirtschaftlicher Organisationen zu fassen, geht auch die Frage einher, ob die Führungsaufgaben in der Sozialwirtschaft spezifische Kompetenzen erfordern. Diese Frage ist nicht nur für Ausbildungseinrichtungen von Relevanz, sondern auch eine Orientierung für die Führungskräfteentwicklung in sozialen Organisationen. Die Studienergebnisse liefern aussagekräftige Ergebnisse hinsichtlich wahrgenommener Herausforderungen. Obwohl sie nur teilweise spezifisch für die Sozialwirtschaft sind, bilden sie eine gute Basis für die Vorbereitung von Führungskräften. Ein Anforderungsprofil für die Sozialwirtschaft lässt sich aus den Aussagen der Führungskräfte nicht unmittelbar ableiten.

Einleitung

In der Literatur herrscht Übereinstimmung darin, dass der spezifische Charakter sozialer Organisationen besondere Herausforderungen an Management und Führung stellt.[1] Ab den 1990er Jahren stießen Diskussionen rund um die Erbringung sozialer Dienst- und Unterstützungsleistungen (z.B. Welfare-Mix, New Public Management) die Suche nach einem neuen Management-Verständnis mit eigenständigen Steuerungsinstrumenten für den sozialen Sektor an.[2] Interessanterweise folgten der intensiven theoretischen Diskussion kaum empirische Studien zu tatsächlich wahrgenommenen Aufgaben, zu Herausforderungen und notwendigen Kompetenzen von Führungskräften in der Sozialwirtschaft. Erst in den letzten Jahren wurden im deutschsprachigen Raum einige empirische Arbeiten publiziert[3], die diese Lücke zu schließen versuchen. Das könnte als Indiz dafür gewertet werden, dass zunehmend die Notwendigkeit eines professionellen

Management-Verständnisses in der Sozialwirtschaft erkannt wird, mit dem den Herausforderungen in diesem Sektor begegnet werden kann. In diesem Beitrag werden zunächst die Argumentationslinien nachgezeichnet, mit denen die spezifischen Rahmenbedingungen für das Management sozialer Organisationen begründet und entsprechende Anforderungen an Führungspersonen abgeleitet werden. Darauf aufbauend werden die Resultate empirischer Studien aus dem deutschsprachigen Raum, die sich in den letzten Jahren dieser Thematik gewidmet haben, kurz skizziert. Gemeinsam mit den Ergebnissen einer eigenen Erhebung der Autorinnen in oberösterreichischen Sozialorganisationen bilden sie die Grundlage für eine Reflexion darüber, inwieweit sich daraus ein spezifisches Anforderungsprofil für Führungskräfte in der Sozialwirtschaft ableiten lässt.

Sozialorganisationen und Sozialwirtschaft

Als konstitutiv für soziale Organisationen wird in der Literatur ihr Unternehmenszweck bzw. -gegenstand beschrieben. Nach Herzka[4] zählen zu den sozialen Organisationen alle, die „die Förderung von Teilnahme und Teilhabe marginalisierter Personengruppen sowie den gesellschaftlichen Wandel im Sinne einer verbesserten Chancengleichheit und mehr sozialer Gerechtigkeit in den Mittelpunkt ihrer Tätigkeit stellen“. Er subsummiert darunter vor allem Organisationen des Sozial-, Gesundheits- und Bildungswesens: Kurz- und Langzeit-Einrichtungen, Beratungsstellen, Sozialdienste, Schulen, Krankenhäuser, kirchliche und sozio-kulturelle Einrichtungen, Selbsthilfeorganisationen usw.[5] Es ist also der Tätigkeitsbereich, der soziale Organisationen kennzeichnet und nicht etwa ihre Trägerschaft oder Rechtsform.

In der deutschsprachigen Literatur wird für Organisationen, die im Sozial- und Gesundheitssektor tätig sind, der Begriff Sozialwirtschaft verwendet. Die Besonderheiten sozialwirtschaftlicher Organisationen sind mit der Abgrenzung ihres Zwecks noch nicht hinreichend beschrieben. Sie ergeben sich vielmehr aus ihrem hybriden Charakter, der darin besteht, dass sie „in ihren Strategien und Dienstleistungen Merkmale kombinieren, die normalerweise eindeutig dem Staat, dem Markt oder dem dritten Sektor zugeschrieben werden“. [6]

Für Grunwald[7] resultiert daraus ein „mehrpoliges Spannungsfeld“: Sozialorganisationen bewegen sich innerhalb von Rahmenbedingungen, die von der öffentlichen Hand gesetzt werden und gleichzeitig agieren sie zunehmend in einem Markt mit Wettbewerb. Sie sind angehalten, neben öffentlichen Mitteln auch lokale Ressourcen einzubinden und müssen sich an immer individueller werdenden Bedarfen der Adressaten orientieren. Merchel[8] führt die Konsequenzen weiter aus: Das Management sozialer Organisationen muss zwischen der Logik der Ökonomie, der Politik, der Lebenswelt der AdressatInnen, der Profession, der anderen tätigen Professionen sowie der inneren Logik der eigenen Organisation vermitteln. Dazu kommt, dass an die Sozialwirtschaft die Erwartung herangetragen wird, innovative und nachhaltige Lösungen für bekannte und neue soziale Problemlagen zu entwickeln.[9]

Diese Aufgabe, unterschiedliche Handlungslogiken in eine kanalisierte und bearbeitbare Form zu bringen, wird grundsätzlich als zentrale Leistung von Führungskräften gesehen[10], sie erhält allerdings mit Blick auf diesen hybriden Charakter sozialwirtschaftlicher Organisationen zusätzliche Facetten.

Bisherige Studien zu Aufgaben, Herausforderungen und Kompetenzen von Führungskräften in der Sozialwirtschaft

In den letzten Jahren wurden im deutschsprachigen Raum einige empirische Arbeiten zu Führungsaufgaben und -anforderungen veröffentlicht:

Delphi-Studie zu Kompetenzanforderungen in Gesundheits- und Sozialeinrichtungen (Pielach & Schubert 2018): In einem dreistufigen Online-Delphi-Verfahren mit Führungskräften verschiedener Ebenen wurden Kompetenzen gesammelt und gewichtet. Die wichtigsten Kompetenzen waren (nach Bedeutsamkeit): Analysefähigkeit, Glaubwürdigkeit, branchenspezifische Fachkenntnisse, Kommunikationsfähigkeit, ganzheitliches Denken, Beziehungs- und Entscheidungsfähigkeit sowie Ambiguitätstoleranz.[11]

Leider liefern die Ergebnisse weder Erläuterungen noch Kontexte zu den einzelnen Kompetenzen, z.B. Operationalisierungen oder Herausforderungen im Sinne erfolgskritischer Ereignisse, wie es bei Anforderungsanalysen üblich ist.

Studie zu Kompetenzanforderungen von Führungspersonen in Sozialorganisationen der Deutschschweiz (Germann & Eiler 2022): Die Studie von Germann und Eiler[12] baut konzeptionell auf dem Management-Modell von Malik auf, das sechs zentrale Aufgaben für Führung formuliert: Für Ziele sorgen, Organisieren, Entscheiden, Kontrollieren, Menschen entwickeln und fördern sowie die Zusammenarbeit mit den Anspruchsgruppen gestalten.[13] 182 Führungspersonen aus dem Sozialbereich schätzten auf einer Skala von 1 bis 5 ein, wie herausfordernd sie die sechs Führungsaufgaben nach Malik in ihrem aktuellen Führungsalltag erlebten (siehe Tabelle 1).

Aufgabe	Mittelwert
Organisieren	3,5
Zusammenarbeit mit unterschiedlichen Anspruchsgruppen	3,5
Menschen entwickeln und fördern	3,2
Kontrollieren	3,0
Ziele setzen	3,0
Entscheiden	2,9

Tabelle 1: Bewertung der Herausforderungen nach Aufgaben
(1=nicht herausfordernd, 5=maximal herausfordernd)

Die konkretisierten Herausforderungen im Aufgabenfeld ‚Organisieren' bezogen sich vor allem auf sich rasch ändernde Rahmenbedingungen, auf die organisatorisch, finanziell und ressourcenbezogen reagiert werden muss und die als nicht beeinflussbar erlebt wurden. Als organisatorisch herausfordernd wurde auch das Reagieren auf veränderte Problemstellungen der Klientel beschrieben und die besondere Rolle des mittleren Managements als ‚Allrounder'. Die Zusammenarbeit mit verschiedenen Anspruchsgruppen wurde auf Grund von Zielkonflikten als herausfordernd erlebt, z.B. weil unterschiedliche Disziplinen verschiedene Vorstellungen haben, wie die Arbeit gestaltet werden soll. Das erfordere immer wieder neue Aushandlungen. Bezogen auf die Entwicklung und Förderung von Menschen wurde die Abstimmung individueller Ziele mit den Organisationszielen als spezielle Herausforderung empfunden sowie das Agieren im Spannungsfeld von Vorgaben und Freiräumen für die Mitarbeitenden. Als wichtigste Kompetenzbereiche wurden die Sozialkompetenz und die Selbstkompetenz eingeschätzt, gefolgt von der Methoden- und Fachkompetenz. Sozial- und Selbstkompetenz seien notwendig, weil bei Veränderungen umzuorganisieren ist und Prioritäten neu zu setzen sind. Weiters wird darunter das Delegieren von Aufgaben und Selbstreflexionsfähigkeit verstanden. Mit Selbstkompetenz wird auch die Vorbildwirkung als Führungskraft verbunden. Kommunikations- und Durchsetzungsfähigkeit (z.B. mit Blick auf klare Rahmenbedingungen) sind laut der Befragung im Bereich der Sozialkompetenzen zentral.[14]

Unter den weiteren Studien zu Führungskompetenzen in der Sozialwirtschaft ist eine Onlinebefragung von Rahnfeld und Seehase[15] zu erwähnen. Sie war auf Grund ihrer Stichprobe bemerkenswert: Der Fragebogen erreichte 1800 bis 2000 Führungskräfte aus Sozialorganisationen in Deutschland; die Rücklaufquote betrug zirka 25% (542 Fragebögen). Die Ergebnisse dieser Erhebung weisen auf die Bedeutung der Selbst- bzw. personalen Kompetenz hin; sie beschäftigt sich aber nicht im Detail mit Herausforderungen und Kompetenzen im engeren Sinn.

Eine qualitative Erhebung in Wiener Sozialeinrichtungen[16] spannt den Bogen von Aufgaben zu notwendigen Kompetenzen und folgt damit den Arbeitsschritten bei Anforderungsanalysen. Sie basiert auf 18 offenen Interviews mit Führungskräften aus drei Organisationen, die jeweils zu zwei Zeitpunkten geführt wurden, nämlich zwischen den Jahren 2011-2014 und nochmals 2017-2018. Die Ergebnisse erlauben interessante Einblicke in den Führungsalltag der befragten Personen; die Erhebung eignet sich aber nicht als Grundlage für ein Kompetenzprofil für die Sozialwirtschaft insgesamt.

Erkenntnisse und Limitationen der bisherigen Studien

Die angeführten Erhebungen können als Versuche betrachtet werden, sich den Spezifika von Führung in Sozialorganisationen anzunähern. Sie variieren hinsichtlich ihres Fokus (Herausforderungen, Kompetenzen, Rollenverständnis...), der eingesetzten Methodik (induktiv/deduktiv, qualitativ/quantitativ), ihrer ‚Reichweite' und der konzeptionellen Grundlagen. Möglicherweise sind dies Gründe dafür, dass sich daraus kein übereinstimmendes Bild zu Führungsaufgaben, -herausforderungen und -kompetenzen in der Sozialwirtschaft ergeben kann. Folgende Hinweise lassen sich aber aus den beschriebenen Studien ableiten: Wenn Herausforderungen erhoben werden, bilden diese relativ gut die in der Literatur beschriebenen Spezifika von Sozialorganisationen ab: Es geht um Anpassungsfähigkeit an sich ändernde Rahmenbedingungen, die Vermittlung zwischen Zielkonflikten, sei es intern zwischen Mitarbeitenden und Organisation oder auch mit externen Stakeholdern. Auch die Information an bzw. Kommunikation mit den Mitarbeitenden sowie die Durchsetzung von Regeln sind Thema. Es sind vor allem Herausforderungen, die aus der Bewältigung des Alltags und dem Umgang mit geänderten Rahmenbedingungen resultieren. Aktives Innovieren scheint weder bei den Aufgaben noch bei den Herausforderungen eine zentrale Rolle zu spielen. Hinsichtlich der Kompetenzen lässt sich lediglich eine relativ hohe Bedeutsamkeit von Selbstkompetenzen (personale Kompetenz) und sozialen Kompetenzen ableiten.

Erhebung zu Herausforderungen und Kompetenzen von Führungskräften in oberösterreichischen Sozialorganisationen

Für das vorliegende Paper wurde auf eine Sekundärdatenanalyse zurückgegriffen.[17] Die Daten basieren auf insgesamt 246 Interviews, die zwischen 2018 und 2022 mit Führungskräften aus unterschiedlichen Sozialorganisationen geführt wurden. Um Führungskräfte-Herausforderungen und den Umgang damit zu thematisieren, wurden Gespräche mittels eines teil-strukturierten Leitfadens geführt. Sie waren entlang der „Methode der Kritischen Ereignisse“[18] nach folgendem Ablauf konzipiert:

a) Identifizieren der erfolgskritischen Situationen für eine Position: Erfragt wurden zunächst Eckdaten wie Unternehmensgröße, Führungsspanne, Führungs-Ebene und Hauptaufgaben. Anschließend wurden in einer offenen Frage herausfordernde Führungssituationen in der derzeitigen Funktion erhoben.

b) Auswahl erfolgsrelevanter Anforderungskriterien: Die Anforderungen an Führungskräfte wurden mit Hilfe des „KODE®-Kompetenzatlas“ erfasst[19] (KODE® steht für Kompetenzdiagnostik und -entwicklung). Die einheitliche Terminologie des Atlas ermöglicht eine gute Vergleichbarkeit der Ergebnisse. Üblicherweise werden beim Einsatz von KODE® – ausgehend von insgesamt 64 fachlichen, methodischen, sozialen und personalen Kompetenzen – 10-12 Kompetenzen pro Funktion ausgewählt. Um Komplexität zu reduzieren, wurden die Befragten in der Erhebung gebeten, jene acht Kompetenzen zu markieren, die sie für ihre Funktion am wichtigsten einschätzen.

c) Formulieren der erfolgskritischen Verhaltensweisen (Operationalisierung) zu den einzelnen Anforderungen: In einem letzten Schritt wurden die Befragten um Erläuterungen zu den ausgewählten Kompetenzen gebeten, z.B. „Was bedeutet Konzeptionsstärke konkret für Sie?“

Befragt wurden Führungskräfte aus unterschiedlichen Sozialorganisationen (z.B. Behindertenhilfe, Altenbetreuung, Jugendwohlfahrt, Sozialpädagogik). Die Stichprobe setzte sich wie folgt zusammen (siehe Abbildung 1): Rund 39% der Befragten leiten ein Team mit max. 10 Mitarbeitenden, weitere rund 35% leiten 11 bis 25 und rund 37% mehr als 25 Mitarbeitende. Knapp drei Viertel der Befragten (72,9%) sind dem unteren

Management zuzuordnen. Rund 61% arbeiten in einer Einrichtung mit mindestens 250 Mitarbeitenden.

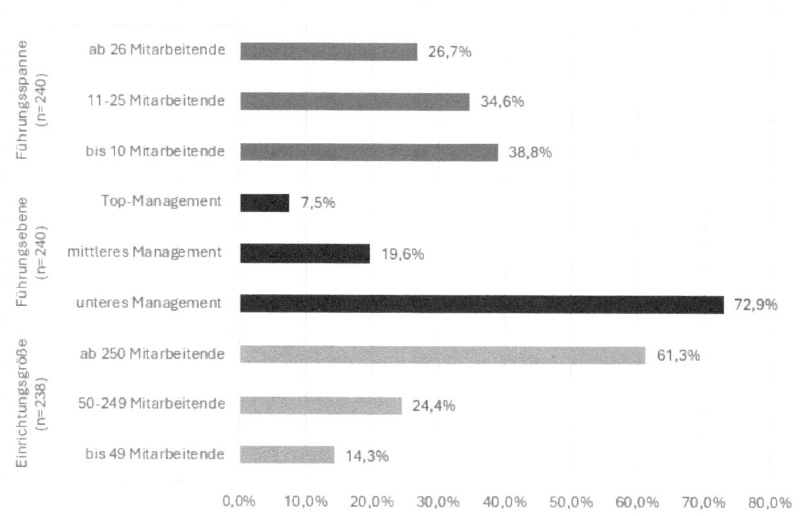

Abbildung 1: Stichprobenbeschreibung

Datenaufbereitung und -auswertung

Die Interviews wurden aufgezeichnet und transkribiert – es wurden Teiltranskripte erstellt. Als Analyseverfahren fand die Inhaltsanalyse nach Mayring[20] Anwendung. Ausgangspunkt hierfür bildeten einerseits der KODE®-Kompetenzraster (4 Kompetenzbereiche, 64 Teilkompetenzen) und andererseits die sieben Aufgabenfelder von Simsa und Patak[21]. Sie unterscheiden folgende Führungsaufgaben: Selbstführung, Führen von Mitarbeitenden, Gestalten der Zusammenarbeit, Aufgaben- und Zielerfüllung, Organisationsentwicklung. Weitere Aufgaben sind: einen strategischen Rahmen setzen, relevante Rahmenbedingungen wahrnehmen und deren Bedeutung einschätzen, das Umfeld beobachten und Trends erkennen. Zur Operationalisierung der Aufgabenfelder wurden die von Simsa und Patak zugeordneten Teilaufgaben induktiv anhand des Interviewmaterials präzisiert.

Auf Basis des daraus resultierende Kategoriensystems (43 Teilaufgaben bzw. 64 Kompetenzen) wurden – entsprechend der strukturierenden Inhaltsanalyse nach Mayring – die geschilderten Herausforderungen den einzelnen Teilaufgaben zugeordnet. Die Kategorisierung der Aussagen erfolgte unterstützt durch das MS-Office-Tool Excel. Diese Zuordnung resultierte – entsprechend der Anzahl der Befragten – in maximal 246 Nennungen bzw. Nicht-Nennungen je Kategorie.

Der Fokus der Ergebnisdarstellung liegt auf dem Ausmaß wahrgenommener Herausforderungen und relevanter Kompetenzen. Die Aufbereitung der Ergebnisse erfolgte anhand des Anteils der Nennungen. Hierfür wurden vorrangig Balkendiagramme erstellt. Die Analyse der Daten erfolgte mittels SPSS von IBM und die Aufbereitung der Graphiken erfolgte wiederum mittels Excel.

Zentrale Ergebnisse: Herausforderungen der Führungskräfte

In der folgenden Abbildung 2 sind die genannten ‚Haupt-Herausforderungen' (Top-9 von 43), ergänzt um jene Herausforderungen (6 von 43), die mit den identifizierten Kernkompetenzen (Top 16 von 64) und Innovationskompetenzen (7 von 64) signifikant korrelieren, dargestellt. Daraus ergeben sich die nachfolgend dargestellten 15 Kern-Herausforderungen, zugeordnet zu den Aufgaben nach Simsa und Patak.

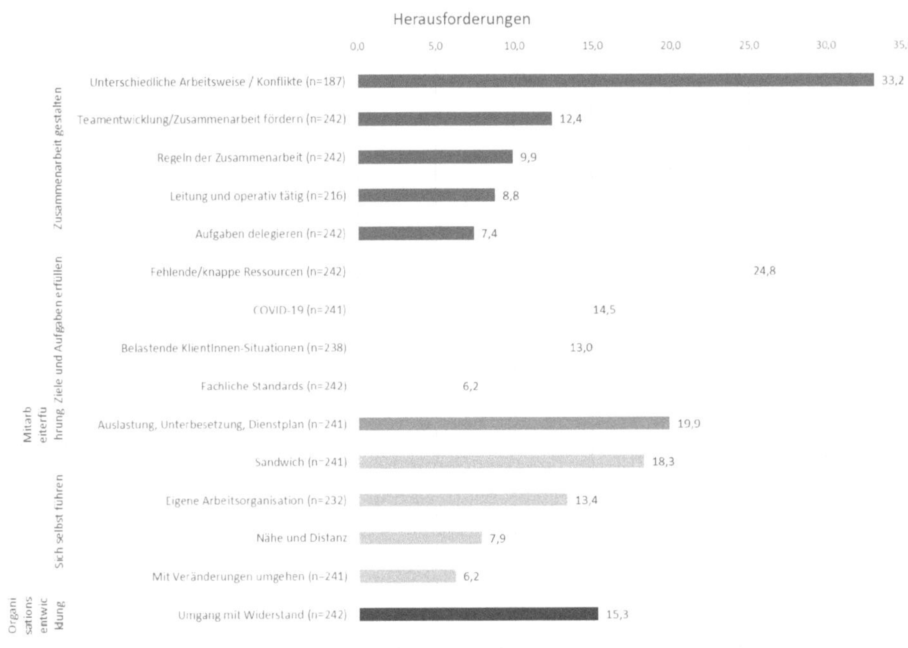

Abbildung 2: Zentrale Herausforderungen von Führungskräften in Sozialorganisationen

Die Abbildung zeigt, dass sich die Antworten innerhalb von fünf Aufgabenbereichen unterschiedlich verteilen.

- Im Aufgabenbereich ‚**Zusammenarbeit gestalten**' erleben die befragten Führungskräfte ‚unterschiedliche Arbeitsweisen' bzw. daraus resultierende Konflikte (33,2%) am häufigsten als herausfordernd. Die ‚Teamentwicklung' bzw. ‚Förderung des

Zusammenhalts im Team' (12,4%), das ‚Definieren und Einfordern von Regeln der Zusammenarbeit' (9,9%), als ‚Leitung auch operativ tätig zu sein' (8,8%) und ‚Aufgaben delegieren' (7,4%) spielen eine vergleichsweise geringere Rolle, sind aber in Zusammenschau mit den als erforderlich eingestuften Kompetenzen ebenso relevant (siehe Abbildung 3).

- Im Aufgabenbereich ‚**Ziele und Aufgaben erfüllen**' werden vor allem ‚knappe Ressourcen' bzw. damit in Zusammenhang stehende Vorgaben durch Kostenträger (24,8%) als herausfordernd beschrieben. ‚Covid-19' und ‚belastende KlientInnen-Situationen' sind als Herausforderung mit 14.5% und 13% der Nennungen etwas schwächer ausgeprägt. Das ‚Definieren fachlicher Standards' (6,2%) wurde in vergleichsweise geringem Ausmaß als Herausforderung thematisiert.
- Hinsichtlich des Aufgabenbereichs ‚**Mitarbeiterführung**' berichten rund 20% der Führungskräfte vor allem von Herausforderungen rund um Auslastung, Personaleinsatz, Unterbesetzung und die Dienstplanung.
- ‚**Sich selbst führen**' als Aufgabenbereich führt vor allem aufgrund der ‚Sandwichfunktion' der Führungskräfte (18,3%) und der ‚eigenen Arbeitsorganisation' (13,4%) zu Herausforderungen. Hinzu kommen der Umgang mit ‚Nähe und Distanz' zu den Mitarbeitenden (7,9%) und der ‚reflektierte Umgang mit Veränderungen' (6,2%).
- Im Aufgabenbereich ‚**Organisation entwickeln**' stellt vor allem der ‚Umgang mit Widerstand' mit rund 15% die befragten Führungskräfte vor Herausforderungen.

Erwartungsgemäß zeigten sich auch Unterschiede zwischen den Hierarchieebenen: Die mittlere Führungsebene und das Top-Management sahen häufiger Herausforderungen durch unterschiedliche Arbeitsweisen, fehlende Ressourcen und im Umgang mit Widerstand. Die unterste Führungsebene thematisierte häufiger Herausforderungen, die die ‚Sandwichfunktion' zwischen eigenen Vorgesetzten und Mitarbeitenden mit sich bringt, sowie weiters die Auslastung der Mitarbeitenden, den Umgang mit Unter- bzw. Überbesetzung und die Dienstplanung.

Hinsichtlich der wahrgenommenen Herausforderungen kristallisieren sich also durchaus Spezifika sozialwirtschaftlicher Organisationen heraus. Es sind auch Parallelen zur Studie von Germann und Eiler[22] festzustellen. Dennoch kann nicht generell von *den* Führungsherausforderungen in der Sozialwirtschaft gesprochen werden.

Notwendige Kompetenzen aus Perspektive der Führungskräfte

Für die Darstellung der identifizierten Kompetenzen werden in der folgenden Abbildung 3 jene Kompetenzen des KODE®-Raster[23] (innerhalb der jeweiligen Kompetenz-Dimensionen A, P, S, F und deren Mischformen AP, PA, usw.) dargestellt, die von mindestens 20% der befragten Führungskräfte genannt wurden. Dies ergibt 16 in Graustufen markierte Kompetenzen – je dunkler die Hintergrundfarbe, desto häufiger wurde die Kompetenz genannt. Sie wurden in der folgenden Abbildung 3 um 7 innovationsrelevante Kompetenzen (ohne Hintergrundfarbe) ergänzt (z.B. Innovationsfähigkeit, Impulsgeben, Projektmanagement).

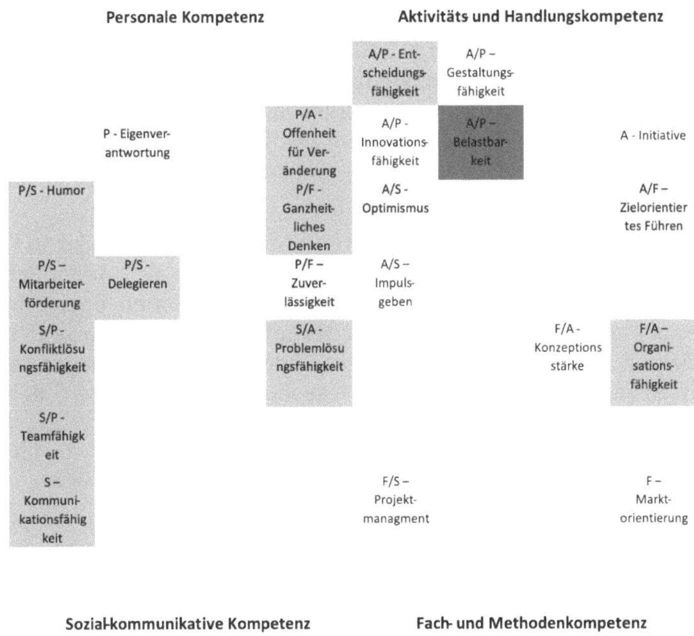

Abbildung 3: Kernkompetenzen und Innovationskompetenzen

Insgesamt wurden so die 64 auswählbaren Kompetenzen auf 23 Schlüsselkompetenzen reduziert.

Daraus entstanden folgende drei Kompetenzcluster und die Zuordnung der Innovationskompetenzen:

- **Personale/soziale Kompetenzen** *(P, S, PS, SP)*: mitarbeiterbezogene Kompetenzen (Teamfähigkeit mit 37,2% bis Eigenverantwortung mit 21%), die mit Blick auf die oben angesprochenen Herausforderungen (Konfliktlösung im Team, unterschiedliche Arbeitsweisen, eigene Arbeitsorganisation) einzuordnen sind.
- **Fachliche und Aktivitäts-/Handlungskompetenzen** (AF, FA): Organisationsfähigkeit (32,6%) und zielorientiertes Führen (21,8%), die den Sachaufgaben zuzuordnen sind.
- **Kompetenzmix** im Zentrum des Kompetenzatlas, welcher Elemente persönlicher, sozialer und handlungsorientierter Kompetenzbereiche (P,A,S) beinhaltet: Diese Kompetenzen sind nicht bestimmten Aufgaben oder Herausforderungen zuzuordnen, sondern beschreiben eher ein bestimmtes ‚Mindset' im Sinne von Werten, Überzeugungen, Entscheidungsstrategien und Haltungen gegenüber Aufgaben und

Ereignissen. Hierunter fallen z.B. Belastbarkeit (41,9%), Offenheit für Veränderungen (23,4%) oder Zuverlässigkeit (21,4%).

- **Innovationskompetenzen**: Kompetenzen, die mit aktivem Innovieren assoziiert werden wie Innovationsfähigkeit, Impulsgeben, Initiative, Marktorientierung oder Projektmanagement erhalten dagegen nur 2% bis 8% der Nennungen. Im Gegensatz dazu wird der (passiven) Offenheit für Veränderungen ein weitaus höherer Stellenwert beigemessen.

Bemerkenswert ist, dass sich aus 64 wählbaren Kompetenzen ein Set an 16 Kompetenzen herauskristallisiert, dessen Einzelkompetenzen von mehr als 20% der Befragten als relevant eingeschätzt werden. Obwohl nicht explizit Kompetenzen für einzelne Herausforderungen gefragt wurden, kann auf Grund des Befragungsdesigns angenommen werden, dass diese in Zusammenhang mit den genannten Herausforderungen stehen. Eine Prüfung dessen würde den Rahmen des vorliegenden Artikels sprengen - dem wird daher in einer daran anschließenden Forschungsarbeit nachgegangen.

Schlussfolgerungen für Ausbildungseinrichtungen und Sozialorganisationen

Die genannten **Herausforderungen** können grundsätzlich als valide Anhaltspunkte für die Ausbildung, Auswahl und Weiterentwicklung von Führungskräften betrachtet werden. Sie geben Auskunft darüber, auf welche Situationen, zu welchen Themen und Problemen (angehende) Führungskräfte jedenfalls vorbereitet werden sollten.

Sie umfassen sowohl generelle Führungsherausforderungen, spezifische Herausforderungen in der Sozialwirtschaft bzw. solche, die aus Organisationsspezifika resultieren (z.B. aus der Kleinheit von Einheiten).

Die Ergebnisse bestätigen, dass die Sozialwirtschaft zumindest teilweise ein besonderes Umfeld für Führung darstellt. Spezifische Ausbildungen haben ihre Berechtigung, weil bestimmte Themen/Herausforderungen dort eine besondere Prägung erfahren oder überhaupt spezifisch für Sozialorganisationen sind. So sind die Auslastung oder die Finanzierung oft schwer planbar. Oder es muss zwischen den Vorstellungen bzw. Arbeitsweisen unterschiedlicher ExpertInnen vermittelt werden. Die Herausforderungen können aber auch als Hinweis für Organisationen verstanden werden, gewisse Rahmenbedingungen oder interne Praktiken kritisch zu hinterfragen. So ist beispielsweise das als belastend genannte Management des Personaleinsatzes durch Regulative bzw. digitale Tools gut gestaltbar. Herausforderungen aus der Doppelrolle von Fach- und Führungskraft kann durch eine Zusammenlegung von Organisationseinheiten mit einer freigestellten Führung oder mit Konzepten geteilter Führung begegnet werden.[24] Führungskräftequalifizierung ist demnach wirksamer, wenn sie über die rein personale Ebene (‚Softskills') hinausgeht und auch mit apersonalen Möglichkeiten der Führung bzw. koordinierenden Instrumenten und Tools vertraut macht – idealerweise auf die organisationalen Notwendigkeiten abgestimmt.

<table>
<tr><th>Generelle Führungsherausforderungen</th><th>Branchenspezifische Herausforderungen der Sozialwirtschaft</th><th>Organisationsspezifische Herausforderungen</th></tr>
<tr><td colspan="2">Fehlende/knappe Ressourcen, Vorgaben Kostenträger</td><td>Doppelrolle Leitung und operative Tätigkeit</td></tr>
<tr><td colspan="2">Konflikte durch unterschiedliche Arbeitsweisen</td><td>Nähe/Distanz zu den Mitarbeitenden</td></tr>
<tr><td>Sandwich-Funktion</td><td colspan="2">Auslastung, Unter-/ Überbesetzung, Dienstplan</td></tr>
<tr><td>Umgang mit Widerstand</td><td>Regeln der Zusammenarbeit definieren und einfordern</td><td></td></tr>
<tr><td>COVID-19-Pandemie</td><td></td><td></td></tr>
<tr><td>Teamentwicklung/
Teamzusammenhalt fördern</td><td></td><td></td></tr>
<tr><td>Delegation von Aufgaben</td><td></td><td></td></tr>
<tr><td>Eigene Arbeitsorganisation</td><td></td><td></td></tr>
<tr><td>Reflektierter Umgang mit Veränderungen</td><td></td><td></td></tr>
</table>

Tabelle 2: Führungsherausforderungen in sozialwirtschaftlichen Organisationen

Aus den **Kompetenzeinschätzungen** der Führungskräfte kann nicht unmittelbar ein Soll-Kompetenzprofil für Führung in der Sozialwirtschaft abgeleitet werden – und zwar aus folgenden Gründen:

Nicht nur die Führungskräfte selbst, sondern auch Mitarbeitende, übergeordnete Führungskräfte oder weiterer Anspruchsgruppen haben Vorstellungen über notwendige Kompetenzen. Diese wurden in keiner der genannten Studien erfasst, würden aber vermutlich zu anderen Profilen führen.

Auf ein verallgemeinerbares Soll-Profil lässt sich auch deshalb nicht schließen, weil die gewählten Kompetenzen eher als implizite Führungstheorien bzw. subjektive Führungsvorstellungen der Befragten zu interpretieren sind. In der Literatur werden darunter Eigenschaften oder Verhaltensweisen verstanden, die Führungskräften allgemein oder effektiven Führungskräften zugeschrieben werden.[25] Auch Kompetenzen selbst können in diesem Sinne verstanden werden, nämlich als „statements that describe the behaviors or attributes organizations want in their employees on the assumption that these characteristics correlate with results"[26]. In allen dargestellten Studien weisen die Statements der Führungskräfte darauf hin, was sie selbst als sinnhaft, bedeutungsvoll und zielführend in ihren Führungssituationen wahrnehmen. Diese Vorstellungen können aber auch dysfunktional oder belastend sein.

Kompetenzen - Ausdruck impliziter Führungstheorien

Aus den insgesamt 64 Kompetenzen kristallisieren sich 16, die vor allem der Selbst-, Sozial- bzw. Aktivitäts- und Handlungskompetenz zuzuordnen sind, als besonders relevant für Führungskräfte in der Sozialwirtschaft heraus. Fachliche Kompetenzen wurden – abgesehen von Organisationsfähigkeit – kaum genannt. Ebenso wenig Kompetenzen, die mit Innovation in Beziehung stehen.

Die Ergebnisse sind ein wertvolles Material mit Blick auf die Auswahl, Qualifizierung und Begleitung von Führungskräften in der Sozialwirtschaft.

- Die ausgewählten Kompetenzen zeigen, dass Führungskräfte vorrangig außerfachliche Fähigkeiten nennen. Dies steht in Widerspruch zur Rekrutierungspraxis in vielen Organisationen, in denen Mitarbeitende auf Grund von langjähriger Erfahrung oder besonderer Fachexpertise in eine Führungsfunktion kommen.
- Ein Austausch über die subjektiven Führungstheorien innerhalb einer Organisation kann ein wichtiger Schritt zu einer Weiterentwicklung der Führungskultur sein.
- In Führungstrainings kann an die impliziten Führungsvorstellungen angeknüpft werden. Auch Coaching ist eine Möglichkeit, sie explizit zu machen und weiterzuentwickeln.

Als Fazit kann festgehalten werden: Es erscheint wenig zielführend, auf Grundlage von Führungskräfte-Befragungen ein Soll-Kompetenzprofil für die Sozialwirtschaft insgesamt zu suchen. Diese Conclusio kann für alle vorgestellten Studien gezogen werden. Vermutlich ist die Reflexion des Umgangs mit den spezifischen Herausforderungen und die Diskussion der unterschiedlichen Vorstellungen von angemessener Führung auf Organisationsebene gewinnbringender. Die Spiegelung der individuellen Perspektiven im Sinne impliziter Führungstheorien kann dabei ein Ausgangspunkt für eine reflexive Gestaltung von Führungsbeziehungen und -prozessen sein. Validere Anhaltspunkte bieten die identifizierten Herausforderungen von Führungskräften. Sie verweisen nicht nur auf individuelle Kompetenzen, sondern auch auf dysfunktionale Praktiken und Know-How, Werkzeuge und Instrumente, die zur Bewältigung der geschilderten Situationen hilfreich sind.

Insgesamt sind die abgeleiteten Überlegungen vor dem Hintergrund zu bewerten, dass für die Erhebung ein qualitatives Vorgehen gewählt wurde; die daraus resultierenden qualitativen Daten wurden aufgrund der großen Stichprobe quantifiziert. Methodisch ist daher einzuschränken, dass die Ergebnisse zwar verallgemeinerbar, aber nicht repräsentativ für die Sozialwirtschaft sind. Um sie und die daraus abgeleiteten Annahmen zu bestätigen, wäre im nächsten Schritt eine breit angelegte quantitative Erhebung notwendig, die verschiedene Perspektiven integriert. Ein anderer Zugang wäre eine vertiefende Auseinandersetzung mit subjektiven Führungstheorien in der Sozialwirtschaft.

Literatur

---

[1] Grunwald, K. (2022): Management sozialwirtschaftlicher Organisationen. Eine Einführung. Wiesbaden; Unger, F. et al. (2022): Personalführung in Organisationen der Sozialwirtschaft. Ein Studienbuch. Wiesbaden; Zierer, B. (2022): Führung – Leadership. Wandel und Trends in der Sozialwirtschaf. In: Wöhrle, A. et al. (Hrsg.): Baden-Baden, S. 23-37.

[2] Wöhrle, A. (2017): Die Diskussion über das Sozialmanagement. In: Wöhrle et al. (Hrsg.): Sozialmanagement – eine Zwischenbilanz. Wiesbaden, S. 17-40.

[3] Pielach, M. & Schubert, H.-J. (2018): Kompetenzanforderungen an Führungskräfte in Organisationen des Gesundheits- und Sozialwesens: Ergebnisse einer Delphi-Studie. In: ZEFQ, 134/2018, 35-41; Germann, M. & Eiler, K. (2022): Schlüsselkompetenzen von Führungspersonen. In: Gehrlach, C. et al. (Hrsg.): Zwischen gesellschaftlichem Auftrag und Wettbewerb. Sozialmanagement und Sozialwirtschaft in einem sich wandelnden Umfeld. Wiesbaden. 409-426; Nöbauer, B. & Riegler-Klinger, A. (2022): Zwischen den Welten. Sozialwirtschaft, 32 (3/2022), S. 32-34.

[4] Herzka, M. (2013): Führung im Widerspruch. Management in sozialen Organisationen. Wiesbaden. Seite 17f.

[5] Herzka, M. (2013): Führung im Widerspruch. Management in sozialen Organisationen. Wiesbaden. Seite 18.

[6] Wasel & Haas (2012: 588) zit. nach Grunwald & Ross (2017: 177). Wasel, W. & Haas, H.-S. (2012): Hybride Organisationen – Antworten auf Markt und Inklusion. Nachrichtendienst des Deutschen Vereins für öffentliche und private Fürsorge. 2012 (92), 586–593; Grunwald, K. & Ross, P.-S. (2017): Sozialmanagement als Steuerung hybrider sozialwirtschaftlicher Organisationen. In: Wöhrle, A. et al. (Hrsg.): Sozialmanagement – eine Zwischenbilanz. Wiesbaden, 171-184.

[7] Grunwald, K. (2022): Management sozialwirtschaftlicher Organisationen. Eine Einführung. Wiesbaden, S.351.

[8] Merchel, J. (2017): Management ist nur dann gut, wenn es mit dem Gegenstand „Soziale Arbeit" verknüpft ist! – Das Spezifische an Organisationen der Sozialen Arbeit und seine Bedeutung für das Management. In: Wöhrle, A. (Hrsg.): Sozialmanagement – eine Zwischenbilanz. Wiesbaden, 281-296, S. 290f.

[9] Vahs, D. et al. (2020): Innovation, Qualität, Führung. In: Sozialwirtschaft 2/2020, 10-12.

[10] Siehe z.B. Neuberger, O.: Führen und geführt werden, 6. Aufl., Stuttgart 2002, S. 342.

[11] Pielach, M. & Schubert, H.-J. (2018).

[12] Germann, M. & Eiler, K. (2022).

[13] Malik, Fredmund (2014): Führen, leisten, leben: Wirksames Management für eine neue Welt. Frankfurt.

[14] Germann, M. & Eiler, K. (2022), S. 416ff.

[15] Rahnfeld, C. & Seehase, N. (2022): Führungskultur in der Sozialwirtschaft. Grundlegende Überlegungen und empirische Ergebnisse zum Selbstverständnis von Führungskräften. Wiesbaden.

[16] Fuchshuber, E.M. (2019): „Man müsste eigentlich eine eierlegende Wollmilchsau sein" – Eine empirische Analyse der Herausforderungen, Spannungsfelder und Kompetenzen von Leitungskräften in der Wiener Sozialwirtschaft. In: Fröse, M.W. et al. (Hrsg.): Führung und Organisation. Wiesbaden. 267-290.

[17] Für Details zur Erhebung, siehe: Nöbauer, B., Wetzelhütter, D. & Riegler-Klinger, A. (2024): Führungsherausforderungen, Führungskompetenzen und der Stellenwert von Innovation. In: Schmidtke, B. et al. (Hrsg.): Sozial – Innovativ – Nachhaltig. Herausforderungen und Perspektiven für die Sozialwirtschaft. Wiesbaden. 71-106.

[18] Jetter, W. (2008): Effiziente Personalauswahl: durch strukturierte Einstellungsgespräche die richtigen Mitarbeiter finden. Stuttgart, S. 125f.

[19] Erpenbeck, J. & Heyse, V. (2022): KODE

[20] Mayring, P. (2015): Qualitative Inhaltsanalyse. Grundlagen und Technik. 12. überarbeitete Auflage. Basel.

[21] Simsa, R. & Patak, M. (2008): Leadership in Nonprofit-Organisationen. Die Kunst der Führung ohne Profitdenken. Wien.

[22] Germann, M. & Eiler, K. (2022), S. 416ff.

[23] Erpenbeck, J. & Heyse, V. (2022): KODE

[24] Siehe dazu auch Nöbauer, B. & Riegler-Klinger, A. (2022).

[25] Lang, R. (2021): Implizite Theorien der Führung: Führung im Auge des Betrachters. In: Rybnikova, I. & Lang, R. (Hrsg.): Aktuelle Führungstheorien und – konzepte. 2. Auflage. Wiesbaden. 87-126, S. 89.

[26] Hale (2004) zit. nach Blessin & Wick (2021: 278). Hale, J. (2004). Performance-Based Management – What every manager should do to get results. San Francisco, CA: Pfeiffer; Blessin, B. & Wick, A. (2021): Führen und

führen lassen. Ergebnisse, Kritik und Anwendungen der Führungsforschung. 9. überarbeitete und erweiterte Auflage. Konstanz/München.

Information zu den Autorinnen

FH-Prof.in Mag.a Dr.in Brigitta Nöbauer, Professorin für Personalmanagement an der Fakultät für Medizintechnik und Angewandte Sozialwissenschaften der FH Oberösterreich

FH-Prof.in Mag.a Dr.in Daniela Wetzelhütter, Leiterin des FH-Lehrgangs Akademischer Sozialpädagogischer FachbetreuerInnen und Professorin für Empirische Sozialforschung an der Fakultät für Medizintechnik und Angewandte Sozialwissenschaften der FH Oberösterreich

Josef Baumüller
Universitätsassistent
am Institut für Managementwissenschaften, TU Wien
josef.baumueller@tuwien.ac.at

Walter S.A. Schwaiger
Universitätsprofessor
am Institut für Managementwissenschaften, TU Wien
walter.schwaiger@tuwien.ac.at

Aktivitätsbasierte Standard-Kosten- & Treibhausgas-Rechnung

Integration der CSRD-Treibhausgas-Rechnung in die Standard-Kostenrechnung

Die Corporate Sustainability Reporting Directive (CSRD) fordert von Unternehmen eine Berichterstattung hinsichtlich ihrer aktuellen Treibhausgas (THG)-Emissionen. Ebenso sind zukünftige THG-Reduktionen in Form der angestrebten Reduktionsziele und der dazu eingesetzten Steuerungsmaßnahmen darzustellen. In diesem Beitrag wird gezeigt, wie sich diese Anforderungen mit der ‚aktivitätsbasierten Standard-Kosten- und THG-Rechnung' bewerkstelligen lassen. Hiermit wird eine innovative Methode vorgestellt, die Unternehmen dabei hilft, verlässliche Informationen über ihre THG-Emissionen zu ermitteln und über die externe Berichterstattung hinaus in die Unternehmenssteuerung zu integrieren.

CSRD/ESRS E1: THG-Reporting-Anforderungen – THG-Managementsystem mit Rechenwerk

Der Kampf gegen den Klimawandel stellt ein gesellschaftliches Ziel von hoher Priorität dar. Auch auf politischer Ebene steht er im Fokus nationaler wie internationaler Initiativen. In den letzten rd. zehn Jahren ist dabei die Integration von ökologischen Informationen, zuvorderst über THG-Emissionen, in die Unternehmensberichterstattung und -steuerung als ein wichtiger Ansatzpunkt erkannt worden. Eine Vielzahl an gesetzlich verpflichtenden oder auf Freiwilligkeit basierenden Regularien widmet sich inszwischen diesem. Für die EU wurde bereits mit dem Green Deal 2019 das Ziel ausgegeben, bei diesen Bestrebungen eine Vorreiterrolle einzunehmen.[1]

Die Anforderungen für die nunmehr anstehende THG-Berichterstattung in der EU ergeben sich aus der Corporate Sustainability Reporting Directive[2] (CSRD) und dem sie konkretisierenden European Sustainability Reporting Standard (ESRS) E1 „Climate Change“[3].

Relevante Schlüsselkonzepte

- CSRD/ESRS E1: THG-Reporting Anforderungen – Konformität?
- Standard-Kostenrechnung: Prozessorientierte Kostenrechnung
- Produktionskoeffizient: Mengen- und zeitbasierter Einheitseinsatz
- 3-Hebel-THG-Managementmodell: Reduktion von internen THG-Emissionen über drei mögliche Hebel
- Energie-basierte THG-Metrik: Messung interner THG-Emissionen auf Basis des Energieverbrauchs
- Leistungskoeffizient (Energieeinsatz) vs. Emissionskoeffizient (Energiebereitstellung)
- Environmental-Liability-Rechnung: Erfassung von THG-Emissionen der vorgelagerten Wertschöpfungskette
- CSRD-THG-Rechnung: Bewertung von THG-Emissionen auf Produkt- bzw. Dienstleistungsebene
- Activity-Based Budgeting (ABB): Grundlage für aktivitätsbasierte THG-Reduktionsziele

Für die Berechnung der THG-Emissionen über den Lebenszyklus von Produkten (Product Life Cycle Accounting) spezifiziert das Greenhouse Gas (GHG) Produkt-Protokoll[4] aktivitätsbasierte Ansätze, wobei auf finanzielle bzw. physische Aktivitätsdaten zurückgegriffen werden kann.

Emblemsvåg und Bras haben bereits zu Beginn der 00er-Jahre einen aktivitätsbasierten Ansatz in ihrem ‚Activity-Based Cost and Environmental Management‘[5] propagiert. Dabei wird die Energie- und Abfall/Waste-Rechnung analog zur aktivitätsbasierten Kostenrechnung aufgesetzt, womit sich die angestrebte Integration der Kostenrechnung mit der Umweltrechnung ergibt.

Im integrierten Managementmodell von Emblemsvåg und Bras werden Energie und Abfall nach dem gleichen Rechenwerk wie die Kosten erfasst und verrechnet. Im Unterschied zu den ISO 14.000 Environmental Management Standards hat das den Vorteil, dass für die Kosten- und Umweltdimensionen nicht separate Mess- und Steuerungssysteme einzurichten sind, sondern dass nur ein Rechenwerk mit einheitlicher Logik benötigt wird.

Im ‚3-Hebel-THG-Managementmodell‘[6] von Baumüller et al. (3-Levers-of-Emission-Control Model) wird ebenfalls ein integriertes Managementmodell erstellt. Dabei stellt die Energie allerdings keine gesonderte Dimension dar. Vielmehr ist sie zentraler Bestandteil der THG-Rechnung, wobei die Unterscheidung von Energieeinsatz und der Energiebereitstellung von zentraler Bedeutung ist. Der mit den unternehmerischen Aktivitäten verbundene Energieeinsatz wird ermittelt, indem die in der Standard-Kostenrechnung aktivitätsbasiert gemessenen Ressourceneinsätze mit den technischen Leistungsprofilen der Aktivitäten verknüpft werden. Der derart ermittelte Energieeinsatz wird in die THG-Emission umgerechnet, indem die Energie mit dem Emissionsfaktor des Energieversorgers kombiniert wird. Bei den derart gemessenen THG-Emissionen handelt es sich um ‚interne Emissionen‘, welche energiebasiert von den unternehmerischen Aktivitäten gemessen und in direkte Scope 1- und indirekte Scope 2-Emissionen unterteilt werden. Durch die Verwendung der Ressourceneinsätze aus der Standard-Kostenrechnung werden die internen THG-Emissionen nicht nur berechenbar, sondern auch kalkulier- und planbar. Dies ist wiederum von zentraler Bedeutung, um aktivitätsbasiert zu managen, d.h. zukünftige THG-Reduktionsziele festzulegen und Maßnahmen zur Zielerreichung abzuleiten.

„Wir wollen in unsrem Wissen vom Gebrauch der Sprache eine Ordnung herstellen: Eine Ordnung zu einem bestimmten Zweck“ (z.B. aktivitätsbasierte Kosten- & THG-Rechnung).
- Ludwig Wittgenstein (Philosophische Untersuchungen § 132)

In den folgenden Kapiteln dieses Beitrags wird aufgezeigt, wie sich für eine Fertigungsaktivität mit der Methode der Standard-Kostenrechnung nicht nur Wertansätze in Euro/Einheit, sondern auch die zurechenbaren CO_2e-Einsätze berechnen lassen. Für Letzteres ist die Messung interner THG-Emissionen ebenso erforderlich wie die Allokation externer THG-Emissionen. In diesem Zusammenhang wird das von Kaplan und Ramanna entwickelte Konzept der ‚Environmental-Liability‘ vorgestellt. Zuletzt wird ein Ausblick darauf gegeben, wie die ermittelten Informationen zu THG-Emissionen nicht nur dafür dienen können, die externen Berichtspflichten gem. CSRD zu erfüllen, sondern gleichermaßen für die Zwecke einer THG-Budgetierung und -Steuerung genützt werden können.

Standard-Kostenrechnung: Kostenbestimmung anhand bewerteter Ressourceneinsätze

Das Kostenrechnungssystem der Standard-Kostenrechnung, welches der ‚Grenzplankostenrechnung‘[7] und der ‚prozessorientierten Kostenrechnung‘[8] zugrunde liegt, besitzt ein produktionswirtschaftliches Fundament: Kosten werden anhand monetär bewerteten Ressourceneinsätze zur Leistungserstellung bestimmt. In der Standard-Kostenrechnung werden sowohl Einzel- als auch Gemeinkosten betrachtet, zumal die verschiedensten Arten von Ressourcen (Produktionsfaktoren) berücksichtigt werden, u.z. ‚Materialen‘ (Repetierfaktoren) und Kapazitätsressourcen (Potentialfaktoren) in Form von ‚Ausrüstung‘ (EQIP/Equipment), Personal und Fremdleistungen. In der Sprache der Produktionswirtschaft werden die sich jeweils auf eine Einheit der erstellten Leistung beziehenden Ressourceneinsätze als ‚Einheitseinsätze‘ bzw. ‚Produktionskoeffizienten‘ bezeichnet.

Die Produktionskoeffizienten der Standard-Kostenrechnung stellen den Dreh- und Angelpunkt für die Integration von Kosten- und THG-Rechnung dar. Sie sind nämlich in zweifacher Hinsicht von zentraler Bedeutung. So stehen sie bei der Ermittlung der aktivitätsbasierten Kosten im Mittelpunkt. Als Beispiel diene eine Fertigungsaktivität, wobei mit einer Spritzgussmaschine ‚Food-Bowls‘ produziert werden. Die Produktion einer

Charge von 100 Food-Bowl-Einheiten dauert 3,33 Stunden (h), wobei es sich um den Produktionskoeffizienten der Anlage handelt, und der Stundensatz der Maschine beträgt EUR 100. Bei dieser Konstellation ergeben sich für die Spritzgussmaschine Kosten pro Charge von EUR 333. Die Kosten aller weiteren zur Herstellung der Food-Bowls benötigten Ressourcen berechnen sich analog und werden sukzessive kumuliert, um zu den gesamten Herstellungskosten zu gelangen. Darüber hinaus ist die auf Produktionskoeffizienten basierende Standard-Kostenrechnung nicht nur auf den Herstellungsbereich begrenzt. Vielmehr lässt sie sich konzeptuell auf alle unternehmerischen Aktivitäten übertragen.

Zweitens erhalten die Produktionskoeffizienten ihre zentrale Bedeutung, indem sie den Ausgangspukt für die aktivitätsbasierte Messung der Energieeinsätze darstellen. Zu diesem Zweck bedarf es der zusätzlichen Einbeziehung der mit den Aktivitäten verbunden technischen Leitungsprofile. Angenommen die Food-Bowl-Fertigungsaktivität wird mit einer durchschnittlichen Leistung von 44,25 kW pro Stunde betrieben. Durch die Multiplikation des Produktionskoeffizienten der Spritzgussmaschine von 3,333 Stunden mit der Leistung von 44,25 kW pro Stunde ergibt sich der Energieeinsatz von 147,485 kWh. Zur Berechnung der mit der Spritzguss-Fertigungsaktivität verbundenen THG-Emission, wird der Energieeinsatz mit dem Emissionsfaktor multipliziert, welcher von der Art der Energiegenerierung des Energieversorgers abhängt. Angenommen der Emissionsfaktor beträgt 0,127 $kgCO_2e/kWh$,[9] dann ergibt sich für die Food-Bowl-Fertigungsaktivität eine indirekte THG-Emission von 18,73 kg CO_2e pro Charge von 100 Food-Bowls.

THG-Rechnung: Aktivitäts- und energiebasierte Messung interner THG-Emissionen

Die zweifach zentrale Bedeutung der Produktionskoeffizienten (Einheitseinsätze), u.z. zur Bestimmung der Kosten und der Energieeinsätze, bildet im 3-Hebel-THG-Managementmodell das Herzstück zur Integration der Standard-Kostenrechnung mit der THG-Rechnung. Abbildung 1 zeigt die ‚3-Hebel-Metrik'[10] zur Messung der internen THG-Emissionen von unternehmerischen Aktivitäten. Dabei wird die interne THG-Emission (Unit Carbon Footprint ‚uCFP') für das in der Aktivität (Activity ‚acty') erzeugte Produkt (Finished Good ‚fG') gemessen, indem der Einheitseinsatz (Produktionskoeffizient ‚a'), die Leistungsstufe (Leistungskoeffizient ‚p') und der Emissionsfaktor (Emissionskoeffizient ‚e') jeweils über alle eingesetzten Ressourcen (‚res') verknüpft werden.

$$\underbrace{uCFP_{acty,fG}}_{[kgCO_2e]} = \sum_{res} \underbrace{\text{Einheitseinsatz}}_{\substack{\text{Produktionkoeffizient} \\ a_{acty,res,fG} \\ [res.unit/outp.unit]}} * \underbrace{\text{Leistungsstufe}}_{\substack{\text{Leistungskoeffizient} \\ p_{acty,res,fG} \\ [kW\ or\ kWh/res.unit]}} * \underbrace{\text{Emissionsfaktor}}_{\substack{\text{Emissionskoeffizient} \\ e_{res,scope,ghg} \\ [kgCO_2e/kWh]}}$$

Abbildung 1: Interne THG-Emissionen – Aktivitätsbasierte Messung via 3-Hebel-Metrik (1/2)

Bei der im vorangegangenen Beispiel ermittelten indirekten THG-Emission von 18,73 kg CO_2e pro Charge von 100 Food-Bowls handelt es sich um eine primäre (‚p') Scope 2-

Emission (‚up2CFP'), zumal die Food-Bowl-Fertigungsaktivität eine (primäre) Hauptaktivität ist, wobei eine elektrisch betriebene Spritzgussmaschine eingesetzt wird.

Aktivität	Produktions-koeffizient	Leistungs-koeffizient	Emissions-koeffizient	Interne THG-Emission	Ab-kürzung
Fertigung	3,33 (h/Charge)	44,25 (kW/h)	0,127 ($kgCO_2e$/kWh)	18,73 ($kgCO_2e$/Ch.)	up2CFP
Transport	0,072 (l/Charge)	9,94 (kWh/l)	0,271 ($kgCO_2e$/kWh)	0,19 ($kgCO_2e$/Ch.)	up1CFP
Heizung	3,33 (h/Charge)	10,30 (kW/h)	0,200 ($kgCO_2e$/kWh)	6,85 ($kgCO_2e$/Ch.)	us1CFP
Summe				25,77 ($kgCO_2e$/Ch.)	

Tabelle 1: Interne THG-Emissionen – Aktivitätsbasierte Messung via 3-Hebel-Metrik (2/2)

Tabelle 1 enthält die Food-Bowl-Fertigungsaktivität (Fertigung) in der ersten Eintragszeile. Zumal der Produktionskoeffizient dieser Aktivität in Zeiteinheiten gemessen wird (h/Charge), handelt es sich dabei um einen zeitbasierten Produktionskoeffizienten (Time Driven ‚DT'). Derartige Produktionskoeffizienten bilden auch das Herzstück der ‚Time Driven-Activity Based Costing (TD-ABC)'[11]-Rechnung, welche von Kaplan und Anderson auf Basis von Produktionskoeffizienten in Form von ‚Einheitszeiten' (Unit Time) eingeführt wurde, um die traditionelle ABC-Rechnung theoretisch zu fundieren und einfacher implementierbar zu machen. In der TD-ABC-Rechnung werden zeitbasierte Produktionskoeffizienten mit Hilfe von Zeitgleichungen (Time Equations) modelliert, um transaktionale Besonderheiten in der Zeitdauer der Aktivitätsausübung einzubeziehen.

Darüber hinaus enthält Tabelle 1 noch zwei weitere Aktivitäten. Bei der Transportaktivität handelt es sich ebenfalls um eine primäre Aktivität, wobei die in der Fertigungsaktivität eingesetzten Materialen beim Lieferanten gekauft und vom Fertigungsunternehmen transportiert werden. Dieses Beispiel dient der Veranschaulichung der Notwendigkeit nicht von nur zeitbasierten, sondern auch mengenbasierten Produktionskoeffizienten in der Standard-Kostenrechnung. Bei den Transportaktivitäten ergibt sich diese Notwendigkeit beispielsweise daraus, dass bei diesen Aktivitäten die Zeitdauer der Aktivität gegenüber der transportierten Menge eine untergeordnete Rolle spielt. Konkret wird pro Food-Bowl-Charge für den Material-Transport Treibstoff in der Höhe von 0,072 Liter benötigt. Mit dem Leistungskoeffizienten von 9,94 kWh pro Liter ergibt sich daraus ein Energieeinsatz von 0,7157 kWh und eine interne THG-Emission (up1CFP) von 0,19 $kgCO_2e$. Zumal bei dieser Emission Treibstoff verbrannt wird, handelt es sich um eine Scope 1 und somit direkte Emission.

Zur Demonstration des Umgangs mit (sekundären) Hilfsaktivitäten zeigt Abbildung 2 eine Heizungsaktivität. Die direkte Scope 1-Emission (us1uCFP) der mit Gas betriebenen Heizungsanlage in Höhe von 6,85 $kgCO_2e$ berechnet sich mit der zeitbasierten 3-Hebel-

Metrik, wobei die Einheitszeit der Food-Bowl-Fertigung mit dem Leistungskoeffizienten der Anlage und dem Emissionskoeffizienten für Gas multipliziert wird.

THG-Rechnung: Aktivitätsbasierte Allokation externer THG-Emissionen

Die bisherigen beispielhaften Erläuterungen bezogen sich auf interne THG-Emissionen von unternehmerischen Haupt- und Hilfsaktivitäten mit Scope 1- und 2-Emissionen sowie zeit- und mengenbasierten Produktionskoeffizienten. Entlang des Lebenszyklus eines Produkts gibt es aber auch noch weitere indirekte Emissionen außerhalb des betrachteten Unternehmens. Dabei werden die indirekten Emissionen unterteilt in jene, welche in den dem Unternehmen vorgelagerten Aktivitäten (Upstream Value Chain bzw. Supply Chain) und den nachgelagerten Aktivitäten (Downstream Value Chain) anfallen.

Zur Vermeidung von Mehrfachzählungen in den verschiedenen Unternehmen und zur präzisen Erfassung der indirekten Emissionen haben Kaplan und Ramanna die ‚Environmental-Liability'[12]-Rechnung entwickelt. Dabei werden nach dem ‚Mehrwert'-Konzept auf jeder Stufe im Produktlebenszyklus die jeweils anfallenden Umweltbelastungen ermittelt und den auf den vorgelagerten Stufen angefallenen Belastungen zugeschlagen. Umgelegt auf die THG-Emission ist die Rechnung von Kaplan und Ramanna eine ‚Environmental-Liability (E-Liability)'-Rechnung, wobei die produktbezogenen THG-Emissionen über die Lebenszyklusstufen sukzessive kumuliert werden. Auf der Stufe des betrachteten Unternehmens werden dem erzeugten Produkt sowohl die internen Emissionen aller dem Produkt zurechenbaren Aktivitäten zugeschlagen als auch die mit diesen Aktivitäten verbundenen externen Emissionen in der Upstream Value Chain. Bei den externen Emissionen beziehen sich Kaplan und Ramanna insbesondere auf die THG-Emissionen der Materialien (‚MAT') und der Ausrüstungen (‚EQIP'), welche in den Aktivitäten verbraucht bzw. eingesetzt werden.

A) $$\underbrace{uELiabMAT_{acty,MAT,fG}}_{[kgCO_2e]} = \underbrace{a_{acty,MAT,fG}}_{\left[\frac{res.input}{outp.unit}\right]} * \underbrace{ELiabMAT_{MAT,3,ghg}}_{\left[\frac{kgCO_2e}{res.input}\right]}$$

B) $$\underbrace{uELiabEQIP_{acty,EQIP,fG}}_{[kgCO_2e]} = \underbrace{a_{acty,EQIP,fG}}_{\left[\frac{time}{outp.unit}(h)\right]} * \underbrace{cuELiabEQIP_{EQIP,3,fG}}_{\left[\frac{kgCO_2e}{h}\right]}$$

$$\underbrace{cuELiabEQIP_{EQIP,3,fG}}_{\left[\frac{kgCO_2e}{h}\right]} = \underbrace{ELiabEQIP_{EQIP,3,ghg}}_{[kgCO_2e]} / \underbrace{LifetimeCapacity_{EQIP,fG}}_{[h]}$$

Abbildung 2: Externe THG-Emissionen – Aktivitätsbasierte Allokation via E-Liability-Metrik (1/2)

In Abbildung 2 werden die beiden Metriken der E-Liability-Rechnung vorgestellt, wobei in beiden Fällen der Produktionskoeffizient wiederum eine zentrale Rolle spielt.

A) Beim Material (MAT) wird die E-Liability des in der Aktivität verbrauchten Materials dem Produkt zugeschlagen. Hat das in der Food-Bowl-Fertigungsaktivität eingesetzte Material (Plastik) beispielsweise eine E-Liability von 0,5 kgCO_2e/kg, dann ergibt sich für die pro Charge verbrauchten 32 kg, wobei es sich um den Produktionskoeffizienten des Materials handelt, eine externe THG-Emission für das Material von 16 kgCO_2e (uELiabMAT).

B) Bei der Ausrüstung (EQIP) wird die E-Liability der in der Aktivität genutzten Ausrüstung dem Produkt zugeschlagen. Hat die in der Food-Bowl-Fertigungsaktivität eingesetzte Spritzgussmaschine beispielsweise eine E-Liability von 6.530 kgCO_2e, dann ergibt sich bei einer Nutzungskapazität (Lifetime Capacity) der Maschine von 19.590 Stunden eine E-Liability pro Kapazitätseinheit (cuELiabEQIP) von 0,33 kgCO_2e/h. Die externe THG-Emission für die pro Charge genutzte Ausrüstung von 1,1 kgCO_2e (uELiabEQIP) errechnet sich, indem die 3,33 Stunden pro Charge, wobei es sich um den Produktionskoeffizienten der Maschine handelt, mit der E-Liability pro Kapazitätseinheit multipliziert wird.

Aktivität	Produktions-koeffizient	E-Liability	E-Liability pro Kapazitätseinheit	Externe THG-Emission	Abkürzung
A) Fertigung (MAT)	32 (kg/Charge)	0,50 (kgCO_2e/kg)		16 (kgCO_2e/Ch.)	uELiabMAT
B) Fertigung (EQIP)	3,33 (h/Charge)	6.530 (kgCO_2e)	0,33 (kgCO_2e/h)	1,1 (kgCO_2e/Ch.)	uELiabEQIP
Summe				17,1 (kgCO_2e/Ch.)	

Tabelle 2: Externe THG-Emissionen – Aktivitätsbasierte Allokation via E-Liability-Metrik (2/2)

Tabelle 2 enthält die soeben durchgeführten Berechnungen für die aktivitätsbasierte Allokation des in der Food-Bowl-Fertigungsaktivität verbrauchten Materials bzw. der eingesetzten Spritzgussmaschine in tabellarischer Form. In Summe ergibt sich dabei eine externe THG-Emission von 17,1 kgCO_2e pro Charge. Durch Hinzurechnung der internen Emissionen aus Abbildung 2 von 25,77 kgCO_2e ergibt sich die gesamte THG-Emission (Overall Emission) für eine Charge in der Höhe von 42,87 kgCO_2e.

THG-Rechnung: Produktbezogene Bestimmung interner und externer Emissionen

Abbildung 3 zeigt die konzeptuelle Struktur der THG-Rechnung hinsichtlich der Berechnung der gesamten Emission (Overall Emission) eines Produkts anhand der damit verbundenen internen (uCFP) und externen Emissionen (uELiab).

Die mit Rauten versehenden Verbindungen zeigen Aggregationen an. So ist die gesamte Emission (FG-uCFP) beispielshaft zunächst eine Zusammenfassung von verschiedenen internen Emissionen (uCFP). Die Unterschiedlichkeit dieser Emissionen zeigt sich an den mit Pfeilen versehenen Unterteilungen, wobei es sich z.B. um direkte Scope 1- oder indirekte Scope 2-Emissionen handeln kann. Diese müssen gleichermaßen für (primäre) Haupt- wie für (sekundäre) Hilfsaktivitäten berechnet werden. Zur Berücksichtigung der externen Emissionen (uELiab) aus der vorgelagerten Wertschöpfungskette (Scope 3) muss anschließend die E-Liability für Material und Ausrüstung hinzugerechnet werden. Der Messung erfolgt für interne wie externe Emissionen mittels mengen- und zeitbasierter Produktionskoeffizienten (QD-Driver und TD-Driver).

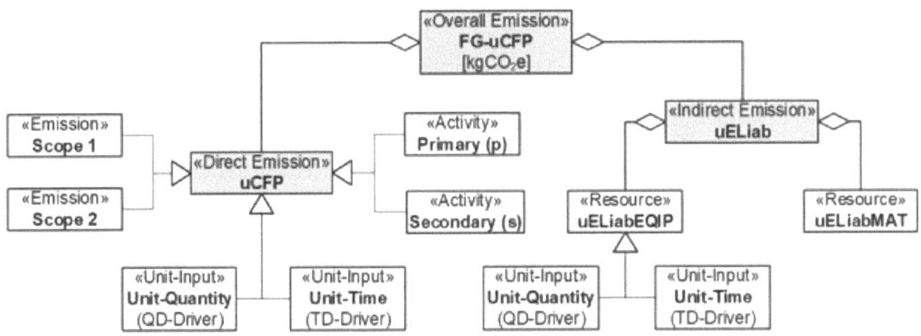

Abbildung 3: CSRD-THG-Rechnung – Konzeptuelle Modellierung (‚Executive Summary')

Das konzeptuelle Modell der THG-Rechnung kennzeichnet die mit ihr einhergehende ‚Fachsprache': durch die Benennung der Schlüsselkonzepte – wie z.B. Unit Carbon Footprint of Finished Good (FG-uCFP) – und der mit diesen verbundenen Zusammenhängen – wie z.B. direkte Scope 1-Emission aus primärer Aktivität. Es ist außerdem eine kompakte Zusammenfassung (Executive Summary) hinsichtlich der Struktur und Funktionsweise der THG-Rechnung.

5-Hebel-THG-Managementmodell: Aktivitätsbasierte THG-Budgetierung & Steuerung

Die mit der Standard-Kostenrechnung integrierte THG-Rechnung bildet das Rechenwerk, um die von CSRD/ESRS E1 geforderten THG-Reporting-Anforderungen zu erfüllen. Ihre Einbettung in das 3-Hebel-THG-Managementmodell zeigt die drei zur Reduktion von internen THG-Emissionen einsetzbaren Hebel in Form von Produktions-, Leistungs- und Emissionskoeffizienten. Hinsichtlich der externen Emissionen zeigen sich zwei weitere Hebel, u.z. die E-Liabilities von Materialien und Ausrüstungen. Somit gibt es bei weitergehender Betrachtung insgesamt fünf Steuerungshebel, mit welchen sich die THG-Emissionen aktivitätsbasiert reduzieren lassen. Das 5-Hebel-THG-Managementmodell ist in diesem Sinne ein ‚diagnostisches Planungs- und Steuerungssystem' (Diagnostic Management Control System) im Sinne von Simons ‚4-Levers-of-Control (4-LoC)-

Model'[13]. Es ist sohin auch in dieser Hinsicht mit etablierten Konzepten der Unternehmessteuerung eng verbunden und für die Unternehmenspraxis nutzbar.

Durch die aktivitätsbasierte Konstruktion der Standard-Kosten- und THG-Rechnung ist auch das Planungssystem aktivitätsbasiert, was wiederum eine aktivitätsbasierte Budgetierung (Activity-Based Budgeting ‚ABB') der THG-Reduktionsziele ermöglicht. Somit ist das 5-Hebel-THG-Managementmodell in der Lage, die von CSRD/ESRS E1 geforderten THG-Berichterstattung zu erfüllen, u.z. hinsichtlich 1) ihrer aktuellen THG-Emissionen und 2) ihrer zukünftigen THG-Reduktionen in Form der angestrebten Reduktionsziele und der dazu eingesetzten Steuerungsmaßnahmen.

Literatur

[1] Der europäische Grüne Deal 2019. Mitteilung der Kommission an das Europäische Parlament, den Europäischen Rat, den Rat, den Europäischen Wirtschafts- und Sozialausschuss und den Ausschuss der Regionen, Brüssel, den 11.12.2019, COM(2019) 640 final.

[2] Corporate Sustainability Reporting Directive (CSRD) 2022. Directive (EU) 2022/2464 of the European Parliament and of the Council of 14 December 2022 amending Regulation (EU) No 537/2014, Directive 2004/109/EC, Directive 2006/43/EC and Directive 2013/34/EU, as regards. European Parliament and Council, OJ L, 16.12.2022: 15-80.

[3] European Sustainability Reporting Standard (ESRS) E1 „Climate Change" 2023. Commission Delegated Regulation (EU) 2023/2772 of 31 July 2023 supplementing Directive 2013/34/EU of the European Parliament and of the Council as regards sustainability reporting standards, OJ L, 22.12.2023: 72–110.

[4] GHG Protocol 2011. Product Life Cycle Accounting and Reporting Standard. Available online: https://ghgprotocol.org/sites/default/files/standards/Product-Life-Cycle-Accounting-Reporting-Standard_041613.pdf

[5] Emblemsvåg, J. & Bras, B. 2001. Activity-Based Cost and Environmental Management - A Different Approach to the ISO 14000 Compliance, New York, Springer Science & Business Media.

[6] Baumüller J., Schwaiger W.S.A., & Typpelt V. (2023). Three Levers of Emission Control (3-LoEC)-Model: At the Core of GHG Emission-Management Control Systems, In: EPIEM Conference, 4-6 October 2023, Novi Sad, Serbia: 1–8.

[7] Haberstock, L. & Breithecker V. (2008). Kostenrechnung II – (Grenz-)Plankostenrechnung mit Fragen, Aufgaben und Lösungen, 10. Auflage, Erich Schmidt Verlag, Berlin.

[8] Schwaiger, W.S.A. (2016). IFRS-Finanzmanagement: Kosten- und Leistungsrechnung, Wien, TU Verlag.

[9] CO2e = CO_2-Äquivalente; eine Recheneinheit, die verschiedene THG-Kategorien vergleichbar macht.

[10] Baumüller, J. & Schwaiger, W.S.A. (2023). Activity-Based Product Carbon Footprint Measurement with the 3-Levers of Emission Control (3-LoEC)-Metrics, in: Posch, W. et al. (eds) Posch, Vorbach, Zsifkovits, & Feichtinger: 10. Congress - Sustainability Management for Industries. Leoben: 135–151.

[11] Kaplan, R.S. & Anderson, S.R. (2007). Time-Driven Activity-Based Costing: A Simpler and More Powerful Path to Higher Profits, Boston MA, Harvard Business School Press.

[12] Kaplan, R.S., & Ramanna, K. (2021). Accounting for Climate Change, Harvard Business Review, 99: 120–131.

[13] Simons, R. (1995). Levers of Control: How Managers Use Innovative Control Systems to Drive Strategic Renewal, Boston MA, Harvard Business School Press.

Information zu den Autoren

Dr. Josef Baumüller ist Universitätsassistent „post-doc" an der TU Wien. Sein Forschungsschwerpunkt ist die europäische und internationale Nachhaltigkeitsberichterstattung inklusive damit verbundener Informationssysteme.

Univ.-Prof. Dr. Walter S.A. Schwaiger MBA ist seit 2002 Inhaber des Lehrstuhls ‚Rechnungswesen und Controlling' an der TU Wien. Seine Forschungsschwerpunkte sind IFRS-basiertes Finanzmanagement, Enterprise Risk Management (ERM) und Enterprise Information Systems (EIS)-Research.

Mein Job.
Mein Leben.
Meine Zukunft.
Bewerben Sie sich jetzt!
www.linzag.at/karriere
LINZ AG
Wussten Sie, dass die LINZ AG das führende Dienstleistungsunternehmen für Energie, Telekommunikation, Verkehr und kommunale Dienste im oberösterreichischen Zentralraum ist? Mit unserer Arbeit leisten wir einen entscheidenden Beitrag zur Lebensqualität der Bevölkerung. Gemeinsam können wir mehr bewegen – bewerben Sie sich jetzt!
LINZ AG. Mein Job. Mein Leben. Meine Zukunft.

Ann-Christine Schulz

Project Leader „Organizational Ambidexterity in SMEs"
Strategy Coordinator,
Institute for Digital Transformation & Strategy (IDS), FHWien der WKW

ann.schulz@fh-wien.ac.at

Patrick Rupprecht

Researcher „Organizational Ambidexterity in SMEs", Academic Expert & Lecturer Strategy & MoC, Institute for Digital Transformation & Strategy (IDS), FHWien der WKW

patrick.rupprecht@fh-wien.ac.at

Entwicklung digitaler Wandelkompetenzen in österreichischen KMU

Die digitale Transformation zwingt viele Unternehmen, ihre Geschäftsmodelle und Strategien anzupassen und/oder grundlegend zu überarbeiten. In diesem Beitrag wird die strategische Anpassungsfähigkeit von kleinen und mittleren Unternehmen in Österreich untersucht. Die Ergebnisse zeigen, dass die Unternehmen in der Lage sind neue, technologische Trends zu erkennen und digitale Kompetenzen zu entwickeln. Bei der Übersetzung der neuen Kompetenzen und Technologien in digitale Strategien hapert es jedoch noch oft. Hierfür ist die kontinuierliche Entwicklung von Wandelkompetenzen und strategischer Reflexionsfähigkeit notwendig.

Einleitung

Die digitale Transformation beschreibt einen umwälzenden Prozess, der durch die fortschreitende Integration digitaler Technologien in sämtlichen Lebens- und Wirtschaftsbereichen gekennzeichnet ist. Sie veranlasst Unternehmen, traditionelle Produkte, Prozesse und Geschäftsmodelle grundlegend zu überdenken und durch digitalisierte Varianten und Innovationen zu ersetzen, um die Effizienz zu steigern, KundInnenerlebnisse zu verbessern und/oder neue Märkte zu erschließen.[1,2]

Inwieweit es kleinen und mittleren Unternehmen (KMU) gelingt, sich mittels der Entwicklung dynamischer Wandelkompetenzen (Dynamic Capabilities) an neue Rahmen- und Wettbewerbsbedingungen anzupassen, ist Gegenstand dieses Artikels. Der österreichische Wirtschaftsraum besteht zu 99,6 Prozent aus KMU, welche 67 Prozent aller Erwerbstätigen beschäftigen.[3] Kleine und mittlere Betriebe sind demnach für die Entwicklung und das Wachstum des Standortes von großer Bedeutung. Wir untersuchen daher im Rahmen einer empirischen Analyse, wie stark die Fähigkeiten der KMU ausgeprägt sind, die Bedeutung neuer digitaler Technologien zu erkennen, entsprechende digitale Kompetenzen zu entwickeln und in digitale Strategien umzusetzen. Aus diesen Ergebnissen leiten wir konkrete Handlungsempfehlungen für KMU und Reflexionsfragen für Führungskräfte ab.

Entwicklung dynamischer Veränderungskompetenzen

Um die digitale Transformation erfolgreich zu meistern, ist es nicht nur wichtig für Unternehmen neue, digitale Technologien im Unternehmen zu integrieren. Viel entscheidender ist die Entwicklung notwendiger Wandelkompetenzen (Dynamic Capabilities), um die Möglichkeiten neuer Technologien zu erkennen, diese strategisch sinnvoll einzusetzen und die nachfolgende organisatorische Veränderung zu steuern.[4] Diese Veränderung wird nach Teece (2007)[5] durch „Sensing“, „Seizing“ und „Reconfiguring“ ermöglicht. „Sensing“ beschreibt die Fähigkeit, neue technologische Trends und digitalen Technologien zu erkennen Chancen für deren Anwendungsmöglichkeiten und Weiterentwicklungen zu identifizieren und potenzielle Gefahren für das bisherige Geschäftsmodell zu erkennen. „Seizing“ bezieht sich auf die Fähigkeit eines Unternehmens, die erkannten Chancen und Möglichkeiten proaktiv zu ergreifen und in wertsteigernde Strategien oder Maßnahmen umzusetzen. Es umfasst die Bewertung von Risiken und die Entscheidung, inwiefern Investitionen in neue Technologien oder Innovationen vorgenommen werden sollen, um einen Return on Investment (ROI) zu erzielen. Es betrifft damit die Risikofähigkeit eines Unternehmens und umfasst Entscheidungen über das Budget für Innovationen und wie das Unternehmen mit innovativen Ideen umgeht. „Reconfiguring" steht schließlich für die Fähigkeit die Strukturen, Prozesse und Ressourcen neu zu ordnen, um auf interne und externe Veränderungen effektiv zu reagieren. Diese Kompetenz beinhaltet die Integration neuer Technologien über den geschützten Entwicklungsraum hinaus in das Unternehmen. Auf diese Weise können wiederum neue Prozesse, Produkte, und Fähigkeiten entwickelt werden sowie neue Geschäftsmodelle designt und implementiert werden.

Selbstverständlich muss dabei nicht jede technologische Möglichkeit ergriffen werden. Vielmehr geht es um die bewusste strategische Reflexion einerseits, als auch die konkrete Umsetzungsfähigkeit durch die Ausprägung von Wandelkompetenzen andererseits, um sich langfristig zu transformieren. So hebt Barreto (2010)[6] hervor, dass Wandelkompetenzen zur Förderung von Innovationskraft und proaktiver Anpassung beitragen, indem sie das Lernen und die kontinuierliche Rekonfiguration von Ressourcen erleichtern. Gleichzeitig sollte diese Anpassung nicht ohne Plan geschehen. Strategische Reflexionsfähigkeit als komplementärer Fähigkeit ermöglicht eine langfristige, überlegte Anpassung der Unternehmensstrategie. Unternehmen, die nicht nur überleben, sondern in einer digital transformierten Wirtschaft führend sein wollen, sollten daher beides kontinuierlich entwickeln.

Dies gilt auch für die vielen kleinen und mittleren Unternehmen (KMU) in Österreich. So haben zwar KMU häufig weniger Ressourcen als große Unternehmen.[7] Ihre geringere Größe können sie jedoch zu ihrem Vorteil nutzen, um agil und flexibel auf Marktveränderungen zu reagieren. Die geringere Komplexität in kleineren Strukturen und flacheren Hierarchien ermöglicht, schneller Entscheidungen zu treffen und Innovationen zügiger umzusetzen. Zudem unterstützt der direktere KundInnenkontakt, maßgeschneiderte Lösungen anzubieten und engere Beziehungen aufzubauen, was in einem dynamischen Wirtschaftsumfeld besonders wertvoll sein kann.

Um ein Bild darüber zu gewinnen, wie stark die Wandelkompetenzen und die strategische Reflexionsfähigkeit in österreichischen KMU ausgeprägt ist, wurde eine empirische Studie von KMU des produzierenden Sektors durchgeführt. Sie soll Hinweise darauf geben, inwieweit es den Unternehmen am Standort gelingt, erfolgreich auf die Herausforderungen der digitalen Transformation zu reagieren.

Methode

Die methodische Grundlage bildete eine Fragebogenerhebung unter GeschäftsführerInnen von 1500 zufällig ausgewählten KMU in Österreich des produzierenden Sektors, die im März und April 2023 durchgeführt wurde. Bei der Auswahl der befragten Unternehmen wurde die EU-Definition von KMU angewandt. Demnach sollten die Unternehmen weniger als 250 MitarbeiterInnen beschäftigen und einen Jahresumsatz von weniger als 50 Mio. EUR aufweisen (BMAW, 2023). Zusätzlich wurden Kleinstbetriebe, Selbständige (MitarbeiterInnenzahl <10) und Neugründungen (Unternehmensalter <4 Jahre) von der Befragung ausgeschlossen. Der Rücklauf umfasste 73 Fragebögen, was einer Rücklaufquote von 4,86 Prozent entspricht und damit in Höhe vergleichbarer Studien liegt. Die Unternehmen der Stichprobe sind durchschnittlich 52,5 Jahren alt, haben 58 Mitarbeitende und zwei GeschäftsführerInnen. Damit repräsentieren sie etablierte KMU des produzierenden Sektors in Österreich.

Der Fragebogen bestand aus validierten Items und Konstrukten, die wir führenden managementwissenschaftlichen Publikationen entnommen und übersetzt haben. Da in der Literatur eine Vielfalt an Möglichkeiten zur Messung von Dynamic Capabilities diskutiert wird[8] und wir speziell an der Wandelfähigkeit und strategischen Reflexionsfähigkeit im Kontext der Digitalisierung interessiert waren, haben wir u. a. nach dem Einsatz digitaler Technologien und der digitalen Orientierung[9,10] gefragt, der Entwicklung von Fähigkeiten zur Nutzung digitaler Technologien[11] und dem Vorhandensein einer formalen Digitalisierungsstrategie.[12]

Darüber hinaus haben wir zur Vertiefung der Erkenntnisse eine qualitative Studie mit zehn Geschäftsführern von KMU des produzierenden Sektors durchgeführt, um ihre Sicht auf die Entwicklung von Wandelkompetenzen und die Bedeutung strategischer Reflexionsfähigkeit zu erhalten. Die Erhebung der Daten fand von Dezember 2023 bis März 2024 mittels semi-strukturierter Interviews statt.

Ergebnisse

Die Ergebnisse der Befragung zeigen, dass 89 Prozent der Unternehmen eine mittlere oder hohe digitale Orientierung aufweisen (Abbildung 1). Demnach setzt sich eine große Mehrheit der Unternehmen proaktiv mit digitalen Technologien und Themen auseinander und versucht sie in die Organisation zu integrieren.

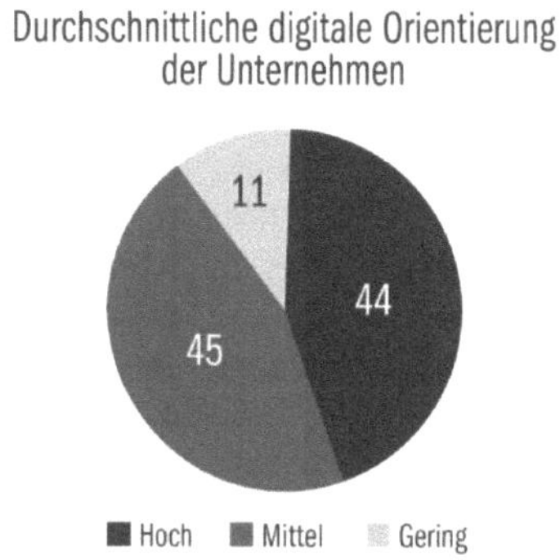

Abbildung 1: Digitale Orientierung (Angaben in Prozent)

In Bezug auf die Frage, welche spezifischen digitalen Technologien und Systeme von KMU in Österreich bereits eingesetzt werden und zu welchem Zweck sie genutzt werden, zeigt Abbildung 2 den durchschnittlichen Nutzungsgrad verschiedener digitaler Technologien. Dabei weisen die Auswertungen auf deutliche Unterschiede in der Anwendung der Technologien hin. So würden über 75 Prozent der befragten Unternehmen mobile Technologien, Cloud Computing und Social Media zu einem mittleren oder hohen Grad einsetzen, während lediglich 29 Prozent der Unternehmen Künstliche Intelligenz (KI)/Machine Learning und Augmented Reality (AR) in ähnlich intensiver Weise verwendeten.

Diese Erkenntnis wird auch von den qualitativen Daten untermauert. Social Media spielen in den KMU bereits in Bereichen, wie z. B. Marketing, Kundenakquise und Öffentlichkeitsarbeit, eine wichtige Rolle. Mobile Technologien und Cloud Computing, die den ortsunabhängigen Zugriff und die die Verarbeitung von Daten erleichtern, kommen mittlerweile bei zahlreichen Wertschöpfungsstufen in den Unternehmen zur Anwendung. Lediglich die konkreten Einsatzmöglichkeiten für fortgeschrittene digitale Technologien, wie z. B. Augmented Reality und KI, sind für viele Unternehmen noch nebulös, weshalb diese Technologien derzeit noch selten – wenngleich zunehmend - zum Einsatz kommen.

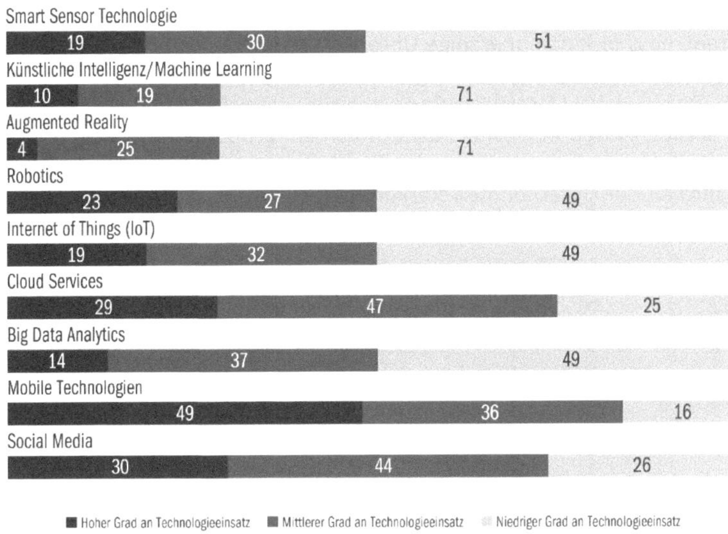

Abbildung 2: Grad des Technologieeinsatzes (Angaben in Prozent)

Eine anschließende Analyse der digitalen Fähigkeiten der KMU zeigt, dass die GeschäftsführerInnen diese als sehr ausgeprägt einschätzen. So würden 93 Prozent der KMU über mittel oder stark ausgeprägte Fähigkeiten verfügen (Abbildung 3). Die Unternehmen wären damit laut Selbsteinschätzung nicht nur in der Lage, neue Chancen digitaler Technologien zu erkennen, sondern auch entsprechende Produkte, Dienstleistungen und Prozesse mithilfe digitaler Technologien zu entwickeln.

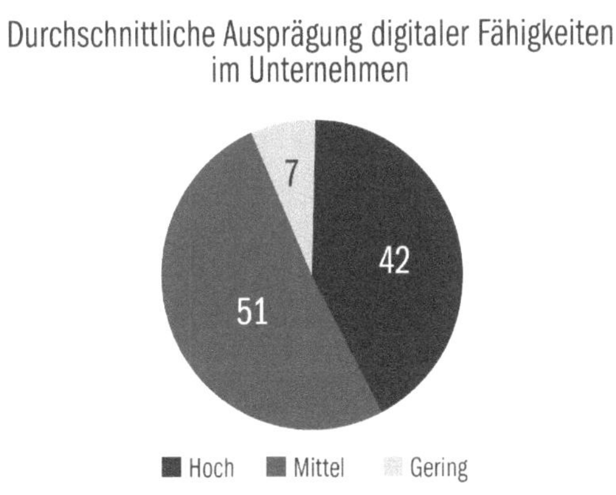

Abbildung 3: Digitale Fähigkeiten (Angaben in Prozent)

Im Kontrast zum Einsatz der digitalen Technologien und Entwicklung digitaler Kompetenzen steht, dass bislang nur wenige Unternehmen (21,4 Prozent) über eine klar definierte Digitalisierungsstrategie verfügen (Abbildung 4). Das Thema „Digitalisierung" wird scheinbar in vielen Unternehmen noch nicht ausreichend in der strategischen Ausrichtung berücksichtigt. Es besteht daher noch ein größeres Potenzial, die Digitalisierung in den KMU gezielt zu planen und strategisch bewusst zu verankern und damit die Wandelfähigkeit der Unternehmen stärker auszubilden.

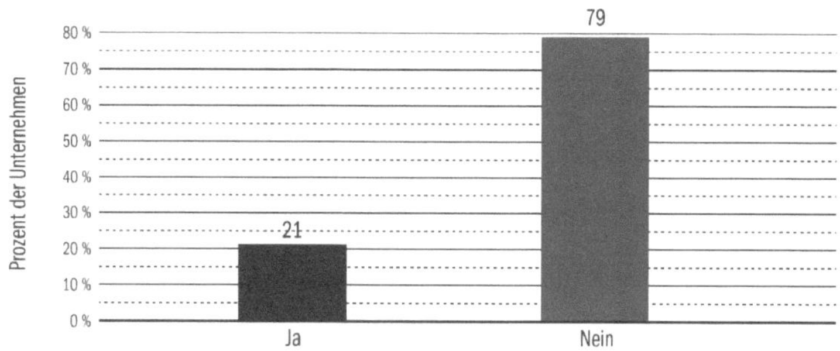

Abbildung 4: Digitalisierungsstrategie

Fazit und Handlungsimplikationen

Für eine erfolgreiche Bewältigung der digitalen Transformation, ist die Entwicklung von Wandelkompetenzen in kleinen und mittleren Unternehmen essenziell. Die Fähigkeit des „Sensing" ermöglicht ihnen dabei, die Veränderungen im technologischen Umfeld frühzeitig zu erkennen und neue Trends wie künstliche Intelligenz, Big Data oder Augmented Reality zu identifizieren. Durch „Sensing" können Unternehmen nicht nur potenzielle Risiken frühzeitig wahrnehmen, sondern auch innovative Chancen entdecken, die durch digitale Technologien ermöglicht werden. Wie die Ergebnisse der empirischen Studie zur digitalen Orientierung, den digitalen Fähigkeiten und zum Grad des Technologieeinsatzes zeigen, gelingt es vielen KMU in Österreich digitale Technologien mit ihren Möglichkeiten zu erkennen und einzusetzen, was die Grundlage bildet, die Wettbewerbsfähigkeit in einem sich schnell verändernden digitalen Marktumfeld zu sichern und zu fördern.

> „Obwohl viele Unternehmen digitale Technologien erkennen und einsetzen, gelingt es vielen noch nicht digitale Geschäftsmodelle und Strategien zu entwickeln."

Die Fähigkeit des „Seizing" ist jedoch noch bei vielen Unternehmen ausbaubar. „Seizing" beinhaltet den Einsatz von Ressourcen, um digitale Innovationen zu implementieren und neue Technologien effektiv zu integrieren. Während einige Unternehmen hierfür bewusst Stellen schaffen und auch mit neuen digitalen Technologien bestehende Prozesse verbessern und optimieren, fehlt es vielerorts noch an der notwendigen Bereitschaft Risiken einzugehen und entsprechende Investitionen zu tätigen. Hilfreich kann es jedoch sein, den Mitarbeiten die Vorteile und Möglichkeiten der neuen Technologien aufzuzeigen, ihnen Raum für das Experimentieren mit ihnen zu geben und durch gezielte Schulungen und Weiterbildungen Kompetenzen zu erweitern. Dies ist insoweit zentral, als dass die digitale Transformation nur als fortlaufender alltäglicher Prozess in der Organisation verstanden werden kann.[13] Konkret kann die Wirtschaftlichkeit von neuen Technologien dann z. B. durch gemeinsame Projekte mit Hochschulen (FFG) oder Kooperationen mit Start-Up-Unternehmen und Pilotfabriken ausgelotet werden.

Schließlich fehlen in einem Großteil der KMU derzeit noch häufig Ideen, wie digitale Technologien strategisch für das Unternehmen genutzt werden können. Das Vorhandensein einer Strategie für die digitale Transformation ist jedoch die Voraussetzung für den organisatorischen Wandel, inklusive der Anpassung bestehender Strukturen, Prozesse und Geschäftsmodelle („Reconfiguring"). Eine klar definierte Digitalisierungs- und Innovationsstrategie hilft Führungskräften und Mitarbeitenden, die übergeordneten Ziele zu verstehen und umzusetzen. Aus dieser Strategie sollten konkrete Maßnahmen und Projekte für einzelne Stellen, Abteilungen und Geschäftsbereiche abgeleitet werden. Dabei sollte die Digitalisierungsstrategie immer gemeinsam mit der Gesamtunternehmensstrategie gedacht werden, da auf Basis neuer Technologien auch neue Geschäftsfelder und/oder neue Geschäftsmodelle entstehen können.

Die strategisch Reflexionsfähigkeit ist dabei eng mit der Ausbildung dynamischer Wandelkompetenzen verbunden. Während sich Wandelkompetenzen auf die Fähigkeit eines Unternehmens beziehen, Veränderungen effektiv zu managen und sich an neue Bedingungen anzupassen, bezieht sich die strategische Reflexionsfähigkeit auf die Fähigkeit eines Unternehmens, seine langfristigen Strategien und Ziele regelmäßig zu überdenken und anzupassen. Die kontinuierliche Entwicklung beider Kompetenzen in der Unternehmenspraxis ist für die erfolgreiche Bewältigung der digitalen Transformation wichtig. Folgende Fragen können bei der Entwicklung dieser Kompetenzen eine Orientierung bieten:

Reflexionsfragen für Führungskräfte:

- Wie können wir im Unternehmen neue digitale Technologien und ihre Einsatzmöglichkeiten schneller erkennen?
- Welche Kriterien können wir für die Bewertung von neuen, digitalen Technologien anwenden?
- Welche Risiken sind mit der Einführung neuer Technologien für uns verbunden?
- Inwieweit können uns neue, digitale Technologien dabei unterstützen, die bisherigen strategischen Ziele des Unternehmens zu erreichen und/oder neue Geschäftsmodelle zu entwickeln?

- Wie kann ich die Kompetenzen meiner MitarbeiterInnen und Teams entwickeln, um neue, digitale Technologien effektiv zu nutzen und weiterzuentwickeln?
- Wie kann ich als Führungskraft eine Kultur der Innovation und Offenheit gegenüber neuen Technologien im Unternehmen fördern?
- Wie können neue, digitale Technologien dazu beitragen, Wettbewerbsvorteile zu schaffen und zu erhalten?
- Welche organisatorischen Rahmenbedingungen müssen für eine höhere Innovationstätigkeit geschaffen werden?
- Wie können der Nutzen und die Bedeutung neuer Technologien an verschiedene Stakeholder, einschließlich MitarbeiterInnen, KundInnen und Zulieferer kommuniziert werden?

Fördererklärung

Der Beitrag entstand im Rahmen des von der Stadt Wien (MA23) geförderten Projektes „organisationale Ambidextrie in KMU“

Literatur

---

1 Yoo, Y., Boland Jr, R. J., Lyytinen, K., & Majchrzak, A. (2012). Organizing for innovation in the digitized world. Organization science, 23(5), 1398-1408.

2 Kaplan, A., & Haenlein, M. (2019). Digital transformation and disruption: On big data, blockchain, artificial intelligence, and other things. Business Horizons, 62(6), 679-681.

3 BMAW. (2023). KMU in Österreich. https://www.bmaw.gv.at/Services/Zahlen-Daten-Fakten/KMU-in-%C3%96sterreich.html

4 Eisenhardt, K. M., & Martin, J. A. (2000). Dynamic capabilities: What are they ? Strategic Management Journal, 21(10-11), 1105-1121.

5 Teece, D. J. (2007). Explicating dynamic capabilities: the nature and microfoundations of (sustainable) enterprise performance. Strategic Management Journal, 28(13), 1319-1350.

6 Barreto, I. (2010). Dynamic capabilities: A review of past research and an agenda for the future. Journal of Management, 36(1), 256-280.

7 Borch, O. J. & Madsen, E. L. (2007). Dynamic capabilities facilitating innovative strategies in SMEs. International Journal of Technoentrepreneurship, 1: 109–125.

8 Laaksonen, O., & Peltoniemi, M. (2018). The essence of dynamic capabilities and their measurement. International Journal of Management Reviews, 20(2), 184-205.

9 Khin, S. & Ho, T. C. F. (2019). Digital technology, digital capability and organizational performance. International Journal of Innovation Science, 11(2), 177–195.

10 Zhou, K. Z., Yim, C. K. & Tse, D. K. (2005). The Effects of Strategic Orientations on Technology- and Market-Based Breakthrough Innovations. Journal of Marketing, 69(2), 42–60.

11 Eller, R., Alford, P., Kallmünzer, A. & Peters, M. (2020). Antecedents, consequences, and challenges of small and medium-sized enterprise digitalization. Journal of Business Research, 112, 119–127.

12 Proksch, D., Rosin, A. F., Stubner, S. & Pinkwart, A. (2021). The influence of a digital strategy on the digitalization of new ventures: The mediating effect of digital capabilities and a digital culture. Journal of Small Business Management, 1–29.

13 Warner, K. S.R. and Wäger, M. (2019) Building dynamic capabilities for digital transformation: an ongoing process of strategic renewal. Long Range Planning, 52(3), pp. 326-349.

Information zu den AutorInnen

FH-Prof.^{in} Dr.^{in} Ann-Christine Schulz hat an der Christian-Albrechts-Universität zu Kiel und der University of Glasgow Volkswirtschaftslehre studiert und im Bereich Betriebswirtschaftslehre an der Carl von Ossietzky Universität Oldenburg promoviert. Von 2011 bis 2017 war sie Juniorprofessorin für Corporate Strategy an der Freien Universität Berlin. Forschungsaufenthalte führten sie mehrfach an die University of California, Irvine (UCI) und die WU Wien. Seit 2017 arbeitet sie als Senior Researcher an der FHWien wo sie seit 2022 das Forschungsprojekt „Organisationale Ambidextrie in KMU" leitet.

Dr. Patrick Rupprecht, MSc MSc MA studierte Wirtschaftsingenieur, High-Tech Manufacturing und Entrepreneurship an der FH Wr. Neustadt und FH Campus Wien und promovierte im Fachbereich Wirtschaftingenieurwesen-Maschinenbau mit Schwerpunkt Mensch-Maschine-Interaktion/Industrie 4.0 an der TU Wien. Seit 2023 ist er Researcher und Lecturer an der FHWien der WKW mit den Schwerpunkten Innovation und Generative KI. Darüber hinaus bringt er Erfahrung aus der Unternehmenspraxis als Entrepreneur, Auditor und Lecturer mit.

was wir
DENKEN

Wahre Innovation wird in einem kooperativen, respektvollen Umfeld geschaffen, das auf transparenten Prozessen und offenem Austausch von Wissen basiert.

was wir
LEBEN

Die Zeit zwingt uns unaufhaltsam vorwärts, was Anpassung erfordert. Diese Anpassung bedeutet, dass die Möglichkeit besteht, von überall aus an Projekten zu arbeiten. In unserem Unternehmen wird Vielfalt, Diversität und Flexibilität aktiv praktiziert und hoch geschätzt.

was wir
TUN

Wir sind engagiert im Umgang mit Veränderungen und suchen kontinuierlich nach neuen Technologien und Verstärkung im Team, die unsere Leidenschaft für Innovationen, Softwarelösungen und frische Ideen teilen.

Wolfgang H. Güttel

Professor für Leadership & Strategy am Institut für Managementwissenschaften der TU Wien sowie Dean & CEO der TU Wien Academy for Continuing Education

wolfgang.guettel@tuwien.ac.at

Astrid Kleinhanns-Rollé

Post-Doc am Forschungsbereich Leadership & Strategy am Institut für Managementwissenschafen der TU Wien

astrid.kleinhanns-rolle@tuwien.ac.at

Heimo Hammer

Gründer und CEO von kraftwerk

Entrepreneur und Lektor in den Bereichen Marketing, Innovation und Informationstechnologie

heimo.hammer@kraftwerk.co.at

Hochleistungsteams in Unternehmen

Teamperformance, Leadership Value Chains & Führungseffektivität

Im Spitzensport steht die kontinuierliche Entwicklung des Teams, der Teammitglieder und des strategischen und operativen Rahmens im Fokus der Trainer (Führungskräfte). Beispielsweise entwickelte sich der FC Barcelona unter Pep Guardiola (2008-2012) durch das innovative "Tiki-Taka"-Spielsystem – ein schnelles und präzises Kurzpassspiel – und eine starke Teamkultur zu einem dominierenden Team im europäischen Fußball. Diese systematische Entwicklung verdeutlicht, wie wichtig ein fokussierter Entwicklungsansatz für den Erfolg ist. In vielen Unternehmen dominiert hingegen das operative Geschäft, wodurch Weiterentwicklungsfragen oft vernachlässigt werden. Ein zeitgemäßes Verständnis von Teamperformance integriert Entwicklung und Change als entscheidende Leistungsdimension in die Teamführung, um angesichts dynamischer Herausforderungen wie ständig wechselnde Technologien und Marktbedingungen wettbewerbsfähig zu bleiben. Die Analogie zum Spitzensport verdeutlicht das Potenzial, wenn das Team aktiv Entwicklungsprozesse mitgestaltet. Der Beitrag erläutert, welche Dimensionen in Teams entwickelt werden müssen, um ihre Leistungsfähigkeit weiter zu steigern, und welches Führungsverhalten – entlang der Leadership Value Chains – diese Aktivitäten vorantreibt. Wir zeigen schließlich, wie Teamperformance und Führungsverhalten ineinandergreifen und welche Fähigkeiten sowie welches Mindset Führungskräfte benötigen, um das Potenzial ihrer Teams vollständig zur Entfaltung zu bringen.

Kontinuierliche Teamentwicklung

Im professionellen Hochleistungssport ist es selbstverständlich, dass sich Führungskräfte – die Trainer – voll und ganz der Entwicklung ihrer Mitarbeiter, des Teams (und dazu gehören oft weitere Mitglieder des Trainer-Staffs) sowie des strategischen und organisatorischen Rahmens widmen. Im Management hingegen dominiert häufig das operative Geschäft. Weiterentwicklungsfragen des Teams auf operativer, strategischer oder sozialer Ebene werden meist nur im Bedarfsfall, etwa bei Konflikten, angegangen. Wenn Spitzensportteams so agieren würden, wären sie kaum an der Spitze zu finden. Das deutsche Fußballnationalteam (2006-2014) zeigte, wie wichtig eine kontinuierliche Entwicklung ist, indem es nach der Enttäuschung bei der EM 2000 durch systematische Nachwuchsarbeit und taktische Modernisierung schließlich 2014 den Weltmeistertitel gewann. Wird diese Analogie auf Unternehmen übertragen, offenbart sich das Potenzial, das im Fokus auf die kontinuierliche Weiterentwicklung von Teams liegt. In größeren Organisationen führen oft Führungskräfte andere Führungskräfte, was die Hebelwirkung noch verstärkt und zu einer evolutionären Entwicklung der gesamten Organisation innerhalb des strategischen Rahmens beiträgt. Technologien, Kundenwünsche und die Strategien der Wettbewerber ändern sich ständig. Die Entwicklung des Teams, der Mitarbeiter und des strategischen sowie organisatorischen Rahmens muss daher Innovation und Veränderung einschließen, um Wettbewerbsvorteile zu sichern und neue zu erlangen. In diesem Beitrag beleuchten wir die Schlüsseldimensionen zur Steigerung der Teamperformance. Wir erklären, welches Führungsverhalten in Form der Leadership Value Chains erforderlich ist, welche Fähigkeiten Führungskräfte dafür entwickeln sollten und wie diese mit dem persönlichen Mindset zusammenhängen (Abbildung 1).

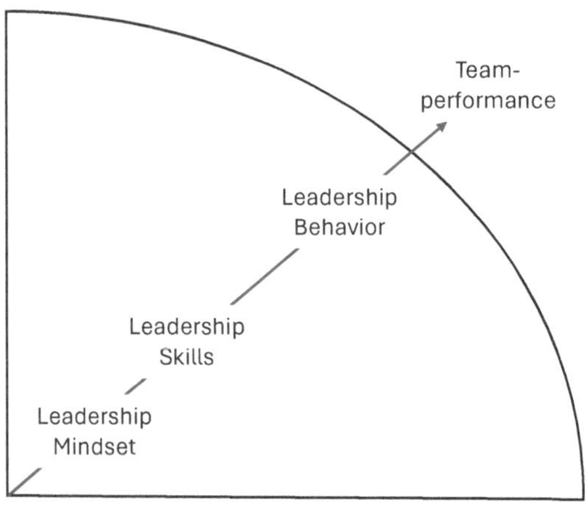

Abbildung 1: Gestaltung der Teamperformance

Hochleistungsteams

Leistungsfähige Teams sind das Fundament für den Erfolg jeder Organisation (siehe Kasten 1: Gruppe und Teams). Von den oberen Managementebenen bis hin zu den unteren Hierarchieebenen prägt die Zusammenarbeit in Teams den Arbeitsalltag und bestimmt die Effektivität und Effizienz der Arbeit. Ein gutes Beispiel dafür ist das Entwicklerteam von Google, das hinter der Entwicklung von Google Maps steht. Dieses Team hat eine der weltweit führenden Karten- und Navigationsanwendungen geschaffen, die täglich von Millionen Menschen genutzt wird. Ihr Erfolg beruht auf einer klaren Zielsetzung, präzisen Rollenverteilungen und einer starken kollaborativen Kultur. Das Team arbeitet in einem agilen Umfeld, das es ihm ermöglicht, schnell auf Veränderungen und Nutzerfeedback zu reagieren. Jeder im Team hat eine klar definierte Rolle, sei es in der Softwareentwicklung, im Design, in der Datenanalyse oder im Produktmanagement, was die Effizienz maximiert. Regelmäßige Sprints und Reviews sorgen dafür, dass alle Mitglieder auf dem gleichen Stand sind und gemeinsam auf die gleichen Ziele hinarbeiten. Durch offene Kommunikation und eine Kultur des kontinuierlichen Lernens und Verbesserns gelingt es dem Team, innovative Funktionen wie Street View, Echtzeit-Verkehrs-Updates und Indoor-Mapping zu entwickeln. Diese Fähigkeit, eng zusammenzuarbeiten und gleichzeitig flexibel auf neue Herausforderungen zu reagieren, macht das Google Maps-Team zu einem Paradebeispiel für ein hochleistungsfähiges Team, das maßgeblich zum Gesamterfolg der Organisation beiträgt.

Hochleistungsteams[1] tragen durch ihre überdurchschnittliche Effizienz, Kohäsion und Lernbereitschaft zu einem signifikanten Wettbewerbsvorteil bei und helfen dabei, komplexe Herausforderungen effektiv zu bewältigen. Im Sport ist das Ferrari Formel 1-Team unter der Führung von Michael Schumacher in den frühen 2000er Jahren ein gutes Beispiel, das von 2000 bis 2004 fünf aufeinanderfolgende Fahrer- und Konstrukteursweltmeisterschaften gewann. Neben Schumacher waren Jean Todt als Teamchef, Ross Brawn als technischer Direktor und Rory Byrne als Chefdesigner entscheidend für den Erfolg des Teams. Ihre enge Zusammenarbeit, klar definierte Rollen und das gemeinsame Streben nach technischer Perfektion und strategischer Exzellenz machten Ferrari in dieser Ära unschlagbar. Diese Kombination aus Talent, Innovation und Teamarbeit führte zu einer der dominantesten Phasen in der Geschichte der Formel 1. Führungskräfte sollten daher danach streben, hochleistungsfähige Teams zu entwickeln, da sie nicht nur die Produktivität steigern, sondern auch die Innovationsfähigkeit und Mitarbeiterzufriedenheit nachhaltig fördern.

Leistungsdimensionen der Teamperformance: Execution, Engagement, Enhancement, Enforcement

Führungskräfte verfügen über die Möglichkeit, gezielt die Leistung ihres Teams zu steigern, indem sie die Teamperformance anhand von vier Leistungsdimensionen systematisch analysieren und optimieren: Execution (Managementdimension), Engagement (Soziale Dimension), Enhancement (Entwicklungsdimension) und Enforcement (Ergebnisdimension). Sie müssen die operativen Ergebnisse in Bezug auf Finanz-, Kunden- und Qualitätsergebnisse liefern (Enforcement), indem sie gemeinsame Ziele, klare Rollen und stabile Prozesse (Execution) schaffen, den sozialen Zusammenhalt durch Sinn, Vertrauen und Partizipationswerte (Engagement) stärken und über Entwicklungsideen, Entwicklungsprojekte und Entwicklungsstrategien die Zukunft gestalten (Enhancement) (Abbildung 2).

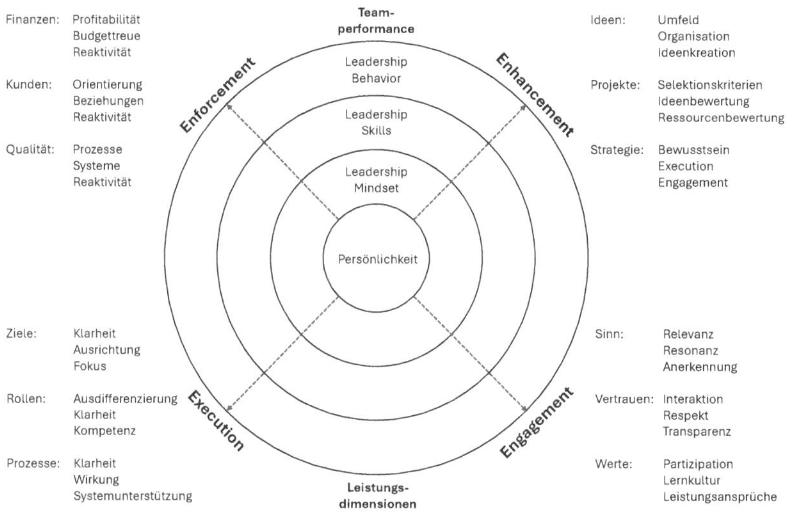

Abbildung 2: Leistungsdimensionen der Teamperformance im „4 cubed Leadership Model"

Execution – Managementdimension: Ziele, Rollen, Prozesse

Effizienz entsteht in Hochleistungsteams über präzise definierte und gemeinsam getragene Ziele, Rollen und Prozesse[2]. Ziele geben eine klare Richtung vor und verhindern Reibungen in der Priorisierung zwischen den Teammitgliedern. Zudem verfügen Hochleistungsteams über ein ausdifferenziertes Rollensystem, in dem jede Rolle klar definiert und auf die individuellen Stärken der Mitglieder abgestimmt ist. Prozesse in Hochleistungsteams sind effizient und dennoch flexibel genug sind, um sich an neue Herausforderungen anzupassen. Dadurch wird eine hohe Konsistenz in der Arbeitsweise erreicht. Klarheit im Zielsystem, in der Struktur und in den Prozessen ist essenziell für eine effektive Zusammenarbeit.

Ziele Ein zentrales Merkmal eines Hochleistungsteams sind gemeinsame, konsistente und allgemein akzeptierte Ziele[3]. Diese Ziele geben dem Team eine klare Richtung und einen gemeinsamen Zweck, der die Mitglieder verbindet und ihre Anstrengungen zielgerichtet koordiniert. Ob es sich um die Erreichung spezifischer Aufgaben oder um umfassendere Visionen und Werte handelt, gemeinsame Ziele fördern die Zusammenarbeit und helfen den Mitgliedern, sich auf gemeinsame Prioritäten zu konzentrieren. Dies ermöglicht dem Team, effizient und zielgerichtet zu agieren: *Zielklarheit, Ausrichtung und Fokus*.

Die *Zielklarheit* gibt Orientierung und fördert die Motivation, da jedes Mitglied genau weiß, worauf es hinarbeitet und wie sein Beitrag zum Gesamterfolg beiträgt. Die *Ausrichtung* der Ziele in einem konsistenten Zielsystem sorgt dafür, dass alle Teilziele und individuellen Aufgaben aufeinander abgestimmt sind, wodurch Missverständnisse minimiert und Synergien maximiert werden. Diese klare Linie ermöglicht den Teammitgliedern in komplexen Herausforderungen einen *Fokus* der vorhandenen Ressourcen auf gemeinsame Prioritäten und ein konsistentes arbeitsteiliges Agieren.

Rollen Ein weiteres Kernelement leistungsfähiger Teams ist ein ausdifferenziertes und stabiles Rollensystem[4]. In einem solchen System hat jedes Mitglied spezifische Rollen, die klar definiert und akzeptiert sind. Ein strukturiertes Rollensystem fördert die Effizienz und ermöglicht eine effektive Aufgabenteilung, sodass die individuellen Stärken der Mitglieder optimal genutzt werden können: *Ausdifferenzierung, Rollenklarheit und Kompetenz.*

Eine effektive *Ausdifferenzierung* von Rollen im Team optimiert die Effizienz der Zusammenarbeit und Entscheidungsfindung, indem sichergestellt wird, dass für die zur Erreichung der Teamziele erforderlichen Aufgaben auch Verantwortlichkeiten und Entscheidungsbefugnisse definiert sind. Zudem hilft eine Abgrenzung zwischen den Rollen, Überschneidungen in Verantwortungsbereichen, Doppelarbeit, Missverständnisse und Konflikte zu vermeiden, wodurch eine reibungslosere Zusammenarbeit gewährleistet wird. Jede Rolle im Team braucht *Klarheit* in Bezug auf die damit verbundenen Erwartungen, Verantwortlichkeiten und Entscheidungskompetenzen. Ziel ist, dass jeder Rollenträger eine eindeutige Vorstellung von seinen Aufgaben und Verantwortlichkeiten hat, wodurch Unsicherheiten reduziert und die Effizienz gesteigert werden. Die Zuordnung von Teammitgliedern zu Rollen erfolgt nach *Kompetenzen* und stellt sicher, dass die Person als Rollenträger über die notwendigen Fähigkeiten und Fachkenntnisse verfügt und in der Rolle – wenn möglich – auch Entwicklungsperspektiven sieht. Dadurch können Teammitglieder ihre spezifischen Stärken optimal einbringen, weshalb die Qualität der Arbeit verbessert, die Zusammenarbeit reibungsfreier und die Gesamteffizienz des Teams maximiert werden. Jedes Teammitglied fühlt sich nicht nur für gut abgegrenzte Aufgaben verantwortlich, sondern ist auch in der Lage, diese effektiv zu erfüllen.

Im Rollensystem ist die *Führungsrolle* (auch in fallweise vorkommender geteilter Form) entscheidend für den Erfolg jedes Teams. Insbesondere in Hochleistungsteams, wo die Anforderungen und Erwartungen in Richtung kontinuierlicher Weiterentwicklung besonders hoch sind[5], ist eine starke und inspirierende Führungskraft unerlässlich, da sie die Richtung vorgibt und die Grundwerte des Teams formt. Führungskräfte in diesen Teams etablieren klare Erwartungen, bieten notwendige Unterstützung und die erforderlichen Ressourcen und dienen gleichzeitig als Vorbilder für ihre Teammitglieder. Sie schaffen eine Kultur des Vertrauens und der Verantwortlichkeit, die essenziell für die Förderung der persönlichen und beruflichen Entwicklung der Teammitglieder ist. Zudem spielt effektive Führung eine Schlüsselrolle bei der Überwindung von Hindernissen und der Sicherstellung, dass das Team auch in herausfordernden Zeiten seinen Kurs beibehält[6]. Ohne eine anspruchsvolle Führung wäre es schwierig, die Kohäsion und den Antrieb zu bewahren, die für die Erreichung außergewöhnlicher Leistungen nötig sind. Unklare Führungsstrukturen führen daher oft zu informellen Gruppen mit eigener Entscheidungsautorität. Verantwortlichkeiten werden verwässert und die Kommunikation wird erschwert[7]. Beispiele wie holokratische Organisationen verdeutlichen, dass fehlende klare Verantwortlichkeiten und Führungsstrukturen zu Verwirrung, Überforderung der Mitarbeiter und ineffizienter Entscheidungsfindung führen können[8].

Prozesse Klare Arbeits- und Meetingprozesse sind das Rückgrat effektiver Teamarbeit[9]. Sie sorgen für eine strukturierte und effiziente Gestaltung des Arbeitsalltags, indem sie für alle Beteiligten verständliche Abläufe festlegen: *Klarheit, Wirkung und Systemunterstützung*.

Klar definierte Geschäfts- und Meetingprozesse sorgen dafür, dass die operativen Ziele effizient erreicht werden, indem sie klare Abläufe und Zuständigkeiten schaffen. *Klarheit* minimiert Missverständnisse und Unsicherheiten, da jedes Teammitglied genau weiß, welche Schritte es zu tun hat und wie es seine Aufgaben am besten erfüllen kann. Durch klare Abläufe können Teams Aufgaben reibungslos koordinieren, Verantwortlichkeiten eindeutig zuweisen und Ressourcen optimal nutzen. Dies verhindert Verzögerungen und vermeidet Missverständnisse, die durch unklare Abläufe entstehen könnten. Klar definierte Meetingprozesse lenken effiziente Kommunikations- und Entscheidungswege. Sie ermöglichen in Meetings eine zielgerichtete Diskussion, rasche Entscheidungsfindung und eine fokussierte Nutzung der Zeit. Dadurch wird sichergestellt, dass Meetings produktiv sind und konkrete Ergebnisse liefern, was zur Qualität der Ergebnisse und zur schnellen Umsetzung von Projekten beiträgt. Die *Wirkung* der Prozesse beschreibt, inwiefern diese auch tatsächlich geeignet sind und zur Erreichung der gesetzten Ziele beitragen. Prozesse können ohne Wirkung bleiben, wenn sie beispielsweise zu starr oder veraltet sind, um in verschiedenen Situationen effektiv angewandt zu werden, oder wenn Fülle, Detaillierungsgrad oder Komplexität der Vorgaben das individuelle Zeitbudget überfordern. Flexible Ansätze mit nur groben Grundregeln (Simple Rules[10]) können hilfreich sein, indem sie genügend Orientierung bieten, um Aufgaben und Verantwortlichkeiten klar zu regeln, während sie gleichzeitig genug Flexibilität lassen, um auf unterschiedliche Situationen einzugehen. Eine hohe Prozesswirkung zeigt sich darin, dass Prozesse nicht nur klar definiert sind, sondern erfolgreich angewandt werden und in der Praxis die gewünschten Ergebnisse erzielen. Die *Systemunterstützung* (IT-Infrastruktur) durch die Verwendung technologischer Tools kann die Aufgabenerledigung in Bezug auf Tätigkeitsabfolgen, Kommunikation oder Datenzugriff erheblich erleichtern, verbessern und beschleunigen. Insgesamt tragen klare und wirkungsvolle Arbeits- und Meetingprozesse mit passender Systemunterstützung dazu bei, das volle Potenzial eines Teams auszuschöpfen und die gemeinsamen Ziele effizient zu erreichen.

Gruppe & Teams

Ein Team weist jene Merkmale auf, die eine Gruppe charakterisieren[42]. Eine Gruppe besteht aus mehr als zwei Personen. Dadurch werden mikropolitische Spiele durch Koalitionsbildungen möglich, bei denen eine Mehrheit (dominante Koalition)[43] Entscheidungen gegenüber einer Minderheit treffen kann. Typischerweise umfasst eine Gruppe bis zu 8-10 Mitglieder, wobei die genaue Obergrenze schwer festzulegen ist und fallweise bedeutend darüber liegen kann. Sie wird jedenfalls erreicht, sobald die Gruppe in Subgruppen mit eigenen Zielen oder Rollen zerfällt. Eine ideale Gruppengröße von 8-10 Personen zeigt sich etwa im militärischen Kontext bei Infanteriegruppen, wo diese Größe aufgrund optimaler Führbarkeit und klarer Kommunikation gewählt wird. Sie ermöglicht es dem Truppführer, alle Mitglieder direkt anzusprechen und gleichzeitig flexibel auf sich ändernde Situationen zu reagieren. Diese Gruppengröße bietet eine gute Balance zwischen ausreichender Feuerkraft und Beweglichkeit. Zudem fördert sie die Effizienz, da Aufgaben klar verteilt und Informationen schnell weitergegeben werden können. Diese ideale Gruppengröße findet sich auch im Management wieder, wo die typische Führungsspanne oft 8-10 Mitarbeiter umfasst, da dies eine effektive Kommunikation und klare Aufgabenverteilung fördert. Wesentlich für das Funktionieren einer Gruppe ist jedenfalls ein ausreichendes Maß an Face-to-Face-Interaktion, da nur durch persönlichen Kontakt etwa Vertrauen und Verbindlichkeit entstehen können oder auch Gruppendruck zur Einhaltung von Gruppennormen[44] wirksam wird. Diese direkte Interaktion fördert ein gemeinsames Verständnis und eine starke Bindung innerhalb der Gruppe.

Im Unterschied zu Gruppen, die sich ihre Ziele selbst setzen, werden die Ziele eines Teams von außen vorgegeben[45]. Während Freundesgruppen ihre Ziele unabhängig und autonom festlegen, ist in einem Team die Führungskraft letztlich dafür verantwortlich, die vom Unternehmen vorgegebenen Ziele zu übernehmen und diese gemeinsam mit dem Team zu erreichen. Die Führungskraft muss daher die internen Zielfindungsprozesse der Gruppe so lenken (d.h. den Performance Core im Zusammenspiel aus Individuen, Gruppe und Organisation entsprechend gestalten)[46], dass die vorgegebenen Teamziele im Einklang mit den übergeordneten Zielen der Organisation erreicht werden.

Engagement – Soziale Dimension: Sinn, Vertrauen, Werte

Engagement bezeichnet die emotionale und intellektuelle Bindung der Teammitglieder an ihre Arbeit und das Team und entsteht aus Sinn, Vertrauen und einer gemeinsamen Wertebasis. Engagierte und motivierte Teammitglieder sowie eine vertrauensvolle und integrative Zusammenarbeit sind die Grundvoraussetzungen für eine effektive Teamarbeit. Eine starke Kohäsion, die auf einem hohen Maß an Vertrauen innerhalb der Gruppe basiert, ist daher ein weiteres Merkmal von Hochleistungsteams[11]. Teammitglieder fühlen sich sicher und unterstützt. Dadurch wird die Grundlage für eine offene Kommunikation und die Bereitschaft, Risiken einzugehen geschaffen. Der Sinn und Zweck ihrer Arbeit ist den Mitgliedern klar, wodurch ihre Motivation und ihr Engagement gestärkt wird. Partizipationswerte spielen eine zentrale Rolle. In Hochleistungsteams werden möglichst alle Mitglieder aktiv in Entscheidungsprozesse einbezogen. Dies fördert kollektive Intelligenz und Kreativität gleichermaßen.

Sinn bezeichnet die Bedeutung, die Teammitglieder ihrer Arbeit und den Zielen ihres Teams beimessen. Es handelt sich um das Verständnis, dass ihre Tätigkeiten zu einem größeren Ganzen beitragen und von Wichtigkeit sind. Das Verständnis um den tieferen Sinn stärkt die Motivation und das Engagement[12]. Die Vermittlung von Sinn (Sensegiving[13]) spielt hierbei eine zentrale Rolle. Führungskräfte formen und richten die

Erwartungen der Teammitglieder gezielt aus, wodurch diese proaktiv auf gemeinsame Ziele und Werte eingestimmt werden. Das Gefühl von Sinnhaftigkeit in der täglichen Arbeit verstärkt das Commitment zu den Teamzielen und fördert die Autonomie. Zudem ermöglicht diese sinnstiftende Ausrichtung eine effektive Prioritätensetzung, bei der alle Aktivitäten konsequent auf das Erreichen der übergeordneten Ziele ausgerichtet sind. Ein solches Verständnis des übergeordneten Zwecks inspiriert das Team kontinuierlich und treibt es zu höheren Leistungen an: *Relevanz, Resonanz und Anerkennung.*

Teammitglieder erleben ihre Aufgabe bedeutungsvoll, wenn dem Ergebnis eine große *Relevanz* zugeschrieben wird. Ziele werden beispielsweise engagierter verfolgt, wenn sie zu einem größeren Ganzen beitragen, als dringlich oder herausfordernd wahrgenommen werden[14]. *Resonanz* beschreibt das Ausmaß, in dem die Aufgabe die Teammitglieder auch emotional berührt. Emotionale Tiefe entsteht durch Identifikation, einem Gefühl der Verbundenheit und Überlappung mit persönlichen Überzeugungen und dem eigenen Selbstbild. So kann es beispielsweise über Storytelling gelingen, in einer Vision nicht nur den Verstand anzusprechen, sondern auch die Herzen und Werte der Teammitglieder zu berühren und sie so emotional stärker an die Aufgabe zu binden. *Anerkennung* führt darüber hinaus dazu, dass Teammitglieder eine Aufgabe als wertvoll und lohnenswert wahrnehmen, weil sie von anderen geschätzt wird. Wenn Teammitglieder merken, dass ihre Anstrengungen, Beiträge und Erfolge gesehen und gewürdigt werden, sind sie auch längerfristig bereit, ihr Bestes zu geben. Anerkennung, beispielsweise in Form von konstruktivem Feedback, stärkt außerdem das Selbstwertgefühl des Einzelnen. Dies wirkt sich positiv auf Leistung und Engagement aus, indem sie sich sicher fühlen, ihre Ideen einzubringen und Verantwortung zu übernehmen.

Vertrauen bezeichnet die Zuversicht, dass die Teammitglieder in ihrer Interaktion zuverlässig, ehrlich und kompetent handeln und ist die Grundlage für produktive Zusammenarbeit. Beziehungen zwischen Teammitgliedern sind anfangs mit Unsicherheiten und Ängsten verbunden, ob man sich auf die Integrität, Absichten und Zuverlässigkeit der anderen verlassen kann. Durch konsistentes, vorhersagbares Verhalten der Teammitglieder sowie durch die Erfüllung von Versprechen und Zusagen reduziert sich diese Unsicherheit und es entsteht Vertrauen, die feste Überzeugung, sich verlassen zu können. Vertrauen führt zu Offenheit und Risikobereitschaft und bildet die Basis für tiefergreifende und langfristige Beziehungen, die auch über Phasen von Unsicherheiten und Instabilität tragen. Sichtbar wird Vertrauen in einer offenen und ehrlichen Kommunikation, in der Risiken eingegangen und Meinungen frei geäußert werden können[15]. Wenn Teammitglieder einander vertrauen, sind sie eher bereit, Ideen zu teilen, Feedback zu geben und kollaborativ zu Problemlösungen beizutragen. Vertrauensvolle Beziehungen sind auch Bedingung für das Entstehen von Teamzusammenhalt (Kohäsion), dem Grad, zu dem sich Teammitglieder als Teil des Teams fühlen und sich dafür engagieren: *Interaktion, Respekt und Transparenz*.

Regelmäßige und offene *Interaktion*en sind entscheidend für den Aufbau von Vertrauen in Teams. Der kontinuierliche Austausch von Ideen und Meinungen fördert nicht nur die Verlässlichkeit und das gegenseitige Verständnis, sondern verhindert auch

Missverständnisse. *Respekt* spielt hierbei eine zentrale Rolle, indem jedes Teammitglied als wertvoller Beitrag wahrgenommen wird, was eine sichere Umgebung schafft, in der sich alle ermutigt fühlen, aktiv beizutragen. *Transparenz* sorgt für Klarheit und ein konsistentes Verhalten innerhalb des Teams, indem offene Kommunikation über Entscheidungen, Ziele und Herausforderungen Unsicherheiten beseitigt und das Gefühl von Geheimniskrämerei vermeidet. Diese vertrauensfördernden Elemente – Respekt, Transparenz und effektive Kommunikation – stärken nicht nur die Teamdynamik, sondern erhöhen auch die Effizienz und Effektivität der Zusammenarbeit. Vertrauen ermöglicht es den Mitgliedern, sich auf ihre Stärken zu konzentrieren, während Konflikte minimiert werden, was die Entscheidungsfindung und Problemlösung verbessert. Ein hohes Maß an Vertrauen macht das Team resilienter und befähigt es, gemeinsam Herausforderungen zu meistern und außergewöhnliche Ergebnisse zu erzielen[16].

Werte beziehen sich auf die kollektiven Normen und Überzeugungen eines Teams, dass sich aktive Beteilung und Mitbestimmung jedes Mitglieds an Entscheidungsprozessen und der Arbeit im Team positiv auf die Leistungsfähigkeit des Teams auswirken. Durch die Einbeziehung unterschiedlicher Perspektiven und Erfahrungen entstehen fundierte Entscheidungen, die häufig zu besseren Ergebnissen führen. Partizipationswerte stärken darüber hinaus die Teamkohäsion, indem sich die Teammitglieder stark mit ihrem Team verbunden fühlen, weil sie aktiv an dessen Gestaltung und Entscheidungsprozessen beteiligt sind[17]. Dieses Gefühl der Einbindung steigert das Engagement und die Zufriedenheit jedes Einzelnen. Gemeinsame Werte, auf denen Spielregeln oder soziale Normen basieren, tragen zusätzlich zur Stabilität und Ordnung innerhalb eines Teams bei: *Partizipation, Lernkultur und Leistungsansprüche.*

Eine aktive *Partizipation* aller Teammitglieder in Entscheidungsprozesse fördert Engagement und Verantwortungsbewusstsein, indem jedes Mitglied die Möglichkeit hat, seine Ideen und Perspektiven einzubringen. Hochleistungsteams zeichnen sich durch eine gleichmäßige Verteilung der Beiträge der Mitglieder in Meetings aus, wodurch jede Stimme gehört, wertgeschätzt und für die Weiterentwicklung der Leistungsfähigkeit des Teams genutzt werden kann[18]. Dies stärkt das Gefühl von Ownership und erhöht die Motivation, die gemeinsamen Ziele zu erreichen. Eine *Lernkultur*, in der Fehler als Chancen gesehen werden, trägt zusätzlich zur kontinuierlichen Verbesserung bei und fördert die Anpassungsfähigkeit des Teams an Veränderungen. Klare und realistische *Leistungsansprüche*, die sowohl individuelle als auch kollektive Erwartungen festlegen, bieten Orientierung und fördern hohe Produktivität und Qualität, ohne übermäßigen Druck auszuüben. Durch das Einhalten von sozialen Normen und Werten wird die Interaktion im Team reguliert und Missverständnissen vorgebeugt, während die Partizipation die kollektive Intelligenz und Kreativität durch vielfältige Perspektiven stärkt. Ein weiterer Schlüssel für den Erfolg von Hochleistungsteams ist die "Psychological Safety", also das Vertrauen, dass Teammitglieder offen sprechen und Fehler zugeben können, ohne negative Konsequenzen fürchten zu müssen[19]. Dadurch verbessert sich nicht nur der Zusammenhalt, sondern auch die Effektivität des Teams, wodurch kontinuierliches Wachstum und Anpassung an neue Gegebenheiten ermöglicht wird[20].

Enhancement – Entwicklungsdimension: Entwicklungsideen, Entwicklungsprojekte, Entwicklungsstrategie

Hochleistungsteams verfügen über die Fähigkeit, Chancen und Innovationen frühzeitig zu erkennen, fundierte Entscheidungen zu treffen und Veränderungen effektiv umzusetzen. Sie zeichnen sich durch ihre Lernbereitschaft und kontinuierliche Verbesserung aus[21]. Für Teams ist kontinuierliche Weiterentwicklung entscheidend, um auf veränderte Umstände zu reagieren und wettbewerbsfähig zu bleiben. Sie müssen neue Möglichkeiten und Trends erkennen und daraus Entwicklungsideen generieren, über deren Umsetzbarkeit entscheiden und sie nachfolgend in Change- und Innovationsprozessen umsetzen[22].

Entwicklungsideen Teams stehen unter einem permanenten Anpassungsdruck, da sie in einem dynamischen Umfeld agieren, das von ständigen technologischen Innovationen, sich verändernden Kundenbedürfnissen und den Aktivitäten der Wettbewerber geprägt ist. Diese sich wandelnden Rahmenbedingungen erfordern von Teams die kontinuierliche Fähigkeit, innovative Entwicklungsideen zu generieren, um wettbewerbsfähig zu bleiben[23]. Fortlaufendes Engagement ist entscheidend, um die vielfältigen Möglichkeiten, die sich bieten, proaktiv zu erkennen und zu nutzen: *Umfeldbeobachtung, Organisationsbeobachtung und Ideenkreation*.

Eine ständige Wachsamkeit und die Bereitschaft, auf neue Entwicklungen schnell zu reagieren, sind dabei unerlässlich. Sensing spielt dabei eine zentrale Rolle, im Rahmen einer *Umfeldbeobachtung*, aber auch bei der kontinuierlichen Suchen nach Verbesserungspotenzialen im Rahmen der *Organisationsbeobachtung*. Die Teammitglieder sind angehalten, zeitnah auf ihre Erkenntnisse, beispielsweise neu entdeckte Innovationen (z.B. Technologien, Geschäftsmodelle) zu reagieren und im Zuge einer *Ideenkreation* aktiv Innovations- und Verbesserungspotenziale zu generieren. Diese Wachsamkeit und proaktive Haltung ermöglicht es dem Team und der gesamten Organisationseinheit, sich stetig weiterzuentwickeln und anpassungsfähig zu bleiben, was letztendlich ihre Wettbewerbsfähigkeit und Erfolgsaussichten signifikant steigert. Durch das stete Beobachten des Umfelds und das Aufspüren von internen Verbesserungspotenzialen können Teams nicht nur ihre eigene Entwicklung vorantreiben, sondern auch maßgeblich zur Dynamik und Innovationskraft der gesamten Organisation beitragen. Ein Beispiel dafür ist Spotify, das durch Initiativen wie "Hack Weeks" die Weiterentwicklung seines Management-Teams und der Mitarbeiter fördert, indem diese abseits der regulären Arbeit an innovativen Projekten und Ideen arbeiten. Diese Kultur des Experimentierens hilft dem Unternehmen, neue Technologien und Funktionen zu testen und so seine Führungsposition im Musik-Streaming-Markt zu behaupten.

Entwicklungsprojekte Teams müssen Entscheidungen über die Umsetzung von Innovations- und Entwicklungspotenzialen treffen und Entwicklungsprojekte selektieren[24]. Teams wenden spezifische Kriterien an, die oft Effizienz, Machbarkeit und den potenziellen Impact auf die aktuellen Betriebsabläufe einschließen, um diese Entscheidungen zu treffen: *Selektionskriterien, Ideenbewertung und Ressourcenbewertung*.

Der Entscheidungsprozess für die Auswahl von Entwicklungsideen ist strukturiert und basiert auf klaren *Selektionskriterien* wie Effizienz, Kosten, strategischer Relevanz und Umsetzbarkeit. Durch die Anwendung von Methoden wie SWOT-Analysen, Kosten-Nutzen-Analysen oder Priorisierungsmatrizen können systematisch Ideen anhand des geschätzten Potenzials bewertet werden (*Ideenbewertung*). Ein integraler Bestandteil dieses Prozesses ist die strategische *Ressourcenbewertung*. Zeit, Geld und Personal müssen sorgfältig geplant werden, da ohne ausreichende Ressourcen selbst vielversprechende Projekte nicht umgesetzt werden können. Ein kollaborativer Ansatz, der viele Teammitglieder einbindet, fördert nicht nur Kreativität und Engagement, sondern stellt auch sicher, dass Entscheidungen auf einem umfassenden Verständnis der praktischen und strategischen Anforderungen basieren[25]. Dieser partizipative Ansatz stärkt die Innovationskraft und Anpassungsfähigkeit der Organisation, indem er hilft Ressourcen effizient zu allokieren und die vielversprechendsten Projekte umzusetzen.

Entwicklungsstrategien sind von entscheidender Bedeutung, weil sie Teams und Organisationen dabei unterstützen, Innovationen und Verbesserungen effektiv von der Idee bis zur Umsetzung zu steuern. Ohne eine klare Strategie fehlt es oft an Struktur, was zu ineffizienten Prozessen, Missverständnissen und dem Scheitern von Projekten führen kann. Entwicklungsstrategien bieten nicht nur einen Fahrplan für den operativen Teil der Umsetzung, sondern helfen auch, Ressourcen gezielt einzusetzen und die Beteiligten zu motivieren[26]: *Bewusstsein, Execution-Strategie und Engagement-Strategie*.

Für die erfolgreiche Realisierung von Entwicklungsprojekten ist die Offenheit des Teams für Veränderungen entscheidend, die aus einem gemeinsamen *Bewusstsein* für die Notwendigkeit von Innovationsprozessen resultiert. Ein klares Verständnis der strategischen Ziele und der Vorteile geplanter Veränderungen fördert die Akzeptanz und verringert Widerstände. Die Führungskraft spielt eine zentrale Rolle, indem sie Transparenz schafft und die kontinuierliche Notwendigkeit von Innovationen kommuniziert. Die *Execution-Strategie* bietet den operativen Fahrplan, indem sie konkrete Ziele, Rollen und Verantwortlichkeiten festlegt und sicherstellt, dass das Team effizient zusammenarbeitet und die Prozesse klar strukturiert sind. Gleichzeitig erfordert eine erfolgreiche Umsetzung motivierte und engagierte Teammitglieder. Dies wird durch eine *Engagement-Strategie* erreicht, die Vertrauen, Teamzusammenhalt und Sinnstiftung fördert. Durch eine Kultur des offenen Austauschs und der Anerkennung entsteht ein Umfeld, in dem sich Teammitglieder gut mit den Projekten identifizieren können. Diese Kombination aus operativer Klarheit und emotionalem Engagement schafft die Grundlage für nachhaltigen Erfolg und ermöglicht es Teams, ihre Organisation in eine dynamische und zukunftsorientierte Richtung zu lenken[27].

Enforcement – Ergebnisdimension: Finanzergebnisse, Kundenergebnisse, Qualitätsergebnisse

Die Effektivität von Teams und der Wert, den sie für die Organisation schaffen, können operativ an verschiedenen Ergebnisindikatoren gemessen werden. Erfolgreiche Teams halten diese genau im Blick und richten ihre Zusammenarbeit darauf aus, um die Zielerreichung sicherzustellen und etwaige Abweichungen rasch zu korrigieren. Die

Ergebnisindikatoren können je nach Branche abweichen, bewerten jedoch häufig den Leistungsbeitrag des Teams entlang ihrer Finanz-, Kunden- und Qualitätsergebnisse.

Finanzergebnisse Teams, die ihre finanziellen Ziele erreichen oder übertreffen und ihre Ressourcen effizient nutzen, tragen maßgeblich zum Unternehmenserfolg bei: *Profitabilität, Budgettreue und Reaktivität*, die Reaktion auf Signale aus dem Finanzbereich. Profitabilität zeigt, wie gut ein Team oder eine Organisationseinheit in der Lage ist, Einnahmen zu generieren und gleichzeitig die Kosten zu kontrollieren. Effizienz bezieht sich darauf, wie ressourcenschonend und produktiv gearbeitet wird. Budgettreue bedeutet, dass finanzielle Mittel verantwortungsvoll verwaltet und geplante Budgets eingehalten werden. Entscheidend sind nicht nur die finanziellen Kennzahlen, sondern auch wie schnell und präzise das Team auf Informationen zu Finanzkennzahlen reagiert, indem es fundierte Entscheidungen trifft oder rechtzeitig Anpassungen vornimmt, um finanzielle Ziele zu erreichen und Risiken zu minimieren. Diese Aspekte zusammen stärken die finanzielle Gesundheit und die langfristige Wettbewerbsfähigkeit der Organisation.

Kundenergebnisse Die Bedeutung von Kundenergebnissen für Teams kann nicht hoch genug eingeschätzt werden, da sie die Grundlage für nachhaltigen Erfolg und Wachstum bilden: *Kundenorientierung, Kundenbeziehungen und Reaktivität,* die Reaktion auf Kundenwünsche. Kundenorientierung ist hierbei der Schlüssel, da sie sicherstellt, dass die Bedürfnisse und Erwartungen der Kunden stets im Mittelpunkt stehen. Der Aufbau und Erhalt starker Kundenbeziehungen sind essenziell, um Vertrauen und Loyalität zu schaffen. Dies fördert wiederum die langfristige Bindung der Kunden an die Organisation. Teams müssen zudem flexibel und reaktionsschnell auf Kundenwünsche eingehen können, um ihre Zufriedenheit zu gewährleisten und kontinuierlich zu verbessern. Dabei ist es wichtig zu beachten, dass Kunden nicht nur externe Verbraucher sind, sondern auch „interne Kunden", wie andere Abteilungen innerhalb des Unternehmens. Durch eine ganzheitliche Kundenorientierung und den Fokus auf exzellente Kundenergebnisse können Teams ihren Beitrag zur Gesamtleistung der Organisation maximieren und gleichzeitig eine Kultur der Zusammenarbeit und des gemeinsamen Erfolgs fördern.

Qualitätsergebnisse Die Qualitätsergebnisse in Teams spielen eine entscheidende Rolle für den Erfolg und die Effizienz der gesamten Organisation: *Prozessqualität, Systemqualität sowie Reaktivität*, die Reaktion auf Qualitätsergebnisse. Die Qualität der Prozesse bestimmt, wie reibungslos und effektiv die Arbeit abläuft, und trägt maßgeblich zur Produktivität und Zuverlässigkeit bei. Ebenso wichtig ist die Qualität der Systeme, die diese Prozesse unterstützen – leistungsfähige, gut integrierte Systeme ermöglichen es den Teams, ihre Aufgaben effizient zu erledigen und schnell auf Veränderungen zu reagieren. Darüber hinaus ist die Qualität der Prozessstandardisierung von großer Bedeutung. Standardisierte Prozesse gewährleisten Konsistenz, minimieren Fehler und verbessern die Nachvollziehbarkeit und Transparenz der Arbeitsabläufe. Weicht die Qualität vom Zielniveau ab, muss das Team rasch reagieren und Maßnahmen in die gewünschte Richtung einleiten. Denn durch die Fokussierung auf hohe Qualität in allen diesen Bereichen können Teams nicht nur ihre eigenen Leistungen optimieren, sondern auch einen bedeutenden Beitrag zur langfristigen Wettbewerbsfähigkeit und Innovationskraft der gesamten Organisation leisten.

Leadership Behavior & Teamperformance

Die Bedeutung von Führung in Hochleistungsteams ist weitaus zentraler und differenzierter als in normalen Teams[28]. In Hochleistungsteams agiert die Führungskraft nicht nur als Manager, sondern als visionäre Führungskraft, die klare Visionen und Erwartungen setzt, die Teammitglieder inspiriert und ihnen die notwendigen Ressourcen zur Verfügung stellt[29]. Diese Führungskräfte fördern eine Kultur des Vertrauens und der Verantwortlichkeit, in der sich jedes Teammitglied sicher fühlt, Ideen zu äußern und Risiken einzugehen. Im Gegensatz dazu konzentrieren sich Führungskräfte in durchschnittlich performenden Teams oft mehr auf die Erfüllung operativer Aufgaben und die Einhaltung von Vorgaben. In Hochleistungsteams liegt der Fokus jedoch auch auf der kontinuierlichen Weiterentwicklung des Teams, der Förderung von Innovation und der Sicherstellung, dass alle Mitglieder ihre individuellen Stärken optimal einbringen können. Diese transformative Führung ermöglicht es Hochleistungsteams, Herausforderungen erfolgreich zu meistern und außergewöhnliche Ergebnisse zu erzielen.

Effektives Führungsverhalten ist der Schlüssel zur Maximierung der Teamperformance. Mithilfe der Leadership Value Chains[30] – entlang der Dimensionen Executing, Engaging, Enhancing und Enforcing (Abbildung 3) – erhalten Führungskräfte gezielte Möglichkeiten, um die zentralen Leistungsdimensionen des Teams nicht nur zu erhalten, sondern systematisch zu optimieren und nachhaltig zu stärken. Diese Ansätze ermöglichen es, sowohl operative Effizienz als auch die Bindung der Teammitglieder und die Innovationsfähigkeit des Teams kontinuierlich auf ein höheres Niveau zu bringen.

Executing: Prioritizing, Assigning, Tracking In der Execution sind klare Ziele, klare Rollen und klare Prozesse unerlässlich. Diese Elemente sorgen dafür, dass alle Teammitglieder wissen, worauf sie hinarbeiten, welche Aufgaben sie übernehmen und wie die Abläufe gestaltet sind. Im Bereich der Execution spielt die Führungskraft eine zentrale Rolle bei der Priorisierung der Ziele, um diese ständig zu justieren und die Ressourcennutzung optimal zu planen (*Prioritizing*). Ein konsistentes Rollensystem und klare Prozesse sind essenziell, damit jedes Teammitglied seine Aufgaben effektiv erfüllen kann. Die Führungskraft ist gefordert, die Maßnahmen, die zur Zielerreichung dienen, auf die Teammitglieder aufteilen, um klare Verantwortlichkeiten herzustellen (*Assigning*). Schließlich ist es wichtig, den Zielerreichungsgrad nachzuverfolgen und in Meetings transparent zu machen bzw. zu besprechen, um zu erkennen, ob die Teammitglieder auf Kurs oder ob Anpassungen notwendig sind, um die Performance zu optimieren (*Tracking*).

Engaging: Energizing, Connecting, Encouraging Teams brauchen einen klaren Sinn und Purpose, Vertrauen sowie echte Mitgestaltungsmöglichkeiten, um ihr volles Potenzial entfalten zu können. Im Bereich Engagement ist es entscheidend, dass die Führungskraft eine motivierende Umgebung schafft (*Energizing*), die auf die individuellen Präferenzen der Teammitglieder abgestimmt ist, die aus unterschiedlichen

Persönlichkeitstypen oder Fähigkeiten resultieren. Dies stärkt das gemeinsame Verständnis von Sinn und Zweck, festigt das Vertrauen und fördert eine Kultur der aktiven Partizipation. Durch gezielte Beziehungsarbeit (*Connecting*) sorgt die Führungskraft dafür, dass alle Teammitglieder miteinander und mit ihr selbst in einer vertrauensvollen Arbeitsbeziehung stehen. Darüber hinaus schafft sie Gelegenheiten zur aktiven Einbindung (*Encouraging*), sodass jedes Teammitglied gleichberechtigt an Entscheidungsprozessen teilnimmt. Dies nutzt die kollektive Intelligenz des Teams und steigert dessen kreative Leistungskraft.

Enhancing: Sensing, Seizing, Reconfiguring Führungskräfte spielen eine zentrale Rolle in der kontinuierlichen Verbesserung und strategischen Weiterentwicklung ihres Teams. Es liegt in ihrer Verantwortung, eine Kultur zu fördern, in der das Generieren von Entwicklungsideen und die aktive Suche nach innovativen Lösungen unterstützt werden (*Sensing*). Dieser offene Dialog ist essenziell, um neue Chancen zu identifizieren und Potenziale zu entfalten. Im nächsten Schritt sollten Führungskräfte fundierte Entscheidungsprozesse etablieren (*Seizing*), um systematisch über die Umsetzung oder Ablehnung dieser Ideen zu befinden, wobei die Einbeziehung der Teammitglieder von entscheidender Bedeutung ist. Schließlich obliegt es den Führungskräften, Entwicklungsprojekte gezielt zu steuern und sicherzustellen, dass die ausgewählten Innovationen effektiv umgesetzt werden (*Reconfiguring*). Dieser strukturierte und strategisch fundierte Ansatz gewährleistet, dass Innovationen nicht nur erkannt, sondern auch erfolgreich in die Praxis überführt werden, was die Leistungsfähigkeit und Wettbewerbsfähigkeit des Teams langfristig stärkt.

Enforcing: Operating, Clienting, Processing Die Führungskraft trägt die Verantwortung dafür, dass das operative Geschäft langfristig Bestand hat. Dafür sind finanzielle Stabilität, anhaltende Nachfrage und hohe Qualität unerlässlich. Um diese Stabilität zu sichern, müssen die finanziellen, kundenbezogenen und qualitätsbezogenen Ergebnisse kontinuierlich überwacht, analysiert und gesteuert werden. Durch gezielte Überwachung der finanziellen Leistung stellt die Führungskraft sicher, dass Ressourcen effizient genutzt und finanzielle Vorgaben eingehalten werden (*Operating*). Bei Abweichungen sorgt sie für notwendige Anpassungen, um die finanzielle Stabilität zu wahren. Im Bereich der Kundenorientierung richtet sie das Team so aus, dass es die Bedürfnisse der Kunden erkennt und rechtzeitig darauf reagiert (*Clienting*). Sie setzt klare Prioritäten und unterstützt das Team dabei, kundenorientiert zu handeln und die Nachfrage langfristig zu sichern. Um die Qualität der Arbeitsergebnisse sicherzustellen, überwacht die Führungskraft, ob die bestehenden Prozesse die gewünschten Qualitätsstandards erfüllen (*Processing*). Sie stellt sicher, dass Abweichungen frühzeitig erkannt und bei Bedarf Anpassungen vorgenommen werden, um die Qualität zu sichern. Dabei unterstützt sie die Prozessverantwortlichen im Team, kontinuierlich an Verbesserungen zu arbeiten.

Diese strategischen Aufgaben sind entscheidend für das Erreichen der Unternehmensziele. Indem die Führungskraft finanzielle, kundenbezogene und qualitätsorientierte Ergebnisse steuert und strategische Entscheidungen trifft, schafft sie Mehrwert und führt das Team zu nachhaltiger Spitzenleistung. Operative Tätigkeiten, die auch an

Teammitglieder delegiert werden könnten, sind davon zu unterscheiden. Die Führungskraft muss stets abwägen, wann operative Eingriffe nötig sind und wann es effektiver ist, sich auf Monitoring und strategische Steuerung zu konzentrieren.

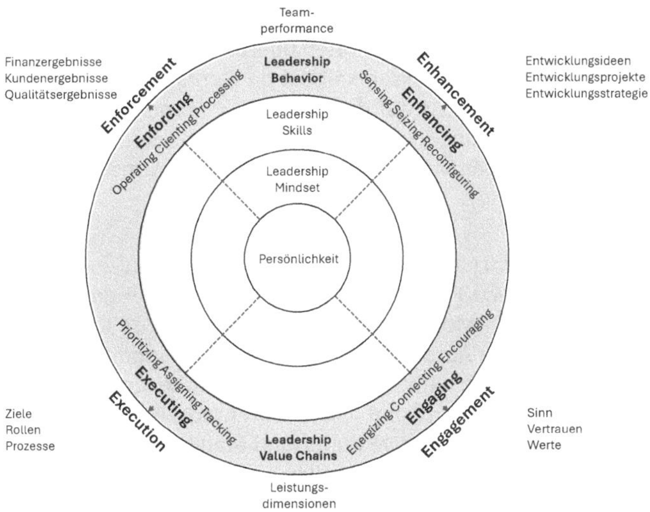

Abbildung 3: Leadership Value Chains

Leadership Value Chains: Situative und dynamische Orchestrierung Führungskräfte sind gefordert, die Leadership Value Chains mit Flexibilität und Weitsicht zu orchestrieren, um ihre – stets begrenzte – Aufmerksamkeit und Zeit gezielt auf die wesentlichen Bereiche zu lenken: die Steuerung der operativen Ergebnisse (Enforcing), der effektiven Umsetzung der Aufgaben (Executing), der Teamprozesse und Mitarbeiterentwicklung (Engaging) sowie der strategischen Weiterentwicklung (Enhancing)[31]. Dies erfordert eine ausgeprägte Fähigkeit, dynamisch zwischen unterschiedlichen Aufgaben und Prioritäten zu wechseln.

Während Führungskräfte einerseits die operativen Ergebnisse im Auge behalten müssen, um rasch auf nicht erwünschte Abweichungen reagieren zu können, sind sie andererseits intensiv mit der Priorisierung von Aufgaben, der Zuweisung von Verantwortlichkeiten und der Überwachung der Zielerreichung beschäftigt. Gleichzeitig fordert die Dynamik und der Zusammenhalt des Teams die Aufmerksamkeit der Führungskraft, indem sie motivationale Rahmenbedingungen schafft, das Vertrauen innerhalb des Teams stärkt und alle Teammitglieder aktiv und gleichberechtigt in die Teamprozesse integriert. Diese Balance zwischen operativer Exzellenz und der Pflege der Teamkultur ist entscheidend für die langfristige Leistungsfähigkeit und Zufriedenheit der Teammitglieder. Durch gezielte Maßnahmen wie Teammeetings, Feedbackrunden und gemeinsame Aktivitäten können Führungskräfte die Kohäsion und Motivation des Teams fördern.

Zeit und Aufmerksamkeit der Führungskraft sind begrenzt, weshalb es erfolgsentscheidend ist, wie gut sie ständig zwischen den Leadership Value Chain Aktivitäten wechseln kann. Dies erfordert Reflexion und Vorausschau, um zu erkennen, was wann notwendig ist. Führungskräfte müssen in der Lage sein, die Bedürfnisse des Teams und der Organisation vorausschauend zu erkennen und entsprechend zu handeln. Dies bedeutet, dass sie kontinuierlich ihre eigenen Prioritäten überprüfen und flexibel anpassen, um sicherzustellen, dass sie ihre Aufmerksamkeit auf die Bereiche richten, die in dem jeweiligen Moment am meisten Einfluss auf den Erfolg des Teams und der Organisation haben. Diese Fähigkeit, situativ und dynamisch zu agieren, ist der Schlüssel zur effektiven Führung und zur nachhaltigen Verbesserung der Teamperformance in allen Dimensionen.

Leadership Skills

Um die Aktivitäten der Leadership Value Chains gewinnend zu orchestrieren, ist es entscheidend, verschiedene Fähigkeiten – Leadership Skills – gezielt einzusetzen[32]. Mary Barra, CEO von General Motors (GM), nutzt beispielsweise ihre fachlichen Fähigkeiten aus ihre Erfahrung in der Automobilbranche, um Innovationen wie Elektrofahrzeuge voranzutreiben. Methodisch leitete sie eine Umstrukturierung, konzentrierte Ressourcen auf zukunftsweisende Projekte und schloss unrentable Bereiche. Durch ihre sozialen Fähigkeiten fördert sie eine inklusive Kultur und etablierte eine klare Kommunikation im Unternehmen. Strategisch-konzeptionell investierte sie in Elektrofahrzeuge und Batterietechnologien, um GM langfristig als führenden Anbieter in der Zukunftsmobilität zu positionieren. Eine Kombination aus fachlichen, methodischen, sozialen und strategisch-konzeptionellen Fähigkeiten ist essenziell, um den vielfältigen Anforderungen an Führung gerecht zu werden und einen Beitrag für die langfristige Wettbewerbsfähigkeit der Organisation leisten zu können (Abbildung 4).

Fachliche Fähigkeiten beziehen sich auf das spezifische Wissen und die Expertise, die eine Person in ihrem jeweiligen Fachgebiet besitzt. Sie umfassen das Verständnis von Fachterminologie, Kenntnis aktueller Best Practices, technisches Können und die Fähigkeit, komplexe Sachverhalte in ihrer Branche zu durchdringen. Für Enforcing und Executing sind sie bedeutsam. Diese Fähigkeiten sind für jede Person in einer Organisation essenziell, da sie die Grundlage für qualitativ hochwertige Arbeit und kompetente Problemlösungen bilden. Sie ermöglichen es den Mitarbeitenden, ihre Aufgaben effizient und präzise auszuführen und tragen so zum Gesamterfolg des Unternehmens bei. Für Führungskräfte sind fachliche Fähigkeiten zwar wichtig, reichen jedoch nicht aus, da sie zusätzlich Führungs- und Managementaufgaben übernehmen müssen. Dazu gehören die Fähigkeit, Teams zu motivieren und zu leiten, strategische Entscheidungen zu treffen und die Organisation in eine erfolgreiche Zukunft zu steuern. Führungskräfte müssen also nicht nur fachlich versiert sein, sondern auch über soziale, methodische und strategisch-konzeptionelle Fähigkeiten verfügen, um ihre umfassenden Verantwortungen wahrnehmen zu können. Selbst der Charakter der fachlichen Fähigkeiten ändert sich grundlegend, wenn eine Fachkraft zur Führungskraft wird. Fachliches Wissen bleibt essenziell, jedoch liegt der Fokus nun mehr auf dem Treffen fundierter Entscheidungen als auf der direkten Anwendung der Expertise. Die Führungskraft muss die Zusammenhänge erfassen, strategisch denken und das Team gezielt anleiten, ohne selbst in die Detailarbeit einzugreifen.

Methodische Fähigkeiten von Führungskräften ermöglichen ihr, systematische und strukturierte Ansätze zur Problemlösung und Entscheidungsfindung zu entwickeln und anzuwenden. Dazu gehört die Fähigkeit zum Planen, Organisieren und Strukturieren von Aufgaben im Team, sowie das Beherrschen verschiedener Planungstechniken, wie zum Beispiel die Erstellung von Zeitplänen, die Ressourcenallokation und das Risikomanagement. Führungskräfte mit starken methodischen Fähigkeiten sind in der Lage, komplexe Projekte effektiv zu organisieren und zu steuern, Prozesse zu optimieren und kontinuierliche Verbesserungen in der Organisation zu fördern. Diese Fähigkeiten ermöglichen es ihnen, klare Zielsetzungen zu formulieren, den Fortschritt zu überwachen und bei Abweichungen schnell korrigierende Maßnahmen zu ergreifen. Methodische Fähigkeiten sind daher besonders in der Ausführung (Executing) essenziell, um Effizienz und Effektivität zu maximieren und die strategischen Ziele der Organisation konsequent zu verfolgen.

Soziale Fähigkeiten für Führungskräfte sind für Engaging unerlässlich, um effektive Beziehungen innerhalb eines Teams und der gesamten Organisation zu pflegen und zu fördern. Sie beinhalten die Fähigkeit, klar und überzeugend zu kommunizieren, wodurch Missverständnisse vermieden und Erwartungen klar definiert werden können. Zudem gehören Konfliktlösungsfähigkeiten dazu, die es Führungskräften ermöglichen, Spannungen und Differenzen konstruktiv zu bewältigen und so ein harmonisches Arbeitsumfeld zu erhalten. Kollaborationsfähigkeiten sind ebenfalls wichtig, da sie die Zusammenarbeit und den Austausch von Ideen fördern, was zu innovativen Lösungen und einer stärkeren Teamdynamik führt. Empathie ist eine weitere entscheidende Komponente, die Führungskräften hilft, die Perspektiven und Bedürfnisse ihrer Teammitglieder zu verstehen und darauf einzugehen. Wissen über Persönlichkeitstypen oder Gruppenentwicklungsprozesse bilden dazu eine gute Basis. Soziale Fähigkeiten wie Kommunikations-, Konfliktlösungs- und Kollaborationsfähigkeiten sowie Empathie sind entscheidend, um ein vertrauensvolles und motiviertes Team zu schaffen, das bereit ist, gemeinsam auf die Ziele der Organisation hinzuarbeiten.

Strategisch-konzeptionelle Fähigkeiten für Führungskräfte umfassen die Fähigkeit, langfristige Visionen zu entwickeln und strategische Ziele zu setzen, die den Weg der Organisation nachhaltig prägen. Diese Fähigkeiten sind essenziell, um komplexe Zusammenhänge zu verstehen, Trends und Chancen frühzeitig zu erkennen und innovative Lösungen zu entwickeln. Für die strategische Weiterentwicklung des Verantwortungsbereichs entlang der Development Value Chain (Enhancing) müssen Führungskräfte strategisch-konzeptionelle Fähigkeiten aktivieren. Diese umfassen Innovations-, Risiko-, Portfolio- und Changemanagement sowie kulturelle Transformation. Diese Fähigkeiten sind notwendig, um neue Ideen zu fördern, Risiken zu managen und den Wandel innerhalb der Organisation zu steuern. Durch die gezielte Anwendung dieser Fähigkeiten können Führungskräfte sicherstellen, dass ihr Team nicht nur im operativen Bereich, sondern auch in der langfristigen Entwicklung erfolgreich ist. Indem sie strategisch-konzeptionelle Fähigkeiten einsetzen, schaffen Führungskräfte die Rahmenbedingungen, um ihr Team kontinuierlich weiterzuentwickeln und die Organisation erfolgreich in die Zukunft zu führen.

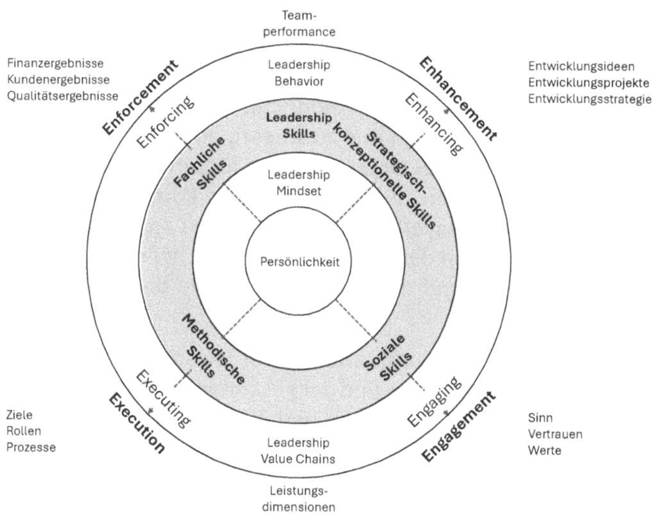

Abbildung 4: Führungsfähigkeiten

Situative Aktivierung der Führungsfähigkeiten Eine effektive Führungskraft muss ihre Aufmerksamkeit und Zeit dynamisch zwischen diesen vier Fähigkeiten wechseln können, um auf die jeweiligen Anforderungen aus den Leistungsdimensionen der Teamperformance flexibel zu reagieren. Executing und Enforcing erfordern methodische und fachliche Skills, während Engaging soziale Skills verlangt. Enhancing hingegen erfordert besonders wichtige strategisch-konzeptionelle Skills, um die Weiterentwicklung des Teams zu steuern. Die Fähigkeit, situativ und dynamisch zu agieren, ist der Schlüssel zur effektiven Führung. Dies erfordert Reflexion und Vorausschau, um zu erkennen, welche Prioritäten gesetzt werden müssen und wie die Ressourcen optimal genutzt werden können. Führungskräfte müssen ihre eigenen Prioritäten ständig überprüfen und anpassen, um sicherzustellen, dass sie ihre Aufmerksamkeit auf die Bereiche richten, die den größten Einfluss auf den Erfolg des Teams und der Organisation haben.

Leadership Mindset

Die Art und Weise, wie Führungskräfte ihre Fähigkeiten einsetzen, hängt stark von ihrer Führungsidentität ab[33]. Führungsidentität als jeweils sehr spezifische Bündelung der unterschiedlich ausgeprägten Mindsets lenkt Aufmerksamkeit und Fokus auf unterschiedliche Führungsaktivitäten und operative Aufgaben. Führungskräfte, die sich primär als

Fachexperten verstehen, neigen dazu, sich auf fachliche Themen zu konzentrieren und vernachlässigen oft ihre Management- und Führungsaufgaben. Dies führt dazu, dass vorhandene Führungsfähigkeiten kaum aktiviert werden. Im Gegensatz dazu richten sich Führungskräfte, die sich primär als solche verstehen, auf Management- und visionäre Führungsaufgaben aus und streben danach, ihren Verantwortungsbereich inhaltlich, sozial und strategisch gut auszurichten. Diese Führungskräfte nutzen ihre Fähigkeiten umfassend und haben dadurch einen wesentlich größeren Einfluss auf ihre Mitarbeiter und die Weiterentwicklung ihres Verantwortungsbereichs. Führungseffektivität resultiert daher nicht nur aus den Fähigkeiten der Führungskräfte, sondern auch aus ihrer Identität, d.h. ihrem Selbstverständnis als Führungskraft, das sich im dominanten Mindset ausdrückt.

Führungsidentität bzw. Leadership Mindset bezeichnet die grundlegenden Überzeugungen und Einstellungen einer Führungskraft gegenüber Führung, Veränderungen und dem Potenzial von sich selbst und anderen. Es beeinflusst, wie Führungskräfte Herausforderungen angehen, Risiken einschätzen und die Entwicklung ihrer Teammitglieder fördern[34]. Das Mindset steuert mit Aufmerksamkeit und Zeitverteilung die kritischen Ressourcen in der Führungsarbeit[35]. Entlang der vier Felder der Teamperformance und der Leadership Value Chains mit den zugrundeliegenden Fähigkeiten, können vier Leadership Mindset-Typen differenziert werden (Abbildung 5), die jeweils verschiedene Schwerpunkte in ihrer Führungsarbeit setzen[36].

Enforcing – Facts Mindset (Faktenorientierung): Für effektives Enforcing benötigen Führungskräfte fachliche Skills, die durch ein ausgeprägtes Facts Mindset unterstützt werden. Dieses Mindset basiert auf einem rationalen, zahlen-, daten- und faktenbasierten Zugang zur Welt. Führungskräfte mit einem Facts Mindset konzentrieren sich auf objektive Informationen und evidenzbasierte Entscheidungen, um die Qualität und Effizienz der Arbeitsprozesse zu sichern. Sie nutzen analytische Fähigkeiten, um Probleme zu identifizieren und Lösungen zu entwickeln, die auf verlässlichen Daten beruhen. Diese Herangehensweise stellt sicher, dass die Maßnahmen und Strategien, die zur Einhaltung von Standards und Regeln dienen, effektiv und nachvollziehbar sind. Ein herausragendes Beispiel für eine Führungspersönlichkeit mit einem ausgeprägten Facts Mindset ist Satya Nadella, CEO von Microsoft. Als Ingenieur verbindet Nadella tiefes technisches Wissen mit einer datengestützten Managementstrategie, die es ihm ermöglicht hat, Microsoft erfolgreich zu transformieren und das Unternehmen neu in der Cloud-Ära zu positionieren. Durch seine faktenbasierte Entscheidungsfindung und strategische Ausrichtung hat er die Effizienz und Innovationskraft des Unternehmens maßgeblich gesteigert und Microsoft erfolgreich in die digitale Ära geführt.

Executing – Accountability Mindset (Verantwortungsorientierung): Im Bereich des Executing sind sowohl methodische Fähigkeiten als auch ein starkes Accountability Mindset entscheidend für den operativen Erfolg. Führungskräfte mit diesem Mindset legen großen Wert auf klare Planung und Kontrolle, setzen transparente Zielvorgaben und sorgen durch regelmäßige Überprüfungen für eine termingerechte Umsetzung. Sie übernehmen Verantwortung für die Ergebnisse und fördern eine Kultur, in der jedes

Teammitglied für seine Aufgaben zur Rechenschaft gezogen wird. Dies schafft eine Atmosphäre der Präzision und Effizienz, die essenziell ist, um strategische Ziele zu erreichen. Jack Welch, der ehemalige CEO von General Electric, ist ein herausragendes Beispiel für diese Führungseigenschaft. Durch seinen rigorosen Fokus auf Leistung schuf er eine Kultur, die auf klaren Leistungszielen und messbaren Ergebnissen basierte, was General Electric zu einem der erfolgreichsten Unternehmen seiner Zeit machte.

Engaging – Relation Mindset (Beziehungsorientierung): Engaging erfordert soziale Skills und ein starkes Relation Mindset, bei dem Beziehungen im Mittelpunkt stehen. Führungskräfte mit diesem Mindset verstehen die Bedeutung von zwischenmenschlichen Verbindungen und arbeiten aktiv daran, ein vertrauensvolles und kooperatives Arbeitsumfeld zu schaffen. Sie verfügen über ausgeprägte Kommunikations- und Konfliktlösungsfähigkeiten, die es ihnen ermöglichen, ein positives und unterstützendes Teamklima zu fördern. Ein Relation Mindset hilft Führungskräften, ihre Teammitglieder zu motivieren, ihre Bedürfnisse zu verstehen und ein Gefühl der Gemeinschaft und Zugehörigkeit zu schaffen, was die Teamkohäsion und Leistung steigert. Marillyn Hewson, die ehemalige CEO von Lockheed Martin, gilt als Beispiel für eine Führungskraft mit einem starken Relationship Mindset. Sie legte großen Wert auf vertrauensvolle Beziehungen innerhalb und außerhalb des Unternehmens. Dies zeigte sich in ihrer Förderung einer mitarbeiterorientierten Kultur, in der die Entwicklung und das Wohlbefinden der Mitarbeiter im Fokus standen. Hewson implementierte Programme zur Mitarbeiterentwicklung und förderte aktiv Diversity und Inklusion, was das Engagement der Belegschaft steigerte. Sie baute enge Beziehungen zu Regierungsbehörden und Schlüsselpartnern auf und etablierte langfristige, vertrauensbasierte Partnerschaften, die für den Erfolg von Lockheed Martin entscheidend waren. Ihr beziehungsorientierter Managementansatz stärkte das Arbeitsklima und positionierte das Unternehmen erfolgreich im Markt.

Enhancing – Growth Mindset (Wachstumsorientierung): Für die strategische Weiterentwicklung des Teams, das Enhancing, sind strategisch-konzeptionelle Skills und ein Growth Mindset unverzichtbar. Ein Growth Mindset zeichnet sich durch die Überzeugung aus, dass kontinuierliche Weiterentwicklung und Lernen essenziell sind. Führungskräfte mit diesem Mindset sehen neue Ideen als Motor der Entwicklung ihres Teams und fördern eine Kultur der Innovation und Veränderungsbereitschaft. Sie ermutigen ihre Teammitglieder, kreativ zu denken, Risiken einzugehen und aus Erfahrungen zu lernen. Durch die strategische Nutzung von Innovations- und Changemanagement-Techniken treiben sie die Entwicklung des Teams voran und stellen sicher, dass es sich ständig an neue Herausforderungen anpasst und wächst. Steve Jobs war bekannt für seine unermüdliche Überzeugung, dass ständige Weiterentwicklung und Innovation der Schlüssel zum Erfolg sind. Er förderte eine Kultur der Kreativität und des unkonventionellen Denkens bei Apple, was zu bahnbrechenden Produkten wie dem iPhone, iPad und Mac führte. Jobs ermutigte sein Team, neue Ideen zu entwickeln, Risiken einzugehen und aus Fehlern zu lernen, was letztlich Apples Fähigkeit, sich ständig weiterzuentwickeln und anzupassen, enorm stärkte. Durch seine strategische Vision und sein Engagement für Innovation und kontinuierliches Wachstum trieb er die Entwicklung des

Unternehmens und seines Teams entscheidend voran. Steve Jobs förderte gezielt das kreative Potenzial seiner Teams, indem er regelmäßig "Brainstorming"-Sessions abhielt, bei denen radikale Ideen entwickelt und weiterverfolgt wurden, unabhängig davon, wie unkonventionell sie zunächst erschienen. Zudem setzte er auf das Prinzip der ständigen Verbesserung und Perfektionierung, was sich in seinem berühmten Zitat "Stay hungry, stay foolish" widerspiegelt und seine Philosophie unterstrich, niemals zufrieden zu sein und immer nach neuen Möglichkeiten zur Weiterentwicklung zu suchen.

Mindset und Persönlichkeitscharakteristika Ein Mindset ist ein Denkstil, der tief in der Persönlichkeit eines Menschen verwurzelt ist und beeinflusst, wie wir die Welt wahrnehmen und auf Herausforderungen reagieren[37]. Dieser Denkstil lässt sich jedoch bewusst gestalten und lenken, indem wir unsere Aufmerksamkeit und Zeit gezielt auf bestimmte Aspekte unserer Erfahrungen und Umgebung richten. Individuen fällt es leichter, ein Mindset zu entwickeln, das dem Wesenskern der Persönlichkeit entspricht. Dennoch sind wir kognitiv fähig, auch weiter entfernte Denkweisen zu erschließen, wenn wir erkennen, dass sie für bestimmte Aufgaben notwendig sind. Mit gezieltem Bewusstsein und Motivation können wir uns so an neue Herausforderungen anpassen. Das breit in der Psychologie anerkannte Big Five-Persönlichkeitsmodell[38] – bestehend aus Offenheit, Gewissenhaftigkeit, Extraversion, Verträglichkeit und Neurotizismus – bietet einen hilfreichen Rahmen, um die individuellen Unterschiede in den Mindsets zu verstehen. Beispielsweise kann eine Person mit hoher Offenheit (Openness) ein Growth Mindset leichter entwickeln, da sie neue Erfahrungen und Ideen begrüßt. Eine Person mit hoher Gewissenhaftigkeit (Conscientiousness) neigt dazu, ein Accountability Mindset zu pflegen, da sie strukturiert und zielorientiert arbeitet. Durch bewusste Reflexion und gezielte Übung können Menschen ihre Mindsets weiterentwickeln und anpassen. Indem sie ihre Aufmerksamkeit auf spezifische Ziele und Werte lenken, können sie ihren Denkstil so beeinflussen, dass er produktiver und förderlicher für ihre persönlichen und beruflichen Herausforderungen wird.

Führungskräfte haben verschiedene Möglichkeiten, um ihre Teams durch das Erkennen und Überwinden eigener Defizite weiterzuentwickeln[39]. Selbstreflexion und regelmäßiges Feedback sind entscheidend, um Schwächen in den eigenen Fähigkeiten oder Mindsets zu identifizieren. Führungskräfte können gezielte Weiterbildungen und Coachings nutzen, um spezifische Defizite anzugehen und ihre Kompetenzbereiche zu erweitern. Darüber hinaus können sie durch Mentoring und die Förderung von Talenten innerhalb des Teams sicherstellen, dass fehlende Kompetenzen durch die Stärken anderer Teammitglieder ausgeglichen werden. Indem Führungskräfte aktiv an ihrer persönlichen Entwicklung arbeiten und sich ihrer eigenen Stärken und Schwächen bewusst werden, können sie die orchestrierte Weiterentwicklung ihres Teams gezielt steuern und somit eine leistungsfähige und dynamische Teamkultur fördern.

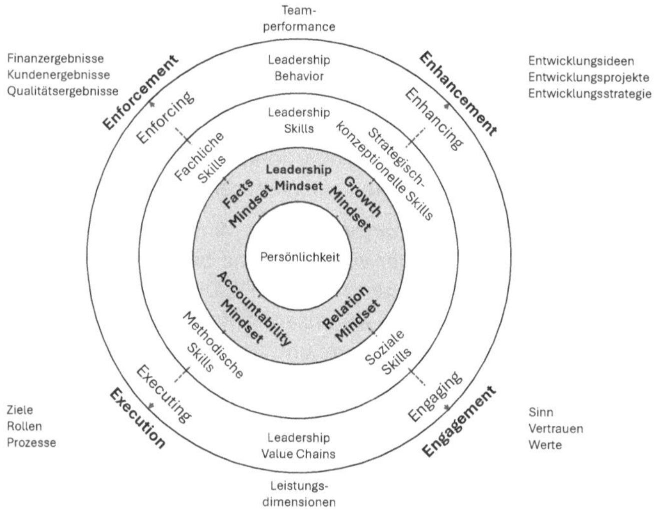

Abbildung 5: Leadership Mindsets

Entwicklung der Teamperformance

Da sich die Umfeldbedingungen für Organisationen und Teams kontinuierlich verändern und auch im Team immer wieder neue Herausforderungen entstehen, sollten Führungskräfte die Teamperformance systematisch entlang der vier Leistungsdimensionen – Execution, Engagement, Enhancement und Enforcement – evaluieren und bewerten, um gezielte Maßnahmen zur Weiterentwicklung ihrer Teams, der Teammitglieder, ihres eigenen Führungsverhaltens und der operativen und strategischen Rahmenbedingungen abzuleiten (Abbildung 6). Die ganzheitliche Reflexion ermöglicht Führungskräften ein klares Bild der Teamleistung und liefert ihnen die Basis, um gezielt Maßnahmen zu ergreifen, die ihr Team – unter Berücksichtigung der klassischen Gruppenentwicklungsprozesse (siehe Kasten 2: Gruppenentwicklung) – in Richtung Hochleistung entwickeln. Sie sind dabei gefordert, ihre Leadership Value Chains situationsspezifisch passend zur Entfaltung zu bringen.

Bei der Analyse des Abdeckungsgrades der einzelnen Dimensionen der Teamperformance ist es entscheidend, dass nicht nur die Mehrheit der Gruppe oder die dominante Koalition (Entscheidungsgruppe) die zentralen Kriterien wie Zielklarheit, Vertrauen, oder Prozessverständnis abdeckt, sondern auch, dass alle Teammitglieder, einschließlich jener, die am Rand stehen, diese Kriterien erfüllen. Wenn beispielsweise eine Person im Team kein Vertrauen hat, beeinträchtigt dies die offene Kommunikation und schränkt die Funktionalität des gesamten Teams erheblich ein. Daher ist es von größter

Bedeutung, alle Teammitglieder unabhängig von ihrer Position einzubeziehen und sicherzustellen, dass auch sie diese Schlüsselkriterien erfolgreich erfüllen.

Fehlt einem Mitglied ein konsistentes Verständnis über Ziele, Rollen oder Prozesse bzw. mangelt es an Vertrauen können Unklarheiten und Missverständnisse auftreten, die zu Reibungen und ineffektiver Zusammenarbeit führen. Dies kann schnell zu ernsthaften Spannungen und Konflikten eskalieren, die die Leistung und das Arbeitsklima beeinträchtigen[40]. Das Scheitern von Nokia unter CEO Olli-Pekka Kallasvuo ist ein eindrucksvolles Beispiel dafür, wie fehlende Klarheit über Unternehmensziele und mangelndes Vertrauen zu internen Spannungen und letztlich zu Marktverlusten führte. Selbst in Kreativprozessen, wo Reibungen produktiv sein können, muss die Führungskraft einen klaren Rahmen schaffen, um sicherzustellen, dass Meinungsverschiedenheiten konstruktiv bleiben und die Teammitglieder auf gemeinsame Ziele hinarbeiten, ohne das Arbeitsklima zu gefährden[41].

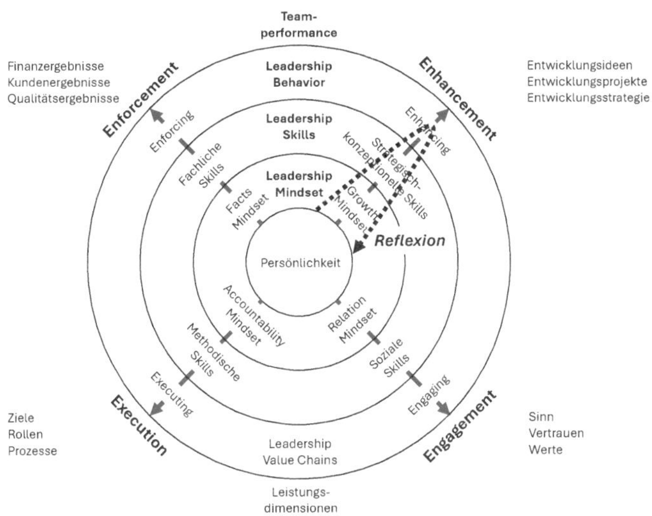

Abbildung 6: Entwicklungsfelder zur Steigerung der Teamperformance im „4 cubed Leadership Model"

Führungskräfte, die den Teamerfolg steigern möchten, sollten zunächst bei sich selbst ansetzen. Es erfordert ein tiefes Bewusstsein für die eigene Führungskompetenz, die Fähigkeit zur Selbstreflexion und die Bereitschaft, kontinuierlich an den eigenen Fähigkeiten und dem eigenen Mindset, d.h. wohin fließen die sehr begrenzten Ressourcen Zeit und Aufmerksamkeit in der Führungsarbeit, zu arbeiten. Nur wer seine eigenen Stärken und Schwächen erkennt und daran arbeitet, kann effektiv auf die Dynamik und Bedürfnisse des Teams eingehen, um dessen Leistung nachhaltig zu verbessern.

Gruppenentwicklung

Die Entwicklung von Gruppen (und Teams) vollzieht sich in vier essenziellen Phasen – Forming, Storming, Norming und Performing – die entscheidend sind, um ein robustes Hochleistungsteam zu formen.[47] Jede dieser Phasen trägt auf einzigartige Weise zur Stärkung der Gruppe bei, indem sie von den ersten Schritten des Kennenlernens und der Zieldefinition über die unvermeidlichen Konflikte und die Etablierung gemeinsamer Normen bis hin zur optimalen Leistungserbringung reicht. Die Entwicklung einer Gruppe verläuft nicht nur linear, sondern kann durch Veränderungen in der personellen Zusammensetzung, wie etwa das Eintreten neuer Mitglieder oder das Verlassen eines Teammitglieds, beeinflusst werden. Besonders bei Change-Prozessen, bei denen bestehende Muster aufgebrochen werden müssen, kann das Team aus der Performing-Phase auch wieder in die Storming-Phase zurückfallen. Die Gruppe muss sich neu organisieren und erneut weiterentwickeln.

Forming-Phase: In der Forming-Phase, der Anfangsphase der Gruppenentwicklung, lernen die Mitglieder einander kennen und gewinnen ein erstes Verständnis für die Ziele und Aufgaben des Teams. Unsicherheit über die eigene Rolle und die Gruppendynamik ist typisch für diese Phase. Hier muss die Führungskraft eine klare Richtung vorgeben und die Teamziele deutlich kommunizieren. Es ist wichtig, dass sie eine offene, einladende Atmosphäre schafft, in der sich alle Mitglieder entfalten, Fragen stellen und Meinungen äußern können.

Storming-Phase: Die Storming-Phase ist oft gekennzeichnet durch Konflikte und Meinungsverschiedenheiten, da die Mitglieder beginnen, ihre Rollen innerhalb des Teams auszutesten und um Einfluss zu kämpfen. Diese Phase kann für das Team sehr herausfordernd sein, aber sie ist entscheidend für seine weitere Entwicklung. In dieser Phase der Gruppenentwicklung beginnen mikropolitische Prozesse, bei denen Teammitglieder durch Koalitionsbildung versuchen, ihre eigenen Ziele oder Rollenvorstellungen durchzusetzen, etwa in der Übernahme der Führungsrolle. Es formiert sich dabei eine dominante Koalition, die später als Träger der Teamkultur fungiert. Die Führungskraft muss in dieser Phase Konfliktmanagementfähigkeiten beweisen, indem sie offen für Diskussionen ist, vermittelt und hilft, Missverständnisse zu klären. Sie sollte sicherstellen, dass alle Teammitglieder gehört werden und ihre Meinungen Wertschätzung finden. Gleichzeitig muss sie gewährleisten, dass die Auseinandersetzungen konstruktiv bleiben und die Teamziele weiterhin im Fokus stehen. Die Führungskraft muss jedenfalls darauf achten, sich in ihrer Rolle zu etablieren und die Akzeptanz der Teammitglieder zu gewinnen. Nur so kann sie später die Entscheidungen des Teams maßgeblich beeinflussen.

Norming-Phase: Nachdem die größten Konflikte ausgetragen sind, tritt das Team in die Norming-Phase ein. In dieser Phase beginnen die Teammitglieder, sich auf gemeinsame Regeln und Arbeitsmethoden zu einigen, und die Gruppe stabilisiert sich, da konsistente Verhaltensmuster entstehen, die den Gruppenmitgliedern auch Sicherheit vermitteln. Die Aufgabe der Führungskraft ist es jetzt, die Entwicklung von Standards und Normen zu fördern und gleichzeitig ein Gefühl der Zugehörigkeit und des gegenseitigen Respekts zu stärken. Es ist auch eine Zeit, in der die Führungskraft das Team dazu anregen sollte, effizientere Arbeitsweisen und Prozesse zu etablieren, um die Produktivität zu steigern. Die Förderung von Teamgeist und die Anerkennung der Beiträge jedes Einzelnen sind ebenfalls wichtige Aspekte in dieser Phase.

Performing-Phase: In der Performing-Phase erreicht das Team schließlich ein hohes Maß an Autonomie, Effizienz und Motivation. Die Teammitglieder arbeiten selbstständig und zielorientiert zusammen, und die erreichte Gruppenkohäsion ermöglicht es, hohe Leistungen zu erbringen. In dieser Phase sollte die Führungskraft darauf fokussieren, das Team weiter zu inspirieren und es bei der Erreichung von Höchstleistungen zu unterstützen. Nun lässt sich von einem Hochleistungsteam sprechen, da alle inhaltlichen, sozialen und zukunftsorientierten Aspekte voll entwickelt sind. Neue Möglichkeiten für weiteres Wachstum und Entwicklung werden erkannt und stetig genutzt. Es ist wichtig, dass die Führungskraft weiterhin eine unterstützende Rolle spielt, Feedback gibt und das Team ermutigt, sich neuen Herausforderungen zu stellen und Innovationen voranzutreiben.

Zur Förderung der kollektiven Leistung und für eine nachhaltige Implementierung von Entwicklungsmaßnahmen ist es empfehlenswert, auf Basis der Evaluierungsergebnisse 1-2 konkrete Ziele pro Jahr festzulegen – für das Team als Ganzes, aber auch pro Teammitglied. Auch Ziele zur förderlichen Gestaltung der Rahmenbedingungen wie Arbeitsumgebung oder organisatorische Infrastruktur sollen formuliert werden. Durch diese fokussierte Zielsetzung wird sichergestellt, dass jeder Bereich, von der individuellen Leistung über die Teamdynamik bis hin zur strategischen Ausrichtung, kontinuierlich verbessert wird.

Angenommen, eine Führungskraft betreut 10 Mitarbeitende und leitet noch Ziele für sich selbst, für das Team sowie für die Optimierung der strategischen und operativen Rahmenbedingungen ab (z.B. indem auch strategische Initiativen des Unternehmens einfließen, die im jeweiligen Bereich umgesetzt werden müssen), so ergibt sich schnell ein Set von mehr als 25 Zielen, an denen parallel gearbeitet wird. Diese Vielzahl an Zielen und die jeweiligen Maßnahmen, die gesetzt werden müssen, um die Ziele zu erreichen, verdeutlicht die Komplexität und die Anforderungen an das Management von Team- und Mitarbeiterperformance sowie an die strategische und operative Ausrichtung des Teams im Wettbewerbsumfeld. Es ist unerlässlich, dass Führungskräfte diese Ziele nicht nur setzen, sondern auch regelmäßig überprüfen und anpassen, um sicherzustellen, dass sie relevant bleiben und die gewünschten Fortschritte erzielt werden. Durch regelmäßige Feedbackgespräche und Überprüfung der Zielerreichung können Führungskräfte ihre Mitarbeiter motivieren und sicherstellen, dass alle auf dem richtigen Kurs bleiben.

Conclusio

Die kontinuierliche Weiterentwicklung des Teams, der Teammitglieder, des eigenen Führungsverhaltens sowie der strategischen und operativen Rahmenbedingungen ist im Management ebenso essenziell wie im Spitzensport (Kasten 3: Management-Empfehlungen). Während Trainer im Sport unermüdlich daran arbeiten, die Leistungsfähigkeit ihrer Teams zu steigern, wird im Management häufig nur das operative Geschäft in den Vordergrund gestellt. Doch nur die ständige Anpassung an technologische Veränderungen, sich wandelnde Kundenwünsche und Wettbewerbsstrategien hilft, um Wettbewerbsvorteile zu sichern und auszubauen.

Die Verbesserung der Teamperformance ist eine anspruchsvolle Aufgabe, die von vielen komplexen und miteinander verknüpften Faktoren abhängt. Um die Teamperformance gezielt zu steigern, ist ein strukturiertes und kontinuierliches Vorgehen erforderlich. In regelmäßigen Abständen sollten Stärken und Defizite des Teams identifiziert werden, indem der Status der Leistungsdimensionen evaluiert wird (z.B. auch mit passenden Testverfahren). Dadurch lässt sich die Leistungsfähigkeit des Teams bestimmen. Anschließend können Ziele und Maßnahmen auf unterschiedlichen Ebenen abgeleitet und nachverfolgt werden, um die Teamperformance wirkungsvoll zu steigern.

! Management-Empfehlungen

1. Entwicklungsziele festlegen und nachverfolgen:
   - Setzen Sie pro Mitarbeiter 1-2 spezifische Ziele pro Jahr.
   - Legen Sie für das Team als Ganzes ebenfalls 1-2 klare Ziele fest.
   - Definieren Sie Ziele für die Rahmenbedingungen der Arbeitsumgebung und organisatorischen Infrastruktur.
   - Überprüfen und passen Sie die Ziele regelmäßig an, um ihre Relevanz sicherzustellen.
2. Fähigkeiten und Mindsets fördern:
   - Entwickeln Sie methodische und fachliche Fähigkeiten zur effizienten Aufgabenbewältigung (Execution).
   - Fördern Sie soziale Fähigkeiten für eine bessere Teamdynamik und Engagement.
   - Stärken Sie strategisch-konzeptionelle Fähigkeiten zur kontinuierlichen Verbesserung und Innovation (Enhancement).
   - Reflektieren Sie regelmäßig Ihre eigenen Stärken und Schwächen und suchen Sie gezielt nach Weiterbildungsmöglichkeiten.
3. Operative Exzellenz sicherstellen:
   - Fördern sie die Verantwortlichkeit und Präzision innerhalb des Teams und implementieren Sie klare Kontrollmechanismen.
   - Nutzen Sie analytische Fähigkeiten, um fundierte Entscheidungen zu treffen und die Einhaltung von Standards zu gewährleisten.
4. Effektivität in der Umsetzung ermöglichen:
   - Sorgen Sie für klare Ziele, Rollen und Prozesse.
   - Setzen Sie klare Prioritäten und implementieren Sie für deren Umsetzung adäquate Planungs, Kommunikations- und Entscheidungsstrukturen.
5. Engagement und Zusammenarbeit fördern:
   - Schaffen Sie eine vertrauensvolle und motivierende Arbeitsumgebung.
   - Sorgen Sie für eine gleichberechtigte Beteiligung aller Teammitglieder.
   - Fördern Sie eine offene Kommunikation und regelmäßigen Austausch von Ideen und Feedback.
6. Kontinuierliche Weiterentwicklung:
   - Bleiben Sie wachsam gegenüber neuen Möglichkeiten und Trends.
   - Treffen Sie fundierte Entscheidungen über Innovationen und Verbesserungsmöglichkeiten.
   - Setzen Sie Change-Projekte strukturiert und methodisch um.
   - Fördern Sie eine Kultur der kontinuierlichen Verbesserung und Anpassungsfähigkeit.

Durch die Umsetzung dieser Empfehlungen können Führungskräfte sicherstellen, dass ihre Teams nicht nur effizient und effektiv arbeiten, sondern auch langfristig erfolgreich bleiben und sich kontinuierlich weiterentwickeln.

Literatur

1 Mathieu, J. E., Gallagher, P. T., Domingo, M. A., & Klock, E. A. (2019). Embracing complexity: Reviewing the past decade of team effectiveness research. Annual Review of Organizational Psychology and Organizational Behavior, 6(1), 17-46 und Salas, E., Shuffler, M. L., Thayer, A. L., Bedwell, W. L., & Lazzara, E. H. (2015). Understanding and improving teamwork in organizations: A scientifically based practical guide. Human Resource Management, 54(4), 599-622.

2 Katzenbach, J.R., & Smith, D.K. (1993). The Wisdom of Teams: Creating the High-Performance Organization. Boston.

3 Ebenda.

4 Hackman, J.R. (2002). Leading Teams: Setting the Stage for Great Performances. Cambridge.

5 Zaccaro, S. J., Rittman, A. L., & Marks, M. A. (2001). Team leadership. The Leadership Quarterly, 12(4), 451-483.

6 Förster, C., Paparella, C., Duchek, S., & Güttel, W. H. (2022). Leading in the paradoxical world of crises: how leaders navigate through crises. Schmalenbach Journal of Business Research, 74(4), 631-657.

7 Hannah, S. T., Uhl-Bien, M., Avolio, B. J., & Cavarretta, F. L. (2009). A framework for examining leadership in extreme contexts. The Leadership Quarterly, 20(6), 897-919.

8 Lee, M. Y., & Edmondson, A. C. (2017). Self-managing organizations: Exploring the limits of less-hierarchical organizing. Research in organizational behavior, 37, 35-58.

9 Salas, E., Sims, D. E., & Burke, C. S. (2005). Is there a "Big Five" in teamwork? Small Group Research, 36(5), 555-599 und García, H. P., & Maldonado, T. G. (2012). Effective Meetings in High-Performance Teams: A Framework for Success. International Journal of Business and Management, 7(1), 39-46.

10 Kratochvil, R., Gruenauer, J., Friesl, M., & Güttel, W. H. (2023). Deliberate simple rule creation and use: Activities and challenges. Long Range Planning, 56(1), 102264.

11 Lencioni, P. (2002). The Five Dysfunctions of a Team: A Leadership Fable. San Francisco.

12 Kirkman, B. L., & Rosen, B. (1999). Beyond self-management: Antecedents and consequences of team empowerment. Academy of Management Journal, 42(1), 58-74.

13 Gioia, D. A., & Chittipeddi, K. (1991). Sensemaking and sensegiving in strategic change initiation. Strategic Management Journal, 12(6), 433-448 und Konlechner, S., Latzke, M., Güttel, W. H., & Höfferer, E. (2019). Prospective sensemaking, frames and planned change interventions: A comparison of change trajectories in two hospital units. Human Relations, 72(4), 706-732.

14 Grant, A. M. (2008). The significance of task significance: Job performance effects, relational mechanisms, and boundary conditions. Journal of Applied Psychology, 93(1), 108-124.

15 Dirks, K. T. (1999). The effects of interpersonal trust on work group performance. Journal of Applied Psychology, 84(3), 445-455.

16 Salas, E., Shuffler, M. L., Thayer, A. L., Bedwell, W. L., & Lazzara, E. H. (2015). Understanding and improving teamwork in organizations: A scientifically based practical guide. Human Resource Management, 54(4), 599-622.

17 Carmeli, A., & Schaubroeck, J. (2006). Top management team behavioral integration, decision quality, and organizational decline. The Leadership Quarterly, 17(5), 441-453.

18 Duhigg, C. (2016, February 25). What Google learned from its quest to build the perfect team. The New York Times Magazine. Retrieved from https://www.nytimes.com/2016/02/28/magazine/what-google-learned-from-its-quest-to-build-the-perfect-team.html

19 Edmondson, Amy C. (2019). The Fearless Organization: Creating Psychological Safety in the Workplace for Learning, Innovation, and Growth. Hoboken.

20 Fischer, T., Dietz, J., & Antonakis, J. (2017). Leadership process models: A review and synthesis. Journal of Management, 43(6), 1726-1753 und Cyert, R. M., & March, J. G. (1963). A Behavioral Theory of the Firm. Englewood Cliffs.

21 Edmondson, A. C. (1999). Psychological safety and learning behavior in work teams. Administrative Science Quarterly, 44(2), 350-383.

22 Nonaka, I., Hirose, A., & Takeda, Y. (2016). 'Meso'-foundations of dynamic capabilities: Team-level synthesis and distributed leadership as the source of dynamic creativity. Global Strategy Journal, 6(3), 168-182.

[23] Jansen, J. J. P., Vera, D., & Crossan, M. (2009). Strategic leadership for exploration and exploitation: The moderating role of environmental dynamism. The Leadership Quarterly, 20(1), 5-18.
[24] Eisenhardt, K. M. (1989). Making fast strategic decisions in high-velocity environments. Academy of Management Journal, 32(3), 543-576.
[25] Woolley, A. W., Chabris, C. F., Pentland, A., Hashmi, N., & Malone, T. W. (2010). Evidence for a collective intelligence factor in the performance of human groups. Science, 330(6004), 686-688.
[26] Huy, Q. N. (2001). Time, temporal capability, and planned change. Academy of Management Review, 26(4), 601-623.
[27] Kotter, J. P. (1996). Leading change: Why transformation efforts fail. Harvard Business Review, 85(1), 96-103.
[28] Hackman, J.R. (2002). Leading Teams: Setting the Stage for Great Performances. Cambridge.
[29] Güttel, W. H., & Kleinhanns-Rollé, A. (2023b). Strategic Leadership Levers: Identity, Skills & Effectiveness. Güttel, W.H. (Ed.). Successful in Turbulent Times. Leadership, Change Management & Ambidexterity. Baden-Baden, 105-126.
[30] Güttel, W. H., & Kleinhanns-Rollé, A. (2023a). Orchestrating leadership value chains: Execution, engagement & enhancement. Güttel, W.H. (Ed.). Successful in turbulent times. Leadership, change management & ambidexterity. Baden-Baden, 79-104.
[31] Ebenda.
[32] Güttel, W. H., & Kratochvil, R. (2023). Leadership efficacy: Roles, style & prioritization. Successful in turbulent times. Leadership, change management and ambidexterity. Baden-Baden, 127-152.
[33] Güttel, W. H., & Kleinhanns-Rollé, A. (2023b). Strategic Leadership Levers: Identity, Skills & Effectiveness. Güttel, W.H. (Ed.). Successful in Turbulent Times. Leadership, Change Management & Ambidexterity. Baden-Baden, 105-126.
[34] Dweck, C. S. (2006). Mindset: The new psychology of success. New York.
[35] Goleman, D. (2013). Focus: The Hidden Driver of Excellence. New York etc. und Joseph, J., Laureiro-Martinez, D., Nigam, A., Ocasio, W., & Rerup, C. (2024). Research frontiers on the attention-based view of the firm. Strategic Organization, 22(1), 6-17.
[36] In Anlehnung an Kahneman, D. (2011). Thinking, fast and slow. New York.
[37] Dweck, C. S. (2006). Mindset: The new psychology of success. New York.
[38] Goldberg, L. R. (1993). The Structure of Phenotypic Personality Traits." American Psychologist, 48(1), 26-34.
[39] Güttel, W. H., Güttel, C., Kleinhanns-Rollé, A., & Voglmayr, R. (2023b). Scientific leadership development: Enhancement, methods & impact. Güttel, W.H. (Ed.). Successful in turbulent times. Leadership, change management & ambidexterity. Baden-Baden, 381-399.
[40] Jehn, K. A. (1995). A Multimethod Examination of the Benefits and Detriments of Intragroup Conflict. Administrative Science Quarterly, 40(2), 256-282.
[41] Van de Ven, A. H., & Angle, H. L. (1989). Research on the Management of Innovation: The Minnesota Studies. Harper & Row.
[42] Forsyth, D. R. (2018). Group Dynamics. Boston.
[43] Bunderson, J. S., & Reagans, R. E. (2011). Power, status, and learning in organizations. Organization Science, 22(5), 1182-1194.
[44] Asch, S. E. (1951). Effects of Group Pressure upon the Modification and Distortion of Judgments. Guetzkow, H. (Ed.). Groups, Leadership, and Men (pp. 177–190). Pittsburgh; Güttel, W. H. (2023b). Influencing behavior: Aspiration level, heuristics & rule regimes. Güttel, W.H. (Ed.). Successful in turbulent times. Leadership, change management & ambidexterity. Baden-Baden, 237-252.
[45] Guzzo, R. A., & Dickson, M. W. (1996). Teams in Organizations: Recent Research on Performance and Effectiveness. Annual Review of Psychology, 47, 307-338.
[46] Güttel, W.H. (2023a). Performance Core: Functionality, Leadership & Change. Güttel, W.H. (Ed.). Successful in turbulent times. Leadership, change management & ambidexterity. Baden-Baden, 35-75.
[47] Levi, D. (2020). Group Dynamics for Teams. Thousand Oaks; Tuckman, B. W. (1965). Developmental Sequence in Small Groups. Psychological Bulletin, 63(6), 384-399.

Information zu den AutorInnen

Univ.Prof. MMag. Dr. Wolfgang H. Güttel ist Universitätsprofessor für Leadership & Strategy am Institut für Managementwissenschaften und Dean der TU Wien Academy for Continuing Education an der TU Wien. Als Gastprofessor war er am King's College London sowie zuvor an den Universitäten Linz, Genf, Bochum, Kassel, Hamburg, Liverpool, Padua sowie an der WU Wien tätig. Sein Forschungsschwerpunkt liegt auf Leading Strategic Change, wobei er untersucht, wie Führungskräfte und Unternehmen in turbulenten Zeiten durch Effizienz, Flexibilität und die Entwicklung neuer Kompetenzen bestehen können. Als Trainer und Berater gestaltet er Entwicklungsprozesse von Führungskräften, Teams und Organisationen und bietet mit dem Unternehmen Lead Visions digitale Tools dafür an.

Dr.[in] Astrid Kleinhanns-Rollé ist Post-Doc für Leadership & Strategy am Institut für Managementwissenschaften der TU Wien. Ihr Forschungsschwerpunkt liegt auf Führung im Kontext von Veränderungsprozessen, insbesondere auf der Effektivitätssteigerung in der Team- und Selbstführung. Im Rahmen der Executive Education und ihrer Beratungsfirma Lead Visions unterstützt sie Führungskräfte in der Kompetenzentwicklung sowie beim Aufbau von Hochleistungsteams, unter anderem durch digitale Assessments und eine Leadership-App. Als Managing Director gründete sie 2004 die WU Executive Academy der Wirtschaftsuniversität Wien mit und etablierte diese in 16 Jahren als international anerkannten Anbieter von Management- und Führungskräfteentwicklung. Zuvor war sie Unternehmensberaterin bei der Strategieberatung The Boston Consulting Group. Ihre Lehr- und Forschungsaktivitäten umfassen Selbst- und Teamführung, Leadership Development, digitale Führung, virtuelle Teams und online Lernen.

Mag. Heimo Hammer ist Gründer von kraftwerk und Lektor an der TU Wien, ACE. Er ist seit 34 Jahren Unternehmer im Bereich Marketing, Innovation und Informationstechnologie und startete seine Lehrtätigkeit an der WU-Wien im Marketing. Die Firmengruppe kraftwerk mit 78 MitarbeiterInnen an 6 Standorten in Wien, Manchester, Belgrad und Nis hat sich als Spin-off der WU-Wien etabliert und entwickelte im Laufe der Jahre vier Unternehmensschwerpunkte - Consulting, Advertising, Technology, Data/AI. Die Beratungsprojekte fokussieren auf Leadership im Spannungsfeld von Business und IT sowie auf die Digitalisierung von Leadership Assessments und Prozessen. Dies führte zur Gründung des Unternehmens Lead Visions, das sich mit digitalen Leadership Assessments und digitalen Leadership (Training) Tools beschäftigt, um Führungskräfte in größeren Unternehmen laufend weiterzuentwickeln.

Die Austrian Management Review Vol. 14 wurde finanziell unterstützt vom

TU WIEN
VBW
Verein zur Förderung der betriebswissenschaftlichen Forschung und Ausbildung

Der Verein zur Förderung der Betriebswissenschaftlichen Forschung und Ausbildung (VBW) wurde bereits im Jahr 1958 gegründet und unterstützt seither aktiv die Forschungs- und Lehrtätigkeit des heutigen Instituts für Managementwissenschaften der TU Wien.